曾經新月映詩壇

方令孺傳

夢 之 儀

目 次

楔　子

　　2009 年夏秋的某一天，傍晚時分，我正在家裏看書，一位朋友發來短信問我，大致是，陳子善教授新著《邊緣識小》裏收了一篇〈聞一多集外情詩〉，你看到了嗎？因為文中提到的聞一多集外情詩〈憑藉〉，是為方令孺而寫。這篇文章我是早就看過的，是陳子善教授公開發表後我從網上搜到的，當然《邊緣識小》也是一出版就去買來的。

　　今天，2010 年的元日，我開始動筆寫方令孺的傳記，又想起了這個情景。其實，這樣的情景已發生了好幾次，有一天，另一位朋友對我說，《滄海往事》收了一封方令孺寫給趙清閣的信，你也許看到了吧？還有一次，一位朋友對我說，凌叔華的女兒陳小瀅《散落的珍珠》一書裏有靳以女兒章潔思回憶方令孺的文章。我要感謝這些朋友的提醒，儘管這些資料都早在我的書櫥了。還有兩件最讓我感動的事，當方令孺的學生裴樟松先生知道我想看看臺灣出版的《方令孺散文集》，他把這本很難見到的台版書掛號寄給我，他竟不怕我不小心「弄丟」；當陳子善教授得知我尋覓方令孺佚作，少了她的翻譯小說《鐘》時，他把他收藏的方令孺譯文集《鐘》全部複件了給我。這一件件的事，想起來是那麼真切，同時我也知道，關心方令孺的人其實不少，不管是當年，還是在今天。

　　桐城派後裔、留美學生、新月派詩人、復旦大學教授、浙江省文聯主席，方令孺走過了她的人生道路。

　　方令孺是怎樣一個人？梁實秋說她「相當孤獨，除了極少數談得來的朋友之外，不喜與人來往。她經常一襲黑色的旗袍，不施脂粉。她斗室獨居，或是一個人在外面彳亍而行的時候，永遠是帶著一縷淡淡的哀愁。」[1]但

---

[1]　梁實秋：〈方令孺其人〉，《梁實秋懷人叢錄》第 226 頁，中國廣播電視出版社 1991 年 2 月版。

巴金說「她哪裡是喜歡孤獨？她那顆熱烈的心多麼需要人間的溫暖。」[2]愛孤獨只是她的表相，巴金是瞭解方令孺的，這人間的溫暖對方令孺來說更多的是來自友情。還有一個人也對方令孺做過評價，是丁玲。巴金這樣回憶：

> 離開杭州我就去北京參加茅盾同志的追悼會。
>
> 在人民大會堂新疆廳裏休息，我坐在丁玲同志旁邊。她忽然對我說：「我忘記不了一個人：方令孺。她在我困難的時候，主動地來找我，表示願意幫忙。我當時不敢相信她，她來過幾次，還說：『我實在同情你們，尊敬你們……』她真是個好人。」我感謝丁玲同志講了這樣的話。九姑自己沒有談過三十年代的這件事情。[3]

　　九姑就是方令孺。除了這些之外，方令孺身上還有些什麼？讓我們一起去探尋。

2　巴金：〈懷念方令孺大姐〉，《方令孺散文選集》第 6 頁，上海文藝出版社，1982年 8 月版。

3　巴金：〈懷念方令孺大姐〉，《方令孺散文選集》第 10 頁。

第一章　詩書閥閱

一

「天下文章，其出於桐城乎？」說到安徽桐城，人們自然會想到這句話，桐城人當然更要自得了，這是對桐城文章至高的讚譽。而桐城文章，指的當然是桐城派。桐城派，又名桐城文派、桐城古文派。

有清一代桐城學人如群星燦爛，蔚為壯觀。單說桐城派，戴名世是桐城派的奠基人，方苞為創始人，劉大櫆為桐城派承前啟後的中堅人物，姚鼐是其集大成者，他們四人被尊為「桐城四祖」；桐城派又有「姚門四傑」，為梅曾亮、管同、方東樹、姚瑩。姚鼐提倡義理、考據、辭章三者相濟，姚門四傑受業於姚鼐，不僅篤守師說，而且對桐城派的發展和傳播都起了很大作用。所以，「天下文章，其出於桐城乎」是時人對桐城文章的讚譽，更是對桐城派的推崇。

桐城派作為一個散文流派，時間上從清初發端，一直綿延至清末，影響波及五四時期，甚至今日仍受到很多學者的推崇，地域上超越桐城，遍及全國十九個省，擁有作家一千多人，傳世作品超過兩千餘種，主盟清代文壇兩百年，影響極大。

因為桐城派的巨大影響，桐城方氏自然也是赫赫有名。梁實秋說，「桐城方氏，其門望之隆也許是僅次於曲阜孔氏」，這話也許誇張了點；黃苗子則說，「話到桐城必數方」，這話應該是確實的，這些都說明了桐城方氏的名望之高、聲譽之隆。

說到桐城方氏，須得細說一下。

桐城方氏，主要有三方：桂林方、魯䤫方、會宮方，他們同姓不同宗，不是一個大家族。桂林方祖籍安徽休寧，宋末自池口遷桐，顯達最早，人文蔚盛，桂林方取「折桂登科如林」之意，被稱為縣裡方、大方，方以智、

方苞、方孝標、方觀承、方東美等名流大家皆出此支。被人稱頌的桐城方氏，指的就是方苞所屬的桂林方。

方令孺這一宗屬魯谼方。說到方令孺，有很多人以為她是方苞一族，其實不然。桐城的魯谼方，其始祖方芒由當時所屬徽州的婺源走獵入桐城，定居於縣城西北十公里的魯谼山，因之得名。魯谼方起初以打獵為生，又稱「獵戶方」，不過，「獵戶方」這樣的稱謂是有些看不起的意思在裡面，一般只在背後稱呼。

魯谼方傳至九世孫方子雅，始棄獵從文，築舍讀書，後世方轉而向學。普羅米修斯為解救饑寒交迫的人類，瞞著宙斯偷取火種帶到人間，這個方子雅，是不是內心有了寂寞，於是點起了魯谼山上方氏讀書的火把？普羅米修斯是為瞭解救人類，人類在受惠，方子雅發出這琅琅書聲，是為了自己的內心，這就顯得非常主動了，他大概已經明白，安撫自己的內心，沒有比讀書更現實更徹底的辦法了。魯谼方一族，值得把這個人的名字銘記。

方子雅長子方澤，清雍正年間舉人，曾為八旗教習，後授兩淮鹽大使，頗有文名，他與同邑姚範、劉大櫆、葉酉等號為「龍眠十子」，又與周振采、沈德潛等並稱「江左七子」，姚鼐也曾受業其門下。從這時開始，魯谼方氏文脈大開，星星之火，漸成燎原之勢。

至十三世孫方東樹，已是赫赫有名了，他是魯谼方中第一個全國知名的人物。方東樹幼承家學，聰穎好學，是姚鼐的得意門生，「姚門四傑」之一。他讀書非常勤奮，每日雞鳴即起，直至深夜，不管春夏秋冬，都苦讀精研從不間斷。知識的積累，終於讓他學問大進。

方東樹住在祖上方子雅居住的魯谼山半天峰，名「半天山居」。半天山居北枕半天峰，西傍坳口山，東依橫崖尖，三面環山，景色秀麗，是奇山異水之處。據載半天山居，一排七間正屋，東西兩邊各建立一拐屋，成「門」形佈局。莊前飛瀑流泉，周圍茂林修竹，景色優雅。

方氏後人、方令孺的父親曾請當時一位名叫金子善的畫家畫了魯谼山先人往跡圖八幅，方令孺的伯父方守彝據每幅圖寫下八首詩，其中〈半天山居〉詩：

吾族勤農耕，一壑共樵隱。
就中半天峰，高逼星斗緊。
伯叔兄弟行，比屋通籬槿。
治田溝壟連，上塚松楸近。
婚喪行慶吊，先進野人謹。
小桃春牆開，長棗秋園隕。
晚暾翠微陽，人牛明在畛。
日月天上清，風氣古初渾。
先祖眷雲巢，種竹還山筍。
緒歌啟遊夏，雞黎接曾閔。
遠識景英懷，高情仰肥遯。
亦思敦化翁，履蹈儒行准。
詩書課子弟，方巾誰敢哂。
即此老成人，一失言不忍。
更傷母也慈，亂離情事窘。
披圖憶寒威，雪落山全粉。[1]

春天桃花開，秋天棗子落，仔細傾聽，能感受到天籟撥動自己的心音，正是讀書的好地方。

二

說到這裡，一個與傳主密切相關的重要人物登場了──他是方令孺的祖父方宗誠。方宗誠是方東樹的族弟，並事師方東樹在半天山居讀書。

「方宗誠（1818-1888），字存之，號柏堂。北鄉（今魯䤇）人。清桐城派著名作家。方宗誠出身儒學世家，父方松，由魯䤇遷居縣城西郊毛

---

[1]　方守彝：《網舊聞齋調刁集》第十二卷，民國刻本。

古老的安慶城

河，竹籬茅舍，布衣粗食。」[2]毛河，也稱毛溪，位於桐城縣西北，這個地名今天還用。

方宗誠於嘉慶二十三年（1818）十月初十生於毛河，他又號毛溪居士、病夫等。方宗誠雖布衣粗食，但胸有大志。他酷愛讀書，每日以賈誼和唐宋名篇高聲朗讀。他十歲時跟著伯父讀書，二十三歲時師從方東樹達十二年之久。待到咸豐年間，太平軍佔領安慶、桐城及其周邊地區，方宗誠作為一名理學家，和他的師兄弟一樣，站在清政府的立場反抗太平軍，但是他身體羸弱，他覺得既然不能和別人一樣推案擲筆馳騁疆場，便採取了不合作的態度，於是舉家避遷魯䜗山中，但不廢講習。

這「不廢講習」四個字其實大有內容。

當年的方子雅就是在魯䜗山的半天峰下發出復蘇心靈的琅琅書聲；方東樹繼承家學，亦在此讀書，於是有了「半天山居」；這裡，又是魯䜗方氏的享堂所在。

這時的魯䜗山雖為鄉野山村，但風氣古樸，書聲琅琅。好山好水醞釀好心情，寧靜的山川田野為讀書營造了一個天然的舒適環境，當方宗誠咸豐年間重新回到半天峰時，他又怎麼肯放棄這麼美好的時光呢？「咸豐三年，太平軍陷桐城，避居魯䜗山中先世之享堂。堂前有柏半枯，宗誠日坐

2　《桐城縣誌》第818頁，黃山書社1995年9月版。

其下，讀書痛飲，名曰柏堂。」[3]，於是有了「柏堂書屋」，方宗誠在此講學著書，不亦樂乎，他「柏堂」的號也從其出。

方守彝還寫有〈柏堂〉的詩：

> 天下兵戈時，逃虛避深谷。
> 岡茅覆臥龍，門蘿隱棲鹿。
> 追維我先人，迤邐蹈高足。
> 維谷在何許，魯餻聚清族。
> 風雨何所庇，享祀山堂肅。
> 白雲嶺四圍。清溪流雙漉。
> 堂中列架書，堂外森群木。
> 生徒潛追蹤，稿道宏講讀。
> 人紀載文章，槁脫千毫禿。
> 出戶金石聲，聽者天人目。
> 灘泉蝌蚪遊，園露松韭綠。
> 谷中巾屨來，酒漿羅脫粟。
> 當時堂上賓，一一皆名宿。
> 至今山中談，時聚老農牧。
> 風微一以杳，椒蘭久不馥。
> 誰慰千秋思，蒼柏表古屋。[4]

「當時堂上賓，一一皆名宿。」此詩讀來，很有點「談笑有鴻儒，往來無白丁」的意象。也幸好當時方宗誠病夫一個，儒林中人、方東樹的其他弟子因為加入與太平軍的戰爭而紛紛凋零，方宗誠幸運地留在了世間，天假以時，是等待他給魯餻方氏一個振興的機會吧。

[3] 《中國文學家大辭典》第1705頁，上海書店1981年3月版。
[4] 方守彝：《網舊聞齋調刁集》第十二卷，民國刻本。

三

方宗誠酷愛讀書，以後就在桐城勺園原來桐城派四祖之一劉大櫆講學的地方建九間樓作為他的藏書樓。讀書有所成，著就《俟命錄》,「以究天時人事致亂之原，大要歸於植綱常、明正學，志量恢如也。」[5]表達了他積極入世之主張。

方宗誠被人熟知，始於與吳廷棟的交遊。吳廷棟任山東布政使，方宗誠託友人方魯生向吳推薦《俟命錄》，吳又向大學士倭仕推薦，倭仕錄其要為經筵課程。所謂經筵，是指漢唐以來皇帝研讀經史而舉行的御前講席，這樣一來，方宗誠聞名京師了。

咸豐年間，方宗誠前往山東，入吳廷棟幕府，講授經學。一度又入河南巡撫開封嚴渭春幕府。因深得吳廷棟賞識，由吳廷棟舉薦給了曾國藩。同治初年，方宗誠入曾國藩幕府，並負責撰修《兩江忠義錄》。其後，由於曾國藩的舉薦，方宗誠出幕而走入仕途，於同治十年（1871）二月，就任直隸棗強縣知縣，時年五十二歲。

方宗誠入仕，於魯斂方一族有著非同尋常的意義。祖上方澤雖曾是兩淮鹽大使，但他的文名基本上僅限於當地；方東樹雖享有文名，是個大儒，但他的一生幾乎都在困境中奔波，並沒有贏得功名，他最得意的時期，也不過是入兩廣總督阮元的幕府，他人生的極致是一個小小書院的山長，可當上山長，其時他已是八十老翁，且兩三個月後便謝世了。方宗誠則不一樣，一方面他是理學名家，據方令孺侄兒舒蕪回憶，當年吳汝綸等到日本考察學制，這才知道日本也有人在講「柏堂」學，可見「柏堂」聲名遠揚；另一方面，他雖僅是一小小縣令，卻已進入官僚一級，政治地位有了根本性的改變，魯斂方從這時起才真正配得上「詩書閥閱」這樣的稱謂。方宗誠給這個家族帶來的影響是巨大的，他直接影響方令孺的父親這一輩，並且間接影響到方令孺這一輩及方令孺女兒、侄兒這一輩。

---

[5] 《清史稿》第 13430 頁，中華書局 1977 年 12 月版。

由於方宗誠與曾國藩的關係，曾國藩在安慶時，方宗誠還舉薦了同鄉忘年交吳汝綸，以後，年輕的吳汝綸得以進入曾氏集團，並成為「曾門四弟子」之一。後來吳汝綸回憶時說：「同治之初，君客始旋。吾初私學，君聞謂賢。招攜觀遊，試使為文。搜我篋藏，持獻相君。學匪禽犢，有愧在顏。東南清夷，中冬科舉。已試強我，入謁相府。」[6]這個「相」就是曾國藩。而搜篋，說明方宗誠和吳汝綸很熟。吳汝綸說，他一點不客氣地從我的箱子裡取了這個詩冊給了相君，還非得要我入相府拜謁。

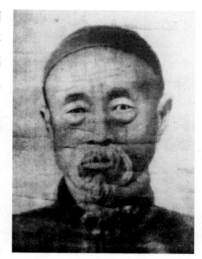

吳汝綸

方宗誠勤於公事，愛民如子，「國藩督直隸，奏以自隨。令棗強十餘年，設鄉塾，創敬義書院，刻邑先正遺著，舉孝子、悌弟、節婦，建義倉，積穀萬石，皆前此未有也。國藩去，李鴻章繼任，亦不以屬吏待之，有請輒施行。嘗歲旱，已逾報災期，手書為民請，並及鄰郡邑，不以侵官自嫌，卒得請普免焉。舉治行卓異，不赴部，自免歸。以學行詔後進，人有一善，獎譽之不容口。勤於纂述，逾時越月輒成帙。」[7]

他在棗強知縣任上十年，除了創建書院、興辦義學等，還創建名宦祠、鄉賢祠、立孝女牌坊、補修縣誌等，為了老有所養，他還修建養濟院，為備荒年，又廣建義倉。每當遇災害，及時勘察災情，兼及鄰縣受災情況，都會如實上報，不避忌嫌。曾國藩去任，李鴻章接任，他還多次奏求李鴻章免除全國錢糧積欠。雖為政一縣，謀慮所言都是宏遠大計，事關全域，李鴻章多採納施行。當時深州知州遊智開，興義學，減

---

[6]　《吳汝綸全集》第一卷76頁，黃山書社2002年9月版。
[7]　《清史稿》第13430頁，中華書局1977年12月版。

浮徵，政績頗著，時人將游、方並譽為「深州遊牧棗強方令」[8]，以表尊敬之情。

　　這樣粗粗說來是很簡單的，但是方宗誠的三子方守彝給我們留下了一份比較詳細的記錄，讓我們看到了一些細節，其中一則故事是講治盜的。棗強一地偷盜者猖獗，方宗誠的前任李秉衡初任棗強縣令時，一年之間殺盜一百餘人，當時以能治盜出名。一件事情往往有兩個方面，固然是治盜成功了，但殺的盜犯也太多了。方宗誠繼之到任後，翻閱案卷，看到殺了這麼多人，一邊歎息一邊流淚，隨即親自趕赴四鄉，教大家一個辦法，各地的富豪自己出錢雇傭本村及近村的貧民守夜，警鐘常鳴，如果有些地方的富豪吝財不肯從命，以致發生偷盜現象，那麼他這一戶要報案到公堂。「先府君傷責之實有深意，而緝捕之役亦同時併發，晉卿云云，語焉未詳也，其後遵行條，教盜案遂鮮，在任九年，殺盜僅十餘人。」[9]改善治安的同時，還挽救了偷盜者的性命，仁者也。

　　方宗誠勤政之外是勤學。他於治堂邊設一書室，有公事來的時候處理公事，處理完公事又去讀書，真可謂公事、讀書兩不誤。由於他的勤學、苦學，方宗誠在棗強的幾年，官職不大，卻把學問做大了，成了全國知名的理學家。

　　為官九年有餘，方宗誠離任時，「無一未結之案，無一未解之款」[10]。李鴻章以卓異薦，擢升灤州，他推辭不去。

　　方宗誠修髯洪聲，儀表堂堂。辭官時，與衡陽彭玉麟同遊石鐘、匡廬，雙雙並立揚子江岸，談古敘今，指點山河，過往行人莫不欽其風采。方宗誠一生撰有《諸經說都》三十三卷、《柏堂集》九十二卷、《俟命錄》、《志學錄》、《讀書筆記》、《講義》合三十五卷，另撰寫、編訂書籍數十種，這與他常年勤奮的治學分不開。

8　《桐城縣誌》第 818 頁，黃山書社 1995 年 9 月版。

9　方守彝：《網舊聞齋調刁集》第十二卷，民國刻本。

10　《方存之先生行年錄》，轉引自汪長林〈載道以言　荷之以躬——方宗誠評傳〉，《桐城派名家評傳》第 199 頁，安徽人民出版社 2001 年 11 月版。

四

方宗誠三子方守彝是方令孺的三伯父。「方守彝（1845-1924），字倫叔，號賁初，居士，縣城人。喜網羅舊聞，好為詩文，著有《網舊聞齋調刁集》二十卷。」[11]室名賁初軒、網舊聞齋等。文辭雅訓，尤擅做詩，與方令孺的父親方守敦為同父同母所生，他倆同為桐城派殿軍人物，方守彝學黃庭堅，方守敦學杜甫，皆卓有成就。

方守彝頗得其父精神風采，舒蕪對他有過很生動的描寫：「政治立場方面，他儘管在清朝並無一官半職，卻以清朝遺老自居，頭上的辮子一直都不剪。民國以後，上海有班清朝的遺老，大都是清朝的大官，有尚書、侍郎，有總督、巡撫，司道更多。我的三伯祖父（即方守彝）只能算一個『布衣』，然而他卻跟這些人都有來往，有詩酒唱和，一點也不覺得不相稱。」[12]

初讀這些文字時，我自然想像不出這位「在野名流」的風采，但是有一天我在看沈曾植資料時，無意中看到了方守彝的名字，所以當最新出版的《沈曾植年譜長編》一拿到手，在還不知道有人名索引時，我便從沈曾植到安徽任上一頁頁地翻看著，果然看到其中有不少是方守彝與沈曾植等人的唱和，等到後來方守彝僑居上海，他繼續和滬上這班人交遊來往，他們之中，就有赫赫有名的鄭孝胥、陳三立等。後來，我有機會讀到方守彝的詩集《網舊聞齋調刁集》，看到更多的詩詞唱和時，當然一點不驚訝了。《網舊聞齋調刁集》的書名是羅振玉題寫的，為他詩集題跋的人則更多，姚幕庭、吳汝綸、陳三立、沈曾植等等。

從桐城派傳人再到清朝遺老，粗粗想來，似乎也是順理成章的事。可是，我從方守彝與吳汝綸的通信中，看到了方守彝的另一面。他們都關心

---

[11] 《桐城縣誌》第 884 頁，黃山書社 1995 年 9 月版。
[12] 《舒蕪口述自傳》第 18 頁，中國社會科學出版社 2002 年 5 月版。

政治，經歷的正是晚清風雨縹緲、血雨腥風的非常時期，鴉片戰爭、太平天國起義、中日甲午戰爭、戊戌變法、八國聯軍入侵中國等，方守彝與吳汝綸有過一些通信，現在雖然看不到方守彝信的內容，但從吳汝綸寫給方守彝的回信中，知道他們討論的是當局的時政等大問題，創建桐城學堂之後，又討論請哪國人做教習，請怎樣的教習，甚至給教習的報酬都討論到了。[13]桐城中學堂是新式學堂，與方家傳統的舊式私塾有著極大的不同，但方守彝和弟弟方守敦都積極地投入到了創建工作中。

　　大概辮子剪不剪並不代表什麼，心裡想的才是重要的，溥儀也剪了辮子，總不成他想革自家的命。

　　方令孺的父親方守敦是方宗誠的五子，晚年被尊稱為方槃老，又被稱為方五先生。「方守敦（1865-1939），字常季，更字槃君，方宗誠子，縣城人。民國時期教育家、書法家。五歲時，隨其父至河北棗強知縣任所，侍側聆教。」[14]方守敦讀書刻苦，「往往一燈攻苦，達旦不輟，常靜夜觀書，衣不解帶，寒冬風雪之夜，家人夢醒，猶聞其翻疊吟誦之聲。」[15]他和其兄方守彝一樣，幼承家學，是一個詩人，著有詩集《凌寒吟稿》，同時他還是一個書法家，國民黨元老于右任對他的書法很讚賞，他們之間有過很多書信往來。此外，方守敦更是一個務實的維新派。1902年他曾隨吳汝綸東渡日本，考察學制，回來之後襄助吳汝綸創辦桐城中學堂。次年，又與日語教習早川新次郎，再赴東京，參觀明治博覽會。回國後，更積極從事教育改革，與李光炯等人創辦蕪湖安徽公學，當時任蕪湖安徽公學教務長的是陳獨秀，他們相互間都結下了很深的友誼。方守敦也同情新文化運動，他支持和欣賞女兒方令孺和長孫方瑋德的新文學創作。抗戰期間方守敦去世，客居四川江津的同鄉在羅漢寺為其開追悼會，陳獨秀送有輓聯：「先生已死無鄉長；小子偷生亦病夫。」

---

[13]　見《吳汝綸全集》第三卷書信部分。
[14]　《桐城縣誌》第884頁，黃山書社1995年9月版。
[15]　《桐城教育志》，安徽少年兒童出版社2006年版。

除夕壽京津兒女
殘生家國百酸辛對雪焚香怕見
春直北關山煞兒女燈前應話白
頭人　藥老人作辛午

方守敦詩稿手跡　　　　晚年方守敦攝於故家勺園

　　方氏弟兄之間感情真摯，他們互為師友，詩詞唱和不斷。

　　這是一個充滿了新舊矛盾的家族，國學與西學、傳統與現代、陳舊與革新，不同的文化在發生激烈的碰撞，東方文明受到西方文明的強烈衝擊，方令孺出生在這樣一個富有時代特徵的家族裡，而深厚的家學淵源、名門書香，給了方令孺極大的傳承，並影響到她後來的人生取向和處世涵養。在文學路上，她走的是與桐城派不相融的新文學一路，但其文章佈局、章法等，又不可避免地受到桐城派的影響，最重要的是精神取向的繼承，讀書習文成了這個家族的一面旗幟，方令孺一生愛讀書的起點就是方氏家族多少年來養成的詩書情懷。

五

光緒六年（1880 年），方宗誠辭官歸隱，在安慶買了房子然後定居了下來。方宗誠最初買了小二郎巷的一個小院，後來又在小南門買了一個大宅子，小二郎巷的小院和小南門的大宅子背靠背，連在一起。方宗誠一大家子就住在一起。

安慶位於安徽省西南部，長江下游北岸，是著名的歷史文化古城。三國時吳、魏相爭；南宋嘉定十年（1217 年）為抵禦金兵而築城，史稱「山口宋城」或「南宋安慶老城」；清康熙六年（1667 年），劃出江南省一部分為安徽省，安徽省會設在安慶，駐有安徽巡撫。當年沈曾植任安徽布政史時，他在署內山上築天柱閣，落成後還讓方守彝寫詩記載這事，詩名〈天柱閣落成應方伯沈公教並敘〉，序言和詩都寫得情趣盎然。

直到抗戰爆發，安慶一直是安徽省會所在地和安徽省政治、經濟、文化中心。當年公路和鐵路交通不發達的時候，安慶因地處水路交通樞紐而顯得格外重要。後來，方守敦帶著全家遷回桐城，如果他們由桐城出去，通常先到安慶，然後由長江水路，或上溯九江、武漢，或下行南京、上海，而不是經合肥出省的。

舊時安慶有五大城門：東面，樅陽門；東南面，康濟門；南面，盛唐門；西面，正觀門；北面，集賢門。南門共有兩處，盛唐門又名鎮海門，為大南門，康濟門為小南門。小南門位於安慶原高井頭現建設路一帶，出城門往南，有太平軍築壘的小南門炮臺。現在，五大城門皆已不存，兩處南門的地方現在大致是大南門內正街和小南門內正街，大南門街原先從鎮海門向北一直延伸到四牌樓街口；小南門街則從康濟門北與高井頭街連接。郁達夫曾兩次來到安慶，留下對安慶的描寫，其中寫到安慶名勝大觀亭。

安慶五大城門之一的盛唐門，為安慶大南門。建於 1217 年，現已不存。

安慶城西的大觀亭，現已不存。

　　方宗誠晚年，辭官歸隱買宅安慶後，除了遊歷山水訪前賢遺跡外，主要時間乃寓居安慶。「日則訂正生平著述，或點讀諸經、《通鑒》及宋五子書，夜則召門人弟子縱談鄉先輩文學師承及老年軼事。其好學不倦，勤懇如書生，致使見之者，竟不知這是一位居官退養之人。」[16]安慶方宗誠的藏書非常多，大約原來桐城勺園九間樓的藏書都遷了去。方守敦有詩〈皖

---

[16]　汪長林：〈載道以言　荷之以躬——方宗誠評傳〉，《桐城派名家評傳》199 頁，安徽人民出版社 2001 年 11 版。

寓樓夜獨坐〉描寫：「危樓千卷寄，殘月五更懸」[17]方令孺的散文中有這樣的說法：「⋯⋯我離開南京的時候，還把這本和其他我所喜歡的書，裝在一隻大箱裡，帶到安慶，後來我又去迢迢千里的四川，就把這箱子存我祖父的藏書樓上，現在那百年老屋，萬卷藏書，都化成灰了，⋯⋯」[18]總之是非常多的書，正合他的學者身份。

但是，回到安慶之後的方宗誠也不是一味的讀書，他沒閑著，同治五年，他稟請當局撥專款兩萬貫幫助修建安慶府儒學館，同治九年倡議捐資安徽義園，以安葬那些死後不能歸殮的貧窮之人，光緒八年，潛山、太湖、宿松、懷寧等地同時遭到水災，方宗誠積極與在任的太守聯繫，討論救災安民的事宜，這些都體現了他以民為本的思想。

光緒十三年（1887年），安徽學使侍郎貴恒推崇方宗誠學識情操，奏請賜五品卿銜，獲准。當時的巡撫到他家門口宣讀聖旨時，方宗誠雖然病著，卻一定欣慰之至。次年春，方宗誠病逝。方宗誠一生，極力弘揚孔孟、程朱之學，是桐城派後期的重要人物。

方宗誠逝世多年後，1926年，上海明善書局出版了一本《柏堂師友言行記》，當時，遠在美國的方令孺通過親友輾轉讀到了她祖父的這部書。[19]

六

方宗誠逝世十年後，光緒丙申年臘月廿八，方令孺出生在安慶方家，這一天的公曆為1897年1月30日[20]，方令孺出生後的第三天就是除夕。

---

[17] 方守敦著《凌寒吟稿》21頁，黃山書社1999年9月版。
[18] 方令孺：〈「你們都是傻子啊」〉，《方令孺散文選集》25頁，上海文藝出版社1982年8月版。
[19] 見瞿超：〈隱微的新月──方令孺教授傳論〉，《名師名流》586頁，廣西師範大學出版社2005年9月版。
[20] 關於方令孺的出生年月和出生地點，說法不一，我的論證見拙文〈談方令孺的家世及出生〉，《新文學史料》2010年第1期。

方令孺一出生，她已經有了兩個哥哥和三個姐姐。長兄名方時晉（1887-1953），字孝旭。方宗誠的幾個兒子所生的子女，在大家庭中一起排行，方孝旭（他們兄弟幾個以字行）大排行為老六。他曾進南京的江南水師學堂，和周作人是同學，後留學日本東京弘文學院。在日本學習不久，就回國結婚，之後沒再出國，娶的姑娘是陳獨秀的表妹，姓王，生下的長子方瑋德，後來成為新月派後起之秀，方孝旭續弦後又生下了兩子四女，其中兒子方言和女兒方徨，分別於 1939 年和 1943 年加入新四軍。方孝旭從日本歸國後，在湖南長沙師範執教，以後又到池州師範、桐城中學、安徽省立第二臨時中學等校教國文，是一位很有名望的國文教師。後來方令孺的侄兒舒蕪回憶幼年在家塾中，偶爾這位伯父也來授課，非常生動有味。五四運動前後，方孝旭在新思想影響下，閱讀陳獨秀主編的《新青年》，並與陳獨秀書信往返，結下很深的友誼。

抗戰中，方令孺的父親逝世，家政便由方令孺這位長兄主持。抗戰後期，方孝旭因新四軍子女的關係曾被國民黨抓進監獄。儘管經歷了日寇的洗滌，方家的藏品還有不少，方孝旭逝世前，囑咐子女將家藏古籍、書畫、碑帖等物一千九百餘件全部捐獻給國家，保存於省博物館。

方令孺的二哥方時亮，字孝徹，在家族中大排行老七。妻子夏純，字漱蘭，青田人，她的父親夏若峴被聘為桐城中學體育教師，兩家便有機會結為親家。夏若峴後來參加倒袁運動，被袁世凱暗殺，國民黨追認他為「上將軍」。方孝徹後來住在南京，在國民政府考試院工作，夏純在國民政府監察院工作，她還是個畫家和社會活動家。1935 年，方瑋德英年早逝之前不久，方孝徹先病逝，桐城老家給兩人合併開吊。抗戰爆發後，方令孺乘船逃難離開南京，應該是這位嫂子幫的忙。之後她們一起到了重慶，這是後話。方孝徹的長子方筠德，是著名的話劇演員。

方令孺的大姐名方孝姞，大排行老六，詩詞書畫皆妙，是個才女，還因為是家裡的長女，很得其父的鍾愛，方守敦在詩中幾次提到她。她的丈

夫姚農卿曾留學英國，七年後回國，他們一家住在北京，在方氏家族中很有聲望。

方令孺的二姐方素娣，大排行老七，丈夫鄧仲純（名初，以字行），懷寧人，是個醫生。鄧仲純的弟弟鄧以蟄，是著名的美學家。鄧仲純一家一度到了青島，後來又到了重慶。他們生的大女兒方瑞，原名鄧譯生，後來嫁給劇作家曹禺。方瑞的妹妹鄧宛生，是音樂家，其夫卓明理，是作曲家，〈草原小姐妹〉就是他倆作詞作曲的。

三姐方令英是老八，也住北京，後來隨丈夫到東京。她的丈夫名孫伯醇，後來在日本大使館任職。

方令孺的出生，給方氏家族帶來很大的快樂。「令孺」這個名字，就是聽話的孩子的意思，傾注了父母對她的喜愛。方令孺不單是她父母鍾愛的女兒，她的三伯父方守彝也特別喜歡她，關於這一點，容下文細說。後來，方令孺的婚姻由這位親伯父早早定下，除了政治因素之外，不知是否還與他的喜愛有關。

方令孺在大家族中排行為老九，在南京的時候，侄兒方瑋德經常在文藝界朋友面前九姑九姑地叫，陳夢家也跟著這麼叫，後來「九姑」也成了大家對她普遍的稱謂，顯得很親熱。

方令孺之後，還有兩個弟弟（另一個早夭不算）一個妹妹。大弟方時喬，字孝嶽，大排行老八，也出生在 1897 年，因為間隔了一個春節，傳統說法他比姐姐方令孺小一歲，方孝嶽在中山大學任教的時間最長，著有《中國散文概論》、《中國文學批評》等，其子舒蕪，現代文學評論家。方孝嶽之後，他們的父母又生子，大排行老九，但因早夭，未留下什麼資料，再以後，他們的母親去世，父親繼娶了葛氏，又生了一子一女，子方孝博，中央大學教授，女方令完，建國後兩次受高教部委派，前往東德和波蘭教授漢語言文學，回國後回鎮江工作。

1897 年 12 月 15 日（陰曆 11 月 22 日），宗白華出生在安慶方家。宗白華和方令孺之間，他們中間也是隔了一個春節，按傳統論，宗白華也比方令孺小一歲，他和方孝嶽同年。

宗白華的母親方淑蘭是方守彝的女兒，大排行老三，後來，宗白華娶的妻子虞芝秀，是方守彝另一個女兒方幼蘭所生的女兒，屬近親結婚。

宗白華叫方令孺九姨。方孝嶽的出生月份不明，大概宗白華和方孝嶽出生時間相差不遠。總之，這時的安慶方家，大大小小的孩子有很多，方令孺和弟弟方孝嶽、姨侄宗白華，可能是年齡接近、幼年及童年很多時候一起長大的緣故，關係顯得特別好。

童年的回憶總是美好的，可惜他們之中，沒有人記錄下這一情景，只是給後來的人留下大片想像的空間。

七

方令孺出生後第五年，光緒二十八年（1902 年），父親方守敦隨吳汝綸赴日本考察學制。吳汝綸（1840-1903），字摯甫，安徽桐城（今屬樅陽縣）人。1902 年他被任命為京師大學堂總教習，接著就被派赴日本考察學制。吳汝綸記下他們當時考察的情況，這些被收到《吳汝綸全集》之《日記》的「遊覽」中，有學者研究整理了當時他們考察的路線和活動內容：

> 吳汝綸一行於 1902 年 6 月 9 日從塘沽出發，20 日到達長崎。在長崎，考察了高等中學校、醫學堂等；去神戶，考察了神戶小學校、女學堂、禦影師範學堂；到大阪，參觀高等女學校、大學堂。

> 吳汝綸一行在長崎、神戶、大阪、京都的考察，只花了不到十天時間。此後主要集中在東京考察。首先，訪問了東京大學，與該校總長、理學博士山川健次郎面談，後由理科大學長箕作佳吉及數名教授引導參觀法科講堂、圖書館、物理實驗室、動物解剖室等。再是訪問大學堂、高等女子師範學校、華族女學校、徒弟學堂、盲啞學校、常磐小學校、富士見小學、東京市立師範學校、東京第一中學校、東京府女子師範學校、早稻田學堂等。據筆者統計，吳汝綸一行在東京訪問過的學校多達二十五所以上。

他們在東京的訪問考察，主要是對學校制度的視察和調查。因此，一方面，除訪問參觀學校以外，還歷訪跟學校有關的官廳，如文部省、外務省、參謀本部等。在文部省從 9 月 10 日至 10 月 7 日的將近一個月內參加了十九次「特別講演」的聽講，其內容均是有關教育行政、教育大意、學校衛生、學校管理法、教學法、學校設備、日本學校沿革等。另一方面，歷訪學校領導、教育行政長官、教育名家以及政軍界人物。[21]

上面提到的 10 月 7 日這個時間有誤，依吳汝綸日記記載，10 月 7 日這一天，他們一行回國到達安慶，幾個朋友早在躉船迎接，這些人中包括方守彝、金子純等，他們中要數方守彝最激動，他在前一天晚上就夜宿躉船等候了。然後與李光炯等人來到方家，鄧繩侯等朋友陸續來看望他們，第二天方守彝又設宴給弟弟他們接風洗塵。那時的方令孺儘管還小，但是父親國外歸來，那麼多客人在他們家進進出出，想必會給她留下印象的。

回國後，在吳汝綸的多方奔走下，桐城中學堂於 1903 年正式建成，他親自題寫「勉成國器」匾額一方，又撰寫了楹聯，楹聯為「後十百年人才奮興胚胎於此，合東西國學問精粹陶冶而成」。1903 年桐城中學堂暫借安慶安徽巡撫衙門南院書屋為臨時校舍，首次招生 112 名，正式開學。但此時，吳汝綸這位桐城中學堂的創建者卻積勞成疾，撒手人寰了。斯人已逝，但是他睜開眼睛看世界的精神留了下來，教育救國的理念傳承了下去。

1904 年秋，桐城中學堂遷回桐城，設於縣衙舊址。古老的桐城迎來了新學的曙光。

方守敦於 1903 年再次赴日，參觀明治博覽會。關於這兩次日本考察，他同樣留下了一些詩文。

21　趙建民：〈吳汝綸赴日考察與中國學制近代化〉，《檔案與史學》1999 年第 5 期。

八

　　方令孺的父親方守敦是方宗誠的第五個兒子，據說方宗誠四子早夭，方守敦就成了老四，他以做方宗誠的兒子為榮耀，在他一大堆的印章中，最喜歡「方氏柏堂季子」這一枚。方宗誠的長子和次子情況不明，可能不在安慶，方守彝詩中提到，他的大侄從吉林來。方守敦比方守彝小十八歲，這兩兄弟之間詩書往來，關係非常親密。

　　但這時候，他們要分家了。安慶小南門的大院歸在方守彝名下，桐城老家的房子和安慶小二郎巷的小院則歸在方守敦名下。[22]這年是 1906 年，即光緒丙午年，方令孺實足九歲。方令孺大約四歲那年祖母亡故，約七歲又不幸喪母，她兄弟姐妹共九人，1906 年，父親帶了他的一大群兒女遷回到老家桐城。

　　這次是家族中比較重大的事件，兄弟兩個都在詩文中有了反映，方守彝的詩名為〈即事一首送五弟歸裡收勹園住宅〉[23]，方守敦的詩名為〈移家歸桐，舟中偶詠二律寄三兄，疊清字韻〉[24]，方守敦寫得很動情：

> 一棹滄浪歌濁清，向來青眼為誰橫。
> 蒼茫天地惟兄弟，搖落江山寄生死。
> 秋色無邊霜樹老，雁行數點晚峰晴。
> 百年心事扁舟載，坐倚高牆看月明。

　　兄弟只不過分家，讀來卻有點生離死別的味道，這只能歸於兄弟情深吧，不然，豈不是矯情了。回桐城，只不過是打回老家，他們本來就是桐城人嘛，何況桐城是這樣的聞名於文苑儒林，方守敦怎會不喜歡？

---

[22]　《舒蕪口述自傳》40 頁提到方氏兄弟分家的情況。
[23]　方守彝：《網舊聞齋調刁集》第四卷，民國刻本。
[24]　方守敦《凌寒吟稿》第 13 頁，黃山書社 1999 年 9 月版。

深受方氏家族薰陶的子女又怎會不喜歡呢？那麼，讓我們再次走進桐城看
看吧。

第二章　勺園小天地（桐城）

一

讓我們的眼光回到桐城，回到對桐城文章的讚譽，「天下文章，其出於桐城乎？」這話出自姚鼐給他的老師劉大櫆寫的祝壽文章〈劉海峰先生八十壽序〉，當時的吏部主事和四庫全書編修說了這句話，姚鼐作了引用。這還了得，這兩位可是當時的學術權威，權威如此推崇，桐城文章想不顯也難。

對於這樣巨大的讚譽，我們再看姚鼐的回應：桐城，天下奇山異水之地，積鬱了千餘年，就該出留得丹青的大人物了，「儒士興，今殆其時矣。」似乎是順理成章的事，於是桐城派橫空出世了。

那麼桐城又有著怎樣的奇異山水呢？又出了什麼樣名垂史冊的人物呢？

舊時桐城地圖

　　傳說桐城境內有座藏龍臥虎的山，名龍眠山。山川連綿，據說曾經是龍留戀的地方，宋代詩人黃庭堅等還留下了詠龍眠山的詩，這是龍眠山的傳奇。有了這個傳奇開祖，接下來的故事也一點不亞於傳奇，據《桐城縣誌》記載，北宋元符三年（1100 年），世稱「宋畫第一」的李公麟辭官歸隱龍眠山，做起龍眠居士來了。

　　桐城在李公麟歸隱之前，固然有三國名將魯肅遺留的蹤跡──魯王墩、魯肅讀書台、試劍石等，但這些仍不足以吸引世人的目光，可是李公麟一來，山水為之一變，境界大開，於是吸引了蘇東坡據說還有他的弟弟蘇轍一起來了，吸引了黃庭堅跟著來了。李公麟在龍眠山建了他的龍眠山莊，又依著山勢畫成〈龍眠山莊圖〉二十幅。李公麟有著何等的筆墨，據說他畫宮廷中的馬，因畫得太傳神，攝取了馬的精髓，畫一成馬就死了，又據說他歸隱龍眠山後畫虎，如果畫上尾巴，這虎就活了。這畫死畫活的，誰有這等功夫？只有李公麟，所謂技藝的精湛自有其來。所以當蘇東坡看過〈龍眠山莊圖〉之後，不覺大大稱讚：「龍眠居士作山莊圖，使後來入山者信足而行，自得道路。如見所夢，如悟前世。見山中泉石草木，不問，而知其名；遇山中漁樵隱逸，不名而識其人。」哥哥如此稱道，弟弟也贊同，蘇轍在每幅圖上題詩，詩為〈龍眠二十詠為李伯時賦〉，李伯時即李公麟是也，其中之一〈墨禪堂〉詩曰：「此心初無住，每與物皆禪。如何一丸墨，舒捲化山川。」說的還是那神奇之筆墨。蘇氏兄弟這樣了得之人，還如此地推崇別人，可見這個人是怎樣地出眾了。到了清朝，有個名叫張若駒的詩人在看過畫後，也寫了一首詩，有這樣的詩句：「伯時先生任風雅，以身入畫畫龍眠。」詩章盡顯李公麟之風采。

　　因為這四個人，李公麟、蘇東坡、蘇轍、黃庭堅踏上桐城的土地，桐城開始發出光芒，因此我始終相信，桐城的文脈是從宋代李公麟歸隱龍眠山之後才真正開始的，這一縷光芒，照在桐城天空的一角，慢慢地生髮開去，才有後來桐城派的熠熠生輝、光芒四射。

　　文廟是桐城文化的標誌。文廟始建於元延佑初年，元末毀於兵火，明洪武初拓展重建，是元明清以來桐城祭祀孔子的禮制性建築群。整個建築

以南北成中軸線，對稱佈置。文廟門樓是三開間亭閣式建築，門樓正面懸著匾額上「文廟」兩字，為趙樸初所書。過門樓，過欞星門，泮池上有石拱橋名泮橋，傳聞明清桐城人如「天啟六君子」之一左光斗、大哲學家方以智、父子宰相張英張廷玉、桐城派戴名世方苞劉大櫆姚鼐等名儒碩士，成名前均從橋上步入大成殿祭祀孔子，以致金榜題名，所以泮橋有「狀元橋」的美譽。前面為前院，大成門、月臺、大成殿為後院，大成殿為文廟的主體建築，供奉著孔子及其弟子。固然，全國有很多地方建有文廟，但是文廟在桐城這樣一個縣級小鎮出現，無疑對當地文化起著極為重要的推動作品，為儒家思想的傳播起了推波助瀾的作用。

桐城龍眠河上的一座橋也大有講究，名為紫來橋。看這名字，不由得讓人想起老子騎著青牛出函谷關西行的故事，如此說來，桐城一地或多或少與道家也是有關係的。

走在今天的桐城，我不得不驚訝，怎麼走幾步就是一處古跡，走幾步就有名人故居？在北門街一帶，方苞故居鳳儀里和方以智故居瀟灑園幾乎連在一起，往南不遠處就是姚瑩故居，姚瑩後裔曾闢此為慎宜軒。北門街的北面，不遠處有左光斗故居啖椒堂及左公祠，往西，是明代理學家方學漸的講學園，再往西，有吳汝倫創辦的桐城中學，中學校內，有朱光潛故居，有書法家方守敦和方壽衡的石柱刻，有吳汝倫創辦桐城中學堂時的藏書樓半山閣，有姚鼐故居惜抱軒及姚鼐手植的銀杏樹等，過了西門街，古靈泉寺就是黃庭堅讀書處了。往南轉，沿著今天的文城西路一帶，先見到姚元之舊館竹葉亭，接著，

勺園，旁邊的牆上嵌了一塊碑，上書：方氏九間樓

劉大櫆講學的勺園、方宗誠的九間樓、宰相府的五畝塘和六尺巷及方東樹家廟幾乎連成一片。出古城，往很南的地方，則有蘇軾別業。桐城何其小，古跡何其多。走在桐城的街上，真的是不勝感慨，我從沒有見到過名人故居和古跡這麼密集的小縣城，甚至在大城市也非常罕見。我被深深地吸引著。

　　一個文風昌盛的地方，總會孕育出幾個文才，在桐城，則是一批！桐城學派、桐城詩派、桐城畫派和桐城文派，相繼湧現，如璀璨的群星，照亮了桐城的夜空。方令孺隨父兄遷到桐城後，她的童年、少年就生活在這樣的環境裡，行走在文風昌盛的桐城的天空下，她當然是深受影響了。

二

　　當然方令孺更多的時間是生活在她自己的家中，生活在桐城勺園這個小天地中。

　　舊時的桐城像個龜形的城，勺園就坐落在龜背的最左則，現在環城西路東側，曾是桐城派四祖之一劉大櫆講學的地方。劉大櫆年少時以布衣走京師，當時名望很高的方苞見其文章大為嘆服，並贊他是韓愈、歐陽修一樣的人物，劉大櫆一時名噪京城。不過劉大櫆科場失意，他一生以授徒為業，晚年歸隱桐城，著書立說。據說，最初勺園是張閑中家的西賓之所，「勺園」意為一勺之地，有自謙之意，西賓則是對塾師的尊稱。張閑中邀好朋友劉大櫆設館於園中教他的子弟讀書，劉大櫆在他的文章〈遊碨玉峽記〉和〈樵髯傳〉中提到他客居勺園時的情景。

　　斗轉星移，時間過得飛快，幾十年之後，方宗誠成了勺園的主人，他置九間樓為他的藏書樓。沒有史料證明方宗誠之前就有了九間樓，九間樓應該就是方宗誠所建，因為他的藏書太多了。而他選擇在桐城派四祖之一劉大櫆講學的地方建九間樓，多少也是因為心裡充滿了對這個地方的喜愛吧。

　　那年的春節，我們全家到安徽旅遊。在一個暮色時分，我們來到桐城，第二天，我出乎意外地走進了勺園，心裡真有說不出的喜悅，因為事前我

在桐城網上尋問方令孺故居的消息，沒有人知道，所以對此，我幾乎是不抱什麼希望的。勺園大門上的題額，由書法家張建中手書。邊上的圍牆上嵌了一塊碑，上書「方氏九間樓」幾個字。

從今天環城西路的勺園大門進入，走入園中的小道，越過一處小小的菜園，走進一扇洞開的圓門，直入九間樓西面樓下的堂屋。九間樓西面一列五間樓房，南北廂房各兩間，共九間，故名。東面是一堵牆，中間是長方形的小院落。

九間樓係磚木結構，粗大的木樑和木柱，雕花的木窗，牆也是木板拼成的，飛伸出來的屋頂是磚瓦，地面也是磚鋪的圖案，從院中看九間樓，屋頂線條優美，整個建築渾然成一體。

樓並不高，從外面看二樓，只見低矮的窗戶，窗戶上面就是頂了，可能只夠一人高，當然只適合藏書，並不適合住人，所以現在九間樓樓上已經廢棄不用了。這種只為藏書的建築方式，也只能出現在書生身上。有一陣子，我呆呆地想著，對於書來說，用這樣一個龐大的地方把它們安身，這不正是書的福氣嗎？

可是，這只是今天的九間樓。讓我們回首過去，重現一段當年時光吧。

當年的桐城，城牆高高的，是磚砌，據說張獻忠起義軍曾數度攻城未克，有「鐵打桐城」之譽，現在的勺園大門外的環城西路曾是古老的西城牆——抗戰時，桐城被日本人佔領，敵軍退出後，怕再次被日寇佔領，是桐城人自己拆掉了這個堅固的城牆。勺園方宅西邊本來沒有圍牆，是利用城牆作圍牆的，九間樓原是勺園的最深處。九間樓東面一帶還有房子，再東面才是大門。抗戰期間，城

屋檐下一隻巨大的石元寶非常醒目

牆拆了，方家自己築起了圍牆，並在圍牆上開了個後門。解放後，東面一帶的房子被政府征去做他用，這樣後門變大門，成了現在這個樣子。

　　也許勺園的最初也是簡陋的，但在方宗誠為官後，方家勺園有了很大的改觀，舒蕪這樣描述：「我家的大門，是在外門之內，約一丈高，包裹了黑鐵皮，掛著兩個重沉沉的鐵環，終日堅閉。頭上有五六根短柱，成一橫排，向外伸出，與大門成直角，顏色沉暗，雕有一些花紋。我平常不很注意，後來經長輩指點，才知道就是『閥閱』，可以表示家族的高貴。」[1]

　　不過後來方宗誠定居安慶，勺園一度租給別人，等到方守敦遷回桐城，勺園又開始顯露出她的生機來。

　　但過去在桐城，當時說到方家，不稱勺園而稱「棗強縣」，一說「棗強縣」，人人都知道是方家。

三

　　方守敦在遷回桐城的這年，他在勺園種下幾株海棠，以後又陸續種了各種花草樹木，並且，他在勺園建起了凌寒亭。

　　凌寒亭是方守敦的吟詩亭。「凌寒亭」取柳宗元〈茅簷下始栽竹〉詩意：「不見野蔓草，翁蔚有華姿，諒無凌寒色，豈與青山辭。」有一本桐城旅遊的書《文都攬勝》上這樣介紹凌寒亭：

> 凌寒亭係磚木結構抬樑式建築，建於高一米的獨立台基上，面積為60.25 平方米，分三開間，進深 5.3 米，面闊明間 3.85 米，兩次間3.4 米，四周環廊，廊 1.7 米，邊沿砌壓欄石，中鋪平磚。四面牆壁，下為菱牆，上為窗櫺。飛簷翹角，四坡屋蓋。亭前四米處砌「門」形磚粉牆一道，構成長方形小院落，內植梅樹五株，置太湖石一方，篆刻「立雲」二字，夾以藤蘿芳草，極為幽絕。方守敦自題〈凌寒

---

[1]　舒蕪：〈我的懷鄉〉，《舒蕪集》第八卷第 113 頁，河北人民出版社 2001 年 12 月版。

亭〉詩：「種竹干霄三十年，一
亭風露已翛然。敢云岩穴成高
隱，自古哀歌有獨弦。片石『立
雲』芳草滿，清樽留月古城旁。
華顛寂寂幽居興，五樹梅開佇
雪天。」

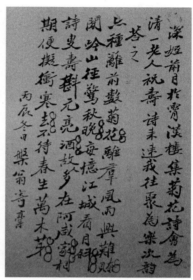

方守敦詩稿手跡

　　關於凌寒亭，方守敦、方令孺父
女各有一些或客觀或動情的記錄，「亭
在城旁十餘步內，植梅五株漸成林，
予為聯題柱云：窗留冷月寒梅勁，城
擬荒崖古石尊。」[2]「這座亭子共三間，
傍著城牆，城牆像一座山，因為時間
的古老，從磚牆縫裡生出許多藤蘿和
灌木。」[3]

　　從九間樓到凌寒亭，需要穿過竹園和花園，這一帶是孩子們的樂園。

　　竹園在整個勺園的西邊、凌寒亭的北面（左面）。方宗誠帶著兒子方守敦
在棗強任上時，方守彝種下這一片竹林，所以等到方守敦遷回桐城之後，方
守彝也寫過凌寒亭的詩：「客去主歸樑燕喜，茶煙清處書當軒。我是當年種竹
人，沉吟枯稿荒江邊。」[4]「客去主歸樑燕喜」是指弟弟方守敦又回到了勺園，
「沉吟枯稿荒江邊」是指哥哥方守彝生活在安慶，「荒江」指的是長江。

　　花園有兩百平方左右，種了各式各樣的樹木花草，在家人眼裡最引人
注目的是柏、楠、柿、杉四種樹，有著特殊的意義，方令孺四個兄弟的小
名，就取自這四種樹，方孝旭小名柏生，方孝徹小名楠生，方孝嶽小名柿

---

[2]　方守敦：〈凌寒亭〉注釋，《凌寒吟稿》第 37 頁，黃山書社 1999 年 9 月版。
[3]　方令孺：〈憶江南〉，《方令孺散文選集》第 72 頁，上海文藝出版社 1982 年 8
　　月版。
[4]　方守彝：〈檠君自裡來囑題凌寒亭並敘〉，《網舊聞齋調刁集》第五卷，民國刻本。

子，方孝博小名杉子。再下一代，方瑋德小名筍子，方筠德小名簣子，舒蕪小名管子等，用的是竹字頭。花木與兒孫聯在一起，那就不再只是簡單的花木了，那裡包含著老詩人多少的情意啊。

柏樹作為老大哥，在勺園花木中長得也最高，多年之後，柏樹上還有一棵粗壯的凌霄花緊緊纏著，等到夏天，橙色的凌霄花開滿翠綠的柏樹枝頭，在孩子們眼裡，實在是太好看了。「凌霄花每年都在柏樹的高高樹顛盛開，淡紅色的喇叭口形的花綴滿樹中間，柔曼依寄於勁拔，蒼老護托出嫵媚，可謂一大盛景。」[5]

勺園的另一大景色是綴滿綠意的薛蘿，樹藤粗壯，如龍蛇走壁，當年方家的塾師張孝生還特地為薛蘿題寫長古一首。薛蘿也給方令孺留下的深刻印象，她說：「我小時住在故鄉老屋裡，屋的四周牆上長滿薛蘿，每當春夏之交，滿牆蓋著郁郁蒼蒼的綠葉，又從門上蒙絡交翳的倒掛下來，我就歡喜，恍惚覺得自己是住在山洞裡。」[6]

除了這些，勺園還有很多花木，金橘、枇杷、棠棣、芙蓉、梧桐、桑、榆、柳、紫荊、金花等，還有一棵香櫞，令庭院滿是芳香，一叢天竺，當白雪壓著紅果的時候，分外妖嬈，一株牡丹，更是勺園之絕色。

此外，凌寒亭旁，一棵金桂，一棵銀桂，與琅琅書聲一起，裝扮了整個秋天，也裝扮了勺園裡孩子們的童年。

除了花草樹木，四時的林子裡，還有各種奇怪的鳥雀，白天傳來啄木鳥的剝啄聲，夜晚聽到貓頭鷹的顫叫，小松鼠捧著松果坐在窗臺上玩耍，彩色的錦雞在竹林裡飛，錦雞的尾巴長長的，兒時的方令孺常常擔心那華麗的尾巴會不會折斷……

凌寒亭的前面，立有一片雲石，起初有一天被方令孺的父親在園後的草叢裡發現了，石上鐫刻著「立雲」二字，古樸蒼勁，「父親歡喜得像發

---

[5]　舒蕪：〈勺園花木〉，《舒蕪》第 113 頁，古吳軒出版社 2004 年 8 月版。
[6]　方令孺：〈琅玡山遊記〉，《方令孺散文選集》第 29 頁，上海文藝出版社 1982 年 8 月版。

現一件寶物，把石豎起來，砌一座花台供設著，周圍種著很多書帶草，細長的葉子，因為多年的生長，像獅子一樣蹲伏在石下。」[7]

凌寒亭的右邊有一座尼庵，隔了一道女牆，前面是一個池塘。這裡婦人們的洗衣處，也是夏天孩子們游泳的地方，有一年，一個鄰居家的孩子不幸溺水身亡，他的母親聞訊飛奔過來，撲在孩子的身上，母親傷心欲絕的情景在二十年後還留在方令孺的記憶深處。

四

凌寒亭也是方家的私塾所在地。桐城舊式教育以私塾為主，有錢人家，都在自己家裡請塾師——家庭教師上門教子弟讀書學習，舒蕪回憶：「我們家從父親一輩起，小孩子總是按照年齡分成幾波，每波請一個私塾先生來教……我們家從我父親那輩開始，子女教育方面就是由祖父一手操持的。他有計劃，也有督促。幾歲發蒙、請什麼先生、讀什麼書、幾歲結束塾學，都有具體的考慮。我隨母親剛回到老家，祖父就把我的私塾先生親自挑選了。先生的人選很有講究，請誰不請誰，都由祖父親自挑選。人進了門，還要進行一番細緻的考察，功夫差一點都不行」[8]。但是，方令孺最早的教育，似乎來自姐姐。方令孺晚年的學生裘樟松回憶：「先生告訴我，她五歲開始讀書，由其姐抱在膝上口授。」[9]方令孺的幾個姐姐中，以大姐方孝姞最有才華，方守敦一首〈寫意和六女箋字詩韻〉中有句「奇文妙墨竟誰傳」[10]，得意之情溢於言表，再則，父親願意和女兒詩詞唱和，就已經說明了這個女兒實在不一般。另一首詩〈適姚氏女三十歲生日，感

[7] 方令孺：〈憶江南〉，《方令孺散文選集》第 73 頁，上海文藝出版社 1982 年 8 月版。

[8] 《舒蕪口述自傳》第 15 頁，中國社會科學出版社 2002 年 5 月版。

[9] 裘樟松：〈不是親人，勝似親人〉，《人物》1952 年第 2 期。

[10] 方守敦：〈寫意和六女箋字詩韻〉，《凌寒吟稿》第 11 頁，黃山書社 1999 年 9 月版。

懷賦三十八韻〉，也有這樣的句子「當時唯汝敏」[11]，對於這個長女、大家族女孩排行中的老六，在失去第一個妻子的情況下，方守敦還是把她當作助手和朋友的，她幫忙照看弟妹，料理衣食，以後又操辦婚嫁大事等，當做父親的「落落寡歡趣」時，好在，「幸汝嫁非遠；城東古槐宅，名家清風顯。」[12]方孝姞嫁的是桐城名門姚氏子弟姚農卿。桐城有張、姚、馬、左、方五大家族，魯谼方雖然不屬五大家族中的「方」，但和五大家族關係密切，和姚家、馬家等都有姻親關係。

　　因為這個聰明能幹的姐姐，方令孺開始了最初的發蒙。父親作為詩詞書法家，也曾親自給方令孺傳授學識，這給方令孺打下了堅實的古文基礎。有一冊方令孺十幾歲時的古文手抄本《秋園雜佩》（明末陳貞慧定生著），多少年之後方令孺還取出來在看，這件事後來在〈二十五年我的愛讀書〉中方令孺曾經提到。

　　當時通行的蒙學教材有《三字經》、《百家姓》、《千字文》、《龍文鞭影》、《聲律啟蒙》等，蒙學之後是讀背《四書》、《五經》、《唐詩三百首》、《古文觀止》等。方家的私塾，蒙學請一位先生，《四書》時再請一位先生，《五經》時另請一位先生，分為初、中、高三個等級，具體教學是這樣的：

　　每天早晨一上學，先生就上一段「生書」，學生一遍遍地讀，直到背出；接著把當天的「生書」和前一天的「熟書」連起來讀，直到能夠背誦，稱為「小總」；然後是將近十來天讀過的書，連在一起讀，直到背出，稱為「大總」。每天，一個上午，就是這件事。

　　下午是練大小字的時間，端端正正地坐在桌前寫字，方守敦自己是書法家，他的辦法是要小孩子臨碑。

　　練完了字，三五天作文一次。

---

[11] 方守敦：〈適姚氏女三十歲生日，感懷賦三十八韻〉，《凌寒吟稿》第45頁，黃山書社1999年9月版。
[12] 方守敦：〈適姚氏女三十歲生日，感懷賦三十八韻〉，《凌寒吟稿》第45頁，黃山書社1999年9月版。

晚飯後是夜學，是讀詩詞和古文的時間，主要的教材是《唐詩三百首》和《古文觀止》，詩詞和古文也都要背出來，但不要「小總」和「大總」，一次通過就可以了。

凌寒亭之東室為先生住房，西室為塾房，擺有學生課桌，中間為堂屋，為先生會客和學生下課時嬉樂的地方。

方家每年的年初，凌寒亭正中一間的堂屋，還有一個祭聖的儀式要舉行，「那時候，我們家每年的正月初七，祖父都要像模像樣地主持一個典禮，祭奠聖人。這個儀式極其肅穆，堂上要張掛歷代聖哲的畫像，正中一排主要受祭的聖賢，從孔孟開始，中間有哪些人物我記不清了，但最末一位永遠忘不了，他不是別人，就是那位曾文正公曾國藩。至於自伏董馬鄭以至顧黃王等學者，和屈宋馬班李杜韓柳等文士，都只能分列兩旁。」[13]祭台上面，除香燭之外，還有不少的珍貴書籍字畫等，然後由祖父帶頭，走到祭台前輪流磕頭，接著是由兩個小輩在兩旁念《孝經》：仲尼居，曾子侍，子曰，先王有至德要道，以順天下，民用和睦，上下無怨……這個儀式之後，孩子們又要開學讀書了。

在方家，讀書環境非常好，白天是孩子們從凌寒亭發出的琅琅書聲，晚上，是老詩人方守敦從九間樓傳來吟詠聲。多年後，方瑋德在寫給他的女友黎憲初的信中這樣描寫他的祖父方守敦：「還有他那一片吟詩的聲音，哦，初初，我就想不到有比那副調子更美更深更玄的音樂，（我一點兒也不誇大！）……尤其是半夜裡，你從第一個夢裡醒來，你會聽到不知從何處吹來一片蒼老的聲調，深深的可是又極其婉轉的，使每個詩句裡套進無數的副調（minor tune），又從這無數小副調裡引起這下句的音階……」[14]

家塾生活伴隨了孩子們的童年。隨著孩子們的成長，家塾先生也換了一批又一批，1920年，後來成為著名學者的徐中舒來到方家做私塾先生，

[13] 《舒蕪口述自傳》第4頁，中國社會科學出版社2002年5月版。
[14] 轉引自舒蕪：〈奉上《凌寒吟稿》致語〉，《舒蕪集》第七卷第352頁，河北人民出版社2001年12月版。

主要講授《左傳》[15]。在方家的五經中，只有《詩經》和《左傳》，《左傳》是以《春秋》為綱的編年史，讀《左傳》就是讀《春秋》。那時方令孺已經出嫁，但回到娘家的方令孺和徐中舒認識了。徐中舒僅比方令孺小一歲，安慶人，他十七歲插班直接進入安慶初級師範學校三年級學習，他的老師胡遠濬是吳汝綸的弟子，他受胡遠濬影響很大，最喜歡上國文課。三年後，徐中舒從已改名的安慶第一師範學校畢業，先後考上了武昌高等師範學校數理系和南京河海工程學校，因為專業不對口，他輟學在家，就是在此期間，因為胡遠濬的介紹，他應聘來到方家做私塾先生。徐中舒教的這撥學生，是方孝博、方令完和方瑋德，回到娘家的方令孺向徐中舒請教文史知識。後來，徐中舒考取清華國學研究院成為第一批研究生，得王國維學術嫡傳，成為著名的先秦史專家和古文字學家。

　　關於方家塾師更多的故事，則是張孝生留下的。有一年，方守敦偶然得到一棵小松秧，他讓兒孫們把小松秧種在勺園，張孝生笑著說，我字嘯松，這棵松就是我了！讓它留下永遠的紀念！[16]張孝生教的這波學生也是方孝博、方令完和方瑋德，並且張孝生對他的學生說，等以後松樹成蔭，我騎著驢子來桐城，你們買了酒在樹下招待我啊。這時方瑋德接口說，先生的驢子該是我贈的呀。[17]師生間其樂融融。

　　還有一位塾師，也留下了一點少得可憐的故事，他是張夢漁，教的這波學生有方筠德（後改名方新）、方管（後改名舒蕪）、方祚德（後改名方言）、方祁德（後改名方徨），張夢漁在教書之餘，每天努力練習書法，學的是方守敦的字體。「我們的祖父是縣裡省裡有名的書法家，我們從小看慣了人家紛紛來求字，看慣了縣裡風景名勝之處大都有祖父的題字，也看

---

[15]　徐亮工：〈徐中舒先生生平編年（未定稿）〉，《徐中舒先生百年誕辰紀念文集》第 313 頁，巴蜀書社 1998 年版。

[16]　出自方守敦詩〈得孝生見懷四絕句，次韻答之〉自注，《凌寒吟稿》第 124 頁，黃山書社 1999 年 9 月版。

[17]　出自舒蕪文〈勺園花木〉，《舒蕪》第 111 頁，古吳軒出版社 2004 年 8 月版。

慣了祖父以六七十歲的高齡仍每天練字不綴。」[18]當時，方守敦在書法如此出名，怪不得他們的家庭教師要學他的字了，可惜的是，儘管張夢漁勤奮苦學，他寫的字始終得不到方守敦的認可。

塾師的認真教學和方守敦的嚴格督促，給方家的孩子們打下了堅實的學識基礎，等到他們參加桐城中學的入學考試，成績也是相當顯著的，當年方孝嶽、方瑋德、舒蕪、方言等都考過第一名，想起來，當方守敦一次次地得到這樣的消息時，該是捋著他的長鬍子哈哈一笑了。這是他鍾愛的子孫們對他最大的回報。

五

至於方令孺有沒有上過桐城中學或其他中學校，似乎並不清楚。鄧明已在〈方令孺傳略〉一文中說男方家「陳家是個封建世家，在女子無才便是德的信條下面，逼迫未過門的媳婦纏足，並禁止她到洋學堂念書。」[19]似乎是有道理的，當時有些地方的風俗是這樣的：有錢的人家，兒女婚姻由女方家花錢，男方家可以向女方家提要求，因要在有錢人家，女兒嫁到男方家，是得到一個繼承遺產的權利；沒錢的人家，是男家花錢，女方家可以提要求，因為女方家失去一個勞動力。方家和方令孺的婆家陳家，兩家都是名門大家，男方家自然可以提要求，陳家是一個傳統的大家族，信奉女子無才便是德，他們要求未來的媳婦裹腳又不讓方令孺進中學校讀書也完全合乎他們的邏輯。不過方令孺不是總是順從的，小小的她有過幾次反抗，一次是裹小腳。裘樟松回憶：「可先生並不聽話。先生從小反對封建禮教，反對女子裹小腳。她的八位姐姐都很順從，可先生堅決反對，小腳沒有裹成。」[20]

後來方令孺侄女方瑝先生給我的信也說到這事，她說，九姑小時即與陳家訂親，陳家要求包腳。九姑小時由六姑、七姑帶大，陳家傳來話後，

[18] 舒蕪：〈家館滋味憶吾師〉，《舒蕪》第 12 頁，古吳軒出版社 2004 年 8 月版。
[19] 鄧明以〈方令孺傳略〉，《新文學史料》1988 年第 1 期。
[20] 裘樟松：〈不是親人，勝似親人〉，《人物》1952 年第 2 期。

七姑即給九姑包腳,包腳是非常痛苦的,九姑哭鬧抵抗,後來在六姑、八姑的主持下,才放了裹腳布。

不過,據楊永直回憶,雖然小腳沒裹成,但還是留下了裹腳的痕跡:「遺憾的是她的一雙半解決的腳,深深地刻下封建舊家庭在她身上留下殘酷的印記。」[21]

還有一次,算不得什麼大事,卻是方令孺極力爭取的結果。

每年的清明節,方守敦總要帶著幾個兒子到山中祭掃祖塋。清明時節,正是踏青的好時機,小小的令孺也嚷嚷著要一起去。可是父親說,帶一個女孩上山,多麼累贅,不能去。「我發了一千個誓,說我一定同男孩兒一樣,不帶累人,弟兄們也在父親面前代我說話,畢竟讓我跟著去了,爬過不少的山峰,渡過不少的險澗,就是登上投子山巔(這是一縣最高的山峰),我也沒有表示膽怯。為了不要教人說我累贅,為了不願敗人興致,我努力奮勇,不折不扣的象一個男孩,父親掀髯笑了,弟兄們說我沒有丟臉,我小小的疲倦的心,也就象一隻麻雀,振起翅膀飛起來。」[22]

經常生活在小小的勺園,方令孺有著一顆女孩子敏感的心,她曾經回憶起幼年時的這段心境,「有一天午後我跑到園裡在一叢荒草的園角上發現一棵盛開的海棠。我快樂極了,看那清風吹過,粉白的花瓣輕飄著散在空中,草上。我小小的心靈感覺到一種不可言說的喜悅,但是我靜靜的在花下舞著[23],唯恐一出聲這種愉快會隨花飛去。」[24]

但是,走到戶外,心情也一定會大變,這時,登上投子山巔的方令孺一定非常興奮,面對高高的藍天,面對腳下的大地樹木,她該是多麼自豪!平時的她,大部分時間是被關在勺園的小天地的,現在的她,放飛一顆愉快的心去翱翔天空了!

---

21 楊永直:〈我的九姑方令孺〉,《上海灘》1988 年第 8 期。
22 方令孺:〈琅玡山遊記〉,《方令孺散文選集》第 29 頁,上海文藝出版社 1982 年 8 月版。
23 原文如此,懷疑是「伏著」兩字。
24 方令孺:〈信〉,《方令孺散文選集》第 9 頁,上海文藝出版社 1982 年 8 月版。

不過我相信，除了小小的勺園，桐城中學也應該是她願意去的地方，因為那裡有父親的碑刻題詞。到桐城中學，進大門不遠的右側，有一石柱，柱子的四面都是字，其中東西兩面是方守敦寫的集六朝人詩句聯，分別為「高峰入雲清流見底」和「雜花生樹群鶯亂飛」，筆法挺拔勁健，蒼古之風撲面而來。另一塊碑是〈地球銘〉，文章與書法均為方守敦所寫，後請石工刻成。[25]走在桐城中學的校園，方家的子弟都會為家裡有這樣的長者而自豪。當年的桐城，方守敦題寫的字有很多，不過，他的字在公眾場合留到現在的，可能就這些了。

桐城中學方守敦的碑刻題詞

　　據《桐城縣誌》記載，方令孺後來進入桐城女子師範學校學習。這也一定是方令孺努力爭取的結果。

六

　　1910 年，方令孺十四歲了。九月中旬，父親方守敦和三伯父方守彝結伴出遊。他們先到蕪湖，蕪湖古稱鳩茲，春秋時就見於史料記載了，「蕪湖」之名，則始於漢代。兄弟倆在蕪湖流連了一陣，然後入巢湖，在那裡，見到了方守彝的女兒幼蘭和女婿。下旬，他們到南京。在南京，他們拜訪了陳三立，陳三立送給方守彝一部刻的影印本的黃庭堅詩集，是二十冊的

---

[25]　見方徨：〈痛悼三哥〉，《新文學史料》2010 年第 1 期。

煌煌巨製，方守彝隨即寫詩酬謝。這一天，他們並且一起遊了半山寺。[26]以後的幾天，他們還到過南京的三公祠、雞鳴寺、動物園等，十月，他們到了常熟，登虞山，拜謁了仲雍墓、言子墓，遊了興福寺、清涼寺、報國寺等。更意外的是，三十年前，方守敦隨父親回鄉時路過常熟，遇到一位朋友，那位朋友的孫子這回又招待了他們，在三十年前聚餐的青林堂下，如今又相逢了。在老地方再一次聚餐，看看故人留下的書畫，如見故人，真是大大地歡喜了一場。

　　隨後，他們到上海，接著來到了嘉興。在嘉興，沈曾植與吳受福一起陪他們遊南湖，並且在煙雨樓喝茶，還到了沈宅，下午又到寄園喝茶。嘉興的寄園，到如今已不復存在焉。

　　兩個老頭一路遊歷，一路寫詩抒情，真夠浪漫的；走到哪裡，還到處有人招待，也真夠得意的。

　　後來，方守敦又有過幾次出遊，他還以七十高齡上黃山。桐城縣內的景觀，那自是不用說了，他一次次地遊龍眠山的碾玉峽，在秋天看北門的紅葉，春天觀賞紅莊的桃花，上魯䂮山欣賞龍井崖瀑布，有一年，他與其他幾位老人一起幾乎是繞城走了十五里。父輩的這種情性，是否也影響了方令孺？方令孺一生，只留下薄薄一冊詩文作品集，這其中，那幾篇遊記都是佳作。她自己也說，「我愛的是蒼茫的郊野，嵯峨的高山，一片海嘯的松林，一泓溪水。常常為發見一條澗水，一片石頭，一座高崖，岩上長滿了青藤，心中感動得叫起來，恨不得自己是一隻鹿在亂石中狂奔。」[27]也許，當身心投入到自然中，如同沉靜到書中，她已經忘記了周圍這個世界，故而她的世界是單純的。父親方守敦一生是個書生，女兒方令孺正是繼承了父親的這一特點，這大概是讓父親最喜歡之處了吧。

26　見方過彝詩〈二十一日至金陵訪伯嚴吏部承贈所刻影宋本山谷詩集二十巨冊用冊轂古詩二首上蘇子瞻韻奉謝此日遊半山寺回〉，《網舊聞齋調刁集》第八卷，民國刻本。

27　方令孺：〈琅玡山遊記〉，《方令孺散文選集》第 29 頁，上海文藝出版社 1982年 8 月版。

伯父方守彝顯然也很喜歡這個侄女。1913 年方守彝遷居滬上，1914 年春，他回到安慶，這期間，方令孺也來安慶，方守彝帶著十八歲的侄女方令孺出東城門遊行田壟間，興致很好地聽水聲。方令孺從小訂下的親事，是方守彝決定的，他為了給兒子方孝遠捐個官而需要結交那位銀行家，難道這時他想借機「巴結」一下侄女？我看不是，能夠一起走到田間郊遊，很能說明兩者的親密關係。之後，方守彝大概已回到上海，方令孺給他寄來書信一封，為此，方守彝又愉快地寫詩一首以記錄。

女兒要出嫁了，做父親的心裡一定非常不捨，他在詩中並沒有明顯地表露，不過，有一首詩是否可看作他心境的流露呢？是不是還暗含了一點弟弟對兄長給女兒訂小親的不滿呢？詩寫於甲寅年除夕夜，陽曆已到了1915 年初，再過完一個除夕，方令孺出嫁了。

采藥名山不可醫，年華逝水百與悲。
詩書漸已江河廢，婚嫁紛如羽檄馳。
遠駕無緣歷昆閬，長吟有侶半寒饑。
蒼茫消息東皇秘，海湧吞舟浪正吹。
松楸先壟夜號風，寂寞山阿又殯宮。
萬卷遺書心有痛，百年同穴夢難空。
只今歌哭餘衰叟，從古榮枯屬化工。
真感不消天黯黯，且看兒女鬧燈紅。[28]

這詩讀來牢騷滿腹，什麼「年華逝水」，什麼「江河廢」，什麼「婚嫁紛如羽檄馳」，婚嫁是高興的事，縱然因為兒女眾多顯得頻繁了點，也不至於生厭嘛，何況女兒大了總得要嫁人吧，至於嫁得好不好，也是做父親的很難把握的，畢竟方令孺所嫁的男方是銀行家之子，名門大戶，完全是門當戶對啊。

[28] 方守敦：〈甲寅除夕感懷示兒女〉，《凌寒吟稿》第 32 頁，黃山書社 1999 年 9 月版。

　　方令孺出嫁的前一年，有一件事值得作一次記錄。那年春天，她寫下一首舊體詩〈和二兄海棠巢詩〉，後來這首詩發表在 1923 年 10 月第 22 期《學衡》上，是目前發現的方令孺首次公開發表的作品。

　　那是 1915 年的春天，寓居安慶霄漢樓舊址的堂兄方孝深（家族中大排行老二）家的海棠花當樓盛開，他會集安慶的詩人們飲酒高會，月下吟賞，大家興致勃勃地寫下詩作，大概方孝深對他的海棠及其海棠詩甚為得意，他將詩傳給遠方的親友，傳到桐城，方守敦寫了兩首回贈，方令孺也寫了一首，便是下面這首詩，詩名〈和二兄海棠巢詩〉：

> 棠社秋風詩思成，
> 黃花沽酒想宜城。
> 一篇霞綺傳江國，
> 十載山城慰別情。
> 吟夢有時隨海月，
> 桃源無復問秦名。
> 何當鼓枻平江去，
> 霄漢樓高聽雁聲。[29]

　　宜城、江國、山城，都是指安慶，她隨父遷居桐城離開安慶有十年了，孝深二兄的美詩正可安慰她離別的心情，也引發了她的詩思，桃花源是沒有了，希望再回到安慶，到二兄的霄漢樓聽聽大雁飛過的聲叫吧，就當是來到桃源。詩寫得很輕快，也充滿了對生活期待。

　　1916 年年初，剛滿十九足歲的方令孺嫁到了南京娃娃橋陳家。她走出勻園小天地，從此，開始了另一種生活。生活帶來的是什麼樣的滋味，一定是青春萌動的方令孺所始料未及的。

---

[29] 方令孺：〈和二兄海棠巢詩〉，《學衡》1923 年 10 月第 22 期。

第三章　留學大洋彼岸（美國）

一

　　方令孺懷著對未來的嚮往來到南京。她所嫁的陳家在南京一個叫娃娃橋的地方，中山大街的對面。陳家在當時是一個封建大家族，抗戰前，舒蕪到南京他的九姑家，這是他眼裡看到的：

> 　　陳家的住宅是南京有名的大公館，地點在娃娃橋。那時在南京雇黃包車，只要說「娃娃橋陳家」，車夫幾乎沒有人不知道的。陳家的公館大約趕不上《紅樓夢》裡的賈府，可那氣派也差不多了，大院套小院，重重疊疊。九姑的婆婆，也有點像賈母，下面的小輩，一房一個小院。我姑母住的那個院子，同樣很大，有花園，有暖房，什麼都有。

> 　　每天早上，陳家全體晚輩照例在去向老太太請安，家中的老規矩還是應有盡有。當然，九姑也同樣去。請安的晚輩們，在老太太那裡互相問候，大家庭，輩份複雜。因為姑丈行八，所以問候時，陳家人就叫我九姑「八嫂」，或「八嬸」，甚至還有讓抱在手上的小孩喊「八奶奶」的，什麼都有。[1]

　　多年後的 1934 年，丁玲在生了女兒祖慧後，住在中山大街邊的一幢小樓上，受到敵人的監視，沒有自由，方令孺來拜訪她，以後丁玲也成了方令孺家的客人，她有過差不多的描述：

> 　　她的那個大家族是一個亦官亦商的人家，有很多的房子。她住在側院的三間大廳，後邊是院子，前邊是小花園。繞過她的廳子，還可

---

[1]　《舒蕪口述自傳》第 23 頁，中國社會科學出版社 2002 年 5 月版。

以進入她家一個更大的花園，只是那個園門不是常打開的。她住的三間廳子佈置得很好。[2]

陳家大致就是這樣的。生活在這樣一個富裕的大家庭，衣來伸手，飯來張口，生活無憂，這正是平常人最嚮往的。在一般人想來，這樣的生活，方令孺應該太滿足了。

但是，方令孺從小生活的環境，教會了她識字斷文，她一顆傾心文學的心，自小就養成了。來到大家庭的陳家，她還是願意沉靜在書本中，她與周圍的一些人格格不入。後來，她自己這樣說：

> 以前我為貪玩山水，也象我貪讀書一樣，常常被家裡有一班人罵作呆子，說「山上有什麼好玩，白紙黑字的書本上又有什麼好看，還值得那樣一天到晚把時間耽誤在這些無用的事情上面，弄得家裡來一個客人的時候，你總是瞪著眼，不會講一句客氣話，或是陪著客人，陪著尊長來幾圈麻將應酬應酬。」是的，對於這些事，我恐怕到死都不會，也不愛。[3]

方令孺的丈夫陳平甫與方令孺不一樣，比較現實，蔣碧薇這樣評價方令孺和她的丈夫陳氏：「陳有一副科學頭腦，思想縝密，做事有條不紊，最重秩序，方則大而化之，一副『名士』派頭。」[4]一個現實的和一個浪漫的人結合在一起，性格互補，有時候是好事，有時則太壞了。

> 她的丈夫人漂亮，也很聰明，曼駝鈴彈得很好，琴聲似乎在傾瀉著對九姑的深情，也只有在這個時候，九姑才感到自己的丈夫是美

---

[2] 丁玲〈魍魎世界──南京囚居回憶〉，《新文學史料》1987 年第 1 期。

[3] 方令孺：〈琅玡山遊記〉，《方令孺散文選集》第 29 頁，上海文藝出版社 1982 年 8 月版。

[4] 蔣碧薇：《蔣碧薇回憶錄──我與徐悲鴻》181 頁，江蘇文藝出版社 1995 年 3 月版。

的。一旦兩人相對就找不出一句共同的文詞。九姑年青、熱情、思想活躍充滿幻想，從天上的風、雲彩、星星、月亮以至細細的雨絲到人世的變化都賦予了她青春的感情。她盼望她的親人能聽見她跳躍的心聲，理解她為世人的顛簸而不寧的心潮，一起去熱愛那些與不幸命運搏鬥的善良人們。可是，從她那整潔而有禮的丈夫身上得不到一點迴響，他只關心那些銀行學。她苦悶、矛盾，她不甘心這樣生活下去。她反抗、掙紮。她為了達到思想感情的一致，生活和諧，提出與丈夫一起出國留學。

上面這段話出自方令孺姪兒方琯德的自傳體小說《胭脂巷的子孫們》，雖是小說，對方令孺而言恐怕也是實情。

不過，婚後最初的幾年，隨著兩個女兒的陸續降臨人世，方令孺的家庭生活也還是能勉強維持的。

大女兒陳慶紋是 1918 年出生的，次年，五四運動爆發，1920 年，二女兒陳慶絢出生。

陳慶紋後來隨父母到美國，她的英文名為 Betty（白蒂），後來她就用英名的諧音改名為李伯悌。陳慶絢後來為改名肖文。

二

1919 年，五四運動爆發了。這場生機勃勃的運動，改變了很多人，尤其是中國婦女的命運，方令孺也是五四運動影響下的一分子。生命不是一潭死水，流動的泉水終能發出動人的樂符。

在桐城的父親方守敦，也在為五四運動擂鼓。那年深秋，他寫下詩〈己未重九偕仲勉、光炯登迎江寺浮圖，兒孫三人隨侍〉：

> 峻嶒孤塔鎮橫流，九日賢豪共勝遊。
> 杖履尚堪凌絕頂，江山可惜是殘秋。

乾坤清濁渾難問，南北風煙浩莫收。

萬事從容付年少，危欄徙倚瞰方州。[5]

　　仲勉是阮強，光炯即李光炯，名德膏，以字行，他們是清末以吳汝綸為首的以廢科舉興學堂為主要內容的安徽救亡啟蒙運動的骨幹，三位賢豪一起登臨迎江寺上的絕頂高塔，滿目蕭殺，江山是殘秋，世界則清濁難問，但是他一點不悲觀，「萬事從容付年少」，有年少者在，總是有希望的，而他們自己，「危欄徙倚瞰方州」，密切關注著形勢的發展。父親這樣的思想，對方令孺是有影響的。

　　大約在 1921 年，方令孺回過一次桐城，離前次回桐城已有四年之久了。此時，侄兒方瑋德十三四歲，已經失去了母親。瑋德與九姑感情最深，方令孺最喜歡這個侄兒。聽說九姑要回來，瑋德哭哭笑笑，不知如何是好，「步出城南門，北望淚沾衣。憶昔別姑時，牽衣情依依。囑我以勤勉，淚落不可揮。」「今年三月間，忽傳姑來歸。初聞此語時，喜極行若飛。」[6] 受家族影響，十幾歲的瑋德古詩已寫得極好，他在詩中渲染的姑侄情，在某些方面，可能要超越母子情。

　　回到娘家的方令孺自然也很興奮，看到妹妹方令完長高了，又那麼結實，她心中歡喜。她走在勺園中，瑋德問她去過些什麼地方，這次又從哪裡來，方令孺一一作答。草木青青，白雲飄飄，一切是那麼歡快，一如回到童年。只是想到瑋德的身世，不免淒涼。四年前方令孺離開桐城時，瑋德的母親還好好的，如今卻已經天隔一方，瑋德小小的心承受了那麼重的打擊，想著想著，痛如刀割。

　　但也有高興的事，方令孺回到桐城沒過幾天，哥哥方孝徹家生下長子方筠德，方守敦捋著長長的鬍鬚哈哈笑著，在家擺起宴席歡慶一場。

　　當桐城之行成為過眼雲煙之後，回到南京的方令孺，幾乎天天又只看到高牆大院內的一角天空。不過，在 1923 年 8 月，方令孺與吳宓認識了。

---

[5]　方守敦：《凌寒吟稿》第 80 頁，黃山書社 1999 年 9 月版。

[6]　方瑋德：〈喜九姑歸詩〉，《瑋德詩文集》第 172 頁，上海書店 1992 年 12 月版。

　　吳宓國外留學回來之後，1921 年起在南京東南大學執教，他於 1922 年 1 月創辦了宣傳舊文化的《學衡》雜誌。《學衡》麾下集結了當時一批老學究，從 1923 年 5 月開始，方令孺的伯父方守彞、父親方守敦都開始有舊體詩陸續發表在上面，而且頻率很高。也許是同氣相應吧，這年夏天，方守敦從桐城來到南京的女兒方令孺家，因為這個機會，在東南大學農場，吳宓拜會了方守敦，並且認識了方令孺。

　　因為這層關係，不久方令孺也在《學衡》上發表了一首舊體詩，就是前面說到的〈和二兄海棠巢詩〉，發表在 1923 年 10 月第 22 期的《學衡》上，這是現今發現方令孺最早發表的作品。

　　這年方令孺與吳宓的交往可能不會太多。由於夫妻關係總是不能融洽，方令孺精神上無法舒暢，隨著國外留學風潮的興起，她嚮往接觸新知識，更嚮往自由民主的生活，同時，也為了改變夫妻關係，1923 年下半年，帶著六歲的長女陳慶紋，方令孺隨丈夫陳平甫一起，來到美國留學。方令孺留學美國，開創了桐城縣女子留學之先例。

三

　　他們一起到美國的，有五六個人，從西雅圖上岸，一個繁華世界展現在眼前了。一到那裡，就有老同學來接。不過，甫一踏上美國的土地，就聽到一個不好的消息，那地方種族歧視特別重，說英語的民族最優秀，拉丁民族和斯拉夫民族是次等，猶太人和黃種人是三等以下的民族，墊底的是黑人。

　　剛到美國，遇到最大的困難是住處。這些中國留學生像一群流浪者，在各處尋找出租房子，而受種族歧視影響下的美國人，不願意把房子租給這些他們看不起的三等人，就算他們家的窗臺上放著招租的牌子，可是，當方令孺他們提出要租房時，他們卻把大門「砰」得一聲關上了，或者是冷冰冰地又很有禮貌地說，沒有房子出租。後來他們總算租到了房子，是因為那些美國人家裡很窮，於是他們表示出了對種族的寬大。這樣，方令孺他們總算有了「家」。

接踵而來的，是教會的干涉。人們見了他們，便要問他們是不是教徒，進哪個教堂做禮拜？一旦聽說他們不是教徒，不進教堂，便匆匆地避開了。而那些教堂的善士們，則追蹤而至，說要洗涮他們的罪惡、拯救他們的靈魂，替他們禱告和懺悔。他們只是想來求學，美國人卻把他們當成罪人，不斷地受到這方面的騷擾。

孫寒冰

方令孺進入了在西雅圖的華盛頓大學。生命之花正當燦爛，在那裡，她結識了一批進步青年，這其中有後來成為復旦大學同事的孫寒冰。在西雅圖的三年裡，方令孺和孫寒冰結下了很深的友誼。

孫寒冰，1903 年出生，「江蘇南匯人，出身復旦大學商業學士，美國華盛頓大學經濟碩士，美國哈佛大學研究院研究。」[7]他 1919 年由上海中國公學考入復旦大學商科，1922 年畢業，1923 年留學美國，1925 年獲華盛頓大學經濟學碩士學位，後又轉入哈佛大學研究院攻讀經濟學及文學。

據方令孺說，孫寒冰的性格和性情既熱情又溫和，「你問他生前的性格？／那可比早晨太陽初出來／時候的金黃廣大的天空。／他又有（我隨手摘下／一片烏柏樹的紅葉）／像這般光輝燦爛的心，／熱情，顯現出來的神采／卻露濱寒蟬般的蕭瑟。／他愛人類，幾時聽見他／譭謗過什麼人？他尤其愛正義，／這是他的天性。」[8]

孫寒冰還有一頭讓人稱美的鬈髮，年輕的他英姿勃勃，方令孺自己呢，更是美麗大方，她的美是朋友們所公認的，多年後認識的常任俠說，

---

[7]　來自復旦大學檔案館的歷史檔案：〈悼念孫寒冰事項〉。

[8]　方令孺：〈悼念寒冰〉，《方令孺散文選集》第 137-138 頁，上海文藝出版社 1982 年 8 月版。

「方令孺的風度和她的詩句一樣，富華典麗，是我深這敬佩的」[9]。孫寒冰比方令孺小六歲，但是兩顆年輕的心在大洋彼岸的天空下漸漸地發生了碰撞[10]。有時他們會一起看大海，更多的時候則一起散步閒談，生活安靜而美好。

有一天黃昏的時候，孫寒冰輕輕敲開方令孺家的門，邀請方令孺去他那裡看他剛買的兩包書，這是孫寒冰節省牛奶麵包買的書，是他豐富的精神食糧，方令孺當然明白他的喜悅。他們一同走過林子，踏著林子裡枯黃的落葉，愉快地交談著。

但是方令孺的婚姻家庭依然不如意，儘管這時她的第三個女兒 Sappho（薩孚）出生了，但夫妻間本有的裂痕在漸漸加深。未曾經歷大波折，翅膀的羽毛已經抖落，婚姻已經脫掉華美的外衣，所以悲哀常常籠罩著她，甚至薩孚出生時，丈夫也不在她身邊。孫寒冰非常同情她的遭遇，便介紹她讀易卜生的《娜拉》。早在 1918 年 6 月，《新青年》上就出過易卜生專號，介紹《娜拉》及其他易卜生的作品，不過那年，方令孺生了大女兒陳慶紋，她可能沒看過這部劇作，但很可能聽說過了。娜拉善良而堅強、尋求自由的形象深深地打動了方令孺的心，她明白了，自由不是靠別人施捨，自由需要自己去爭取。她決定擺脫附庸寄生的生活，追求獨立自由的生活。在美國，方令孺終究跨出了尋求自由的第一步。

四

在西雅圖學習三年之後，孫寒冰碩士畢業，他進入在波士頓的哈佛大學繼續深造。這時，方令孺也離開了丈夫，她在彷徨地尋找自由的空氣，但是經濟上她沒法獨立，還得靠丈夫供給。

---

[9]　常任俠：〈生命的歷程〉，《常任俠文集》第六卷第 44 頁，安徽教育出版社 2002 年 2 月版。
[10]　裘樟松先生告訴筆者，方令孺女兒蕭文說過，方令孺和孫寒冰之間有過愛情，但也僅限於一起說說話，看看海罷了。

　　出於對號稱最高學府的哈佛大學的嚮往，方令孺也想入學哈佛大學學習，但是那時的哈佛大學不收女生。這一年，離開西雅圖的方令孺在綺色佳生活過。綺色佳是紐約附近的小鎮，景色迷人，在綺色佳的康奈爾大學是美國最早接收中國留學生的大學之一，五四以後陸續有中國留學生入讀，方令孺大概也有過入學的想法，或者也短暫地入學過。方令孺曾說她入過美國的兩三個大學，除了華盛頓大學和後來進的威士康辛大學，進的另一所大學可能因為時間短暫而忽略不計。

　　大概是住在綺色佳的那年暑假，方令孺遊歷了紐約。輪船開進哈德遜河，她看到了紐約城，幾十層高的摩天大樓密密地排著擠在一起，輕軌、地鐵穿梭在這個城市。此外，方令孺遊歷波士頓看望老朋友孫寒冰可能也在這段時間。

　　這之後，方令孺又在芝加哥生活了一段時間，聽說在麥迪生的威士康辛大學是美國著名的自由民主的地方，方令孺想到那裡入學。麥迪生離芝加哥不遠。和方令孺同去的，還有外甥女虞芝佩。

　　虞芝佩的母親是方守彝的女兒方幼蘭，虞芝佩的姐姐虞芝秀就是宗白華的夫人。

　　虞芝佩是方氏家族中最早的共產黨人，約翰・斯坦貝克以美國經濟蕭條時代為背景的小說《人與鼠》在翻譯之後就是由虞芝佩校對的，虞芝佩對方令孺的影響非常大，她和孫寒冰一樣，鼓勵方令孺尋求獨立和自由。

　　方令孺一度住在芝加哥，這和虞芝佩的工作多少有關係。1925 年，全美中國留學生舉行大會，冀朝鼎被選為中國留美學生聯合會會長，第二年，會長由虞芝佩出任。中國留美學生聯合會有個機關刊物《中國留美學生月報》，是英文的，其中的一位編輯胡敦元後來成為虞芝佩的丈夫。

　　方令孺帶著兩個女兒和虞芝佩到威士康辛大學，在註冊的時候，她遇到了麻煩，教務長一臉冰冷，不同意她註冊，因為美國當時的風俗，已婚婦女不能成為自己的主人，而必須依附丈夫，而方令孺作為一個女人不靠丈夫怎麼可以呢。方令孺和教務長爭辯，但是沒有用。她明白了，這就是資本主義國家標榜的所謂的「民主」。幸好，美國另有一種風俗，未婚女

子必須有已婚女子作監護人才可以註冊，於是方令孺以虞芝佩監護人的身份這才註冊入學。故而，方令孺對美國的印象並不好，1950 年，正當抗美援朝時期，回憶當年在美國遭遇，她憤憤地說：「一個女人在美國不受人監視，就要監視別人，不做一個剝削人的人，就該被剝削，這不是奇怪的事嗎？」[11]

五

　　離開丈夫的方令孺，受到經濟和政治的雙重壓迫。由於當時的她沒有經濟收入，需要依靠丈夫陳平甫，陳平甫便以經濟相挾，母女便時常忍饑挨餓。房東見她經濟拮据，也會來刁難她。經濟上不能獨立，自然談不上真正的解放，方令孺的生活是苦悶的。在政治上，學校女生部主任時常藉故尋釁，找她訓話，尋她麻煩。在這樣的條件下，方令孺仍頑強堅持著，她學習非常用功，逢寒暑假時節，還去勤工儉學，以獲得微薄的收入維持學習和生活。雙重壓迫之下，方令孺一顆追求自由的心更加強烈了。

　　美國種族歧視政策影響了絕大多數的美國人。美國有個著名的詩人在威士康辛大學做教授，他曾經請方令孺他們到他家去，親切地和他們談論中國詩人李白杜甫，但是，在眾人面前，他就不和中國人說話了。

　　方令孺的同學中，有一個是猶太人，是個詩人。等到他畢業了，也就意味著失業了。有一天早晨在一條街上看見他，他瑟縮在街頭賣報。

　　在威士康辛大學不到兩年的讀書生涯裡，方令孺通過外甥女虞芝佩結識了一批中外進步同學，其中包括研究馬克思主義經濟學的美共和中共黨員。胡敦元就是在美國加入中國共產黨的，他是研究馬克思主義經濟學的學者，他啟發方令孺認識國內的形勢。

---

[11]　方令孺：〈我所認識的「美國生活方式」〉，《方令孺散文選集》第 96 頁，上海文藝出版社 1982 年 8 月版。

　　這時正值國內發生「四·一二」事變，蔣介石公開叛變，於是「反蔣」也成為這一階段中國留美學生愛國活動的中心內容。受虞芝佩和胡敦元的影響，方令孺開始參加一些進步的活動。他們一班朋友，組織了一個讀書會，每週聚會一次進行交流和討論，這樣的交流，對於她開闊視眼有著極大的幫助。不過，聚會的地點不定，幾乎每次都有點麻煩，有一次是在停車場許多汽車的夾縫中間開的。條件非常艱苦，可讀書的興致很高。

　　方令孺也鼓勵大女兒陳慶紋參加兒童讀書會，幾十年後，早已改名李伯悌的陳慶紋回覆裘樟松書信時，深情地回憶起當年的情況：

> 她年青時參加美國共產黨的活動時，也叫我參加青共為兒童辦的讀書會，培養兒童有正義感。後來，我參加抗日救亡活動，她也支持、鼓勵我，因此我參加革命，是受我母親的影響。[12]

　　方令孺雖然自己遭遇困境，但她仍然對貧窮的美國人寄予同情。有一天，一個孩子告訴她，一個老工人死在自己的屋子裡，也不知道是什麼時候死的，當有人發現，脫他的靴子時，連腳一起拉了下來。這個孤獨的老人淒涼悲慘地死在一個不為人知的時間裡，這種美國的生活方式讓她對貧窮的美國人寄予無限的同情，人們忙碌一生，到底是為了什麼？覺悟起來，做生活的主人，去追求美好的生活！

六

　　方令孺與新文化的真正關係大概始於美國留學期間。國內的新文化運動從 1915 年就開始了，但起初，陳獨秀主編的《青年雜誌》影響並不大，後來刊物易名為《新青年》，差不多創刊兩年之後才有了廣泛的影響。在桐城老家，父親多少也受了新文化運動的影響，父親方守敦雖然是桐城派傳人，做的是文言文，但他並不固守舊的文化，並不要求子孫輩再做桐城

---

[12] 李伯悌 19＊＊年 10 月 24 日致裘樟松書信，未刊稿。

派的文章，他培養子孫讀《四書》、《五經》，也只是從打基礎出發，有著維新思想的他，對《大公報》的社論有著深厚的興趣，在家裡，經常向小輩推薦上面的一些文章，覺得可讀的，就推薦他們讀。新文化運動最終發展到五四運動。前面已經說過，方守敦對五四運動的態度是鮮明的。除此之外，桐城魯誼方氏與同是安徽的陳獨秀一家是世交，陳獨秀的父親陳昔凡與方守彝、方守敦及鄧仲純的父親鄧繩侯等交遊，陳獨秀則和方令孺的哥哥、姐夫們交往，抗戰期間，陳獨秀一度寄居四川江津鄧初家。因為這種世交關係，也影響到方守敦對陳獨秀等人積極倡導的新文化運動寄予了同情甚至欣賞——在以後，方守敦對於從事新詩創作的女兒方令孺和長孫方瑋德給予了頷首鼓勵，欣賞的態度是顯然的。

　　但那時，很少回桐城的方令孺在南京只囿於一方小天地，後來與她關係密切的幾個愛好新文學並帶給她新文學影響的年輕人如方瑋德、陳夢家、宗白華等，都還沒來到她身邊，她是孤單的，她的視野還不曾開闊，好在她跨出了國門。在美國，她學的是英、美文學，有著深厚的古典文學基礎的她又接受了西洋文化的薰陶，她雖然不能學貫中西，但這些足以打開她的眼界。

　　她開始了與新文學的接觸，那年，她把徐志摩的詩〈去吧〉翻譯成英文，發表在《威大學生日報》上。這是現今知道的她與新文學發生關係的起始。這是冥冥之中註定的嗎？不知不覺中，她和新月派的緣分已經開始了！

　　1928 年[13]，丈夫陳平甫要回國，並要帶走了兩個孩子，且中斷對她生活的接濟，方令孺念及孩子幼小，更因為經濟上沒法獨立，她也回國了。

---

[13] 很多學者把方令孺的回國時間定在 1929 年，但是方令孺在〈悼瑋德〉一文中說過，方瑋德中學畢業那年，到南京報考中央大學，那時她在南京。方瑋德 1928 年秋入中央大學，學制四年，1932 年畢業。

第四章　苦悶中的抗爭（南京）

一

　　方令孺從美國回到南京，夫妻關係更加惡化。以後，陳平甫到上海滬江大學任經濟學教授，常住在上海，並且另娶，方令孺與丈夫雖然沒有離婚，但夫妻關係事實上已不復存在。

　　因為方令孺這樣淒涼的經歷，她剛回到南京，當時在北平的美國同學陳逵念著她。北平當時有個歐美同學會，一些從歐美回來的同學時不時在同學會碰個頭見個面談些話，吳宓、Winter、陳逵、溫源寧等是老朋友了，常在同學會聚會，喝茶，談文學等。吳宓欣賞陳逵的詩，對其評價很高，兩人關係密切。有一次聚會之後，陳逵講起了方令孺，並且他的話引起了吳宓的關注，《吳宓日記》1928 年 11 月 24 日有云：「五時散。宓邀陳逵君至東安市場森隆館進西餐（2.50），談甚洽。陳君仁柔可親，談及方令孺、虞芸佩二女士近情，輒共感歎不置。九時別，歸南月牙胡同寓宅宿。」[1] 雖僅短短的四個字「感歎不置」，方令孺留給吳宓的印象更深刻了，不過，他們頻繁的交往是在 1932 年之後。此外，這裡的虞芸佩，很可能是虞芝佩之誤，因為《吳宓日記》是根據吳宓日記手跡整理的，和方令孺生活密切相關的這個人應該是當時還在美國的虞芝佩。

方瑋德

---

[1]　吳宓：《吳宓日記》第四冊第 166 頁，三聯書店 1998 年 3 月版。

南京第四中山大學時，左一為聞一多　　　　　宗白華在南京

　　家庭生活是一齣悲劇，但給方令孺安慰的是，這時的南京，有兩個愛好文學的年輕人活躍在她身邊，那是外甥宗白華和侄兒方瑋德。

　　宗白華 1925 年夏從德國回國，不久與闊別五年的表妹虞芝秀結婚。1925 年 7 月，經《孽海花》作者曾樸介紹，宗白華開始在南京東南大學哲學院任教。1927 年 8 月，東南大學併入第四中山大學。1928 年 2 月，第四中山大學改名江蘇大學，5 月，又改名國立中央大學，宗白華任哲學系教授。

　　1928 年夏天，方瑋德中學畢業，他給九姑寫信，商量報考中央大學，方令孺當然非常贊成。計劃一成熟，方瑋德就從桐城老家出發了，路線是從桐城到安慶，再從安慶下南京。正好祖父方守敦有事要到安慶，於是祖孫倆結伴同行一程。那時，從桐城到南京很不方便，從桐城到安慶那一段，必需坐轎，轎夫都是農夫，那時正是農忙時節，找個抬轎的人很不容易，勉強找來兩名轎夫，自然讓給年邁的祖父，方瑋德只能步行。但從桐城到安慶有二百里路，方瑋德自小一向身體多病，家人勸他不要急著去，可方瑋德認為，學業那麼重要，丟掉一分鐘也是可惜的，他毅然徒步出發了。

幸好走了八十裡到一條河邊時，遇到去安慶的船，這才避免了徒步之累。
就這樣，方瑋德也走出了桐城，他告別了古老的文化世家，南京的土地上，
即將迎來一位新詩人。

原中央大學，現東南大學校門

中央大學大禮堂奠基紀念碑

1928 年 9 月，方瑋德進入中央大學外文系，攻讀英國文學。消息傳回安徽老家，整個家族為之震驚，大家讚歎他的才學。方瑋德的早慧在家庭中有影響的，他還在六七歲的時候，有一天小夥伴們捉迷藏玩遊戲，他緊閉著雙眼，用兩隻小手捂著雙耳，口中念著杜甫的詩句：「人生不相見，動如參與商。」一個小小的孩子，竟然有這樣的領悟力，方瑋德這天賦的靈氣自小就表現了出來。所以他一考上著名的中央大學，便成了家族子弟學習的楷模。

方瑋德在南京，住在中央大學附近成賢街一個名叫文德里的地方，三伯父方孝沖已去世，三伯母帶著她的六個兒子住在那裡。方孝沖是方守彝的兒子，是方瑋德的堂伯父。

方瑋德住在文德里，給伯母一家帶來了歡樂，幾個堂弟最喜歡與瑋德一起，聽他講故事，以後又聽他朗誦新詩，堂弟們也因此受到他的影響。

方瑋德也非常喜歡和九姑方令孺一起閒聊、散步，所以常去娃娃橋看九姑，於是雞鳴寺、台城、玄武湖等等名勝古跡，都留下了他們的蹤跡。

由於宗白華和方瑋德來到方令孺的身邊，尤其是以後方瑋德的同學兼詩友陳夢家的出現，令方令孺的生活悄悄地發生了變化，她一顆愛好文學的心漸漸發芽了，那蒙受了滄桑的青春重新回歸到她身上，對她來說，這是多麼可喜的變化啊。

中央大學大禮堂

今天的文德里橋

現在的娃娃橋一帶

二

　　1927 年 9 月，陳夢家在中學未畢業的情況下考入國立第四中山大學，他是法律系的學生，這時的聞一多正在第四中山大學任外文系主任，教英美詩、戲劇和散文。這年冬天[2]，陳夢家第一次到單牌樓過家花園聞一多寓所拜訪聞一多，他這樣寫他見到的聞一多：「他的身材寬闊而不很高，穿著深色的長袍，紮了褲腳，穿著一雙北京的黑緞老頭樂棉鞋。那時他還不到三十歲，厚厚的口唇，襯著一付玳瑁邊的眼鏡。他給人的印象是濃重而又和藹的。」[3]首先是因為新詩的關係，陳夢家成了聞一多喜愛的學生。

　　1928 年初，入學不到一年的陳夢家，在《京報副刊・文藝思潮》發表作品，計有〈一個鄰居的弗蘭克林〉、〈復成橋〉、〈痛歌：悼一一二二慘案死者〉等，他用了陳漫哉的筆名。1929 年 10 月，陳夢家首次在《新月》雜誌上發表愛情詩〈那一晚〉，用的是陳夢家的本名。1929 年 11 月，《新月》第二卷第九號上，陳夢家以陳漫哉名發表了他創作於當年 1 月的名詩〈一朵野花〉。陳夢家的詩名一下子升起來了。

　　方瑋德 1928 年 9 月入學中央大學外文系時，不久，聞一多就離開中央大學，後來陳夢家和方瑋德在詩壇造就了影響力，聞一多給朱湘、饒孟侃寫信高興地說，「瑋德原來也是我的學生」[4]，在評論〈悔與回〉中也談到：「瑋德原來也在中大，並且我在那裡的時候，曾經有過一度小小的交涉。若不是令孺給我提醒，幾乎全忘掉了。」[5]同時，徐志摩也是他們共同的

2　陳夢家在〈藝術家的聞一多先生〉一文中說，他在 1928 年冬第一次見到聞一多，但聞一多在第四中山大學及至中央大學的時間為 1927 年 8 月到 1928 年夏，1928 年秋聞一多前往武漢大學任文學院院長。

3　陳夢家：〈藝術家的聞一多先生〉，1956 年 11 月 17 日《文匯報》。

4　聞一多 1930 年 12 月 10 日致朱湘、饒孟侃信，《聞一多書信選集》第 224 頁，人民文學出版社 1986 年 10 月版。

5　聞一多：〈評〈悔與回〉〉，《聞一多全集》第 2 卷第 165 頁，湖北人民出版社 1993 年 12 月版。

陳夢家學士畢業照

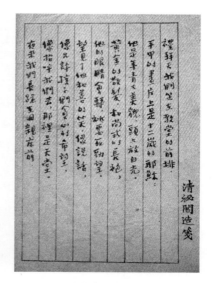

陳夢家詩稿局部

老師。徐志摩 1929 年 9 月起兼任中央大學外文系教授，每週來中央大學講課兩次，方瑋德正是外文系的學生。不過，這年秋天方瑋德病了一陣[6]，康復之後的他開始與詩人的老師徐志摩有了交往。陳夢家因為愛好新詩，也與徐志摩有了來往。方瑋德和陳夢家相識的時間不詳，很可能就在 1929 年的下半年，但至少是在方瑋德生病康復之後，因為陳夢家並不知道方瑋德這次的病，他後來寫〈瑋德得病始末〉，從他知道的 1930 年瑋德的那場病寫起。陳夢家和方瑋德很快成為詩友、密友，不過，方瑋德首次在《新月》上發表〈海上的聲音〉等四首詩是在 1930 年 4 月。

　　因為方瑋德的關係，1930 年春天，方令孺和陳夢家認識了。美麗昭華遇上純真的友情，這給孤獨的人生增加了一點光影一些色彩。

---

[6] 方瑋德〈蕭閔宇君墓誌銘〉文中有句：「己巳之秋，余適以疾幽居家園。」《瑋德詩文集》上海書店 1992 年 12 月版。

三

　　從方令孺寫給陳夢家的信裡知道，他們的相識應該在 1930 年的 4 月底或 5 月初[7]。是在夕陽下的玄武湖上，方令孺遇見了正走在一起的方瑋德和陳夢家。晚霞光彩照人，青春勃發激情，微波蕩漾著的玄武湖，她也在快樂地歌唱。我相信，那不是邂逅，而是相約：「從一群矯情虛偽的大人那裡脫開，在玄武湖上沉浸在美麗的黃昏中，聰極蔥蘢的 youth[8] 對語，我的青春那得不迴光返照！」[9]因為是相約，才急於從不喜愛的環境中脫開。「今年初夏，在玄武湖上看見你同瑋德，都象春花一般的盛年在金色的黃昏中微笑……那天玄武湖的風景，可以象徵我們的友誼，澹泊的光裡，兩個生命在波動，都向著人生直爽的路走，你想是不是？」[10]玄武湖帶來的不止是迷人的風光，更是那無法言說的喜悅，甚至黃昏的玄武湖已經定格上方令孺的心裡。陳夢家的感受也許要複雜得多，但對於落日下的玄武湖同樣有著美好回憶：「上海是一團煙氣，噪雜而且紊亂的，鑽進我的陋小的雜亂的家，我有很多理由惋惜，在帳子裡不會有好的夢，在玄武湖的落日裡，給我一點對於人的趣味，在一種不快意的戲劇將要閉幕的時分，一種平安是意外的……在湖裡一些有趣的諧談，這常常是一個悲角的不關大緊要的插白，我有那心情看城頭上的雲彩和落日，那真不是我所能想到的。一種愉快把我另外裝置在一個自然的誘惑中，我忘記了自己。」[11]

　　方令孺和陳夢家的通信，最早以〈信〉為題發表在 1930 年底出版的《新月》第三卷第三期上，作者是陳夢家、方令孺，在〈信〉的題目下，

---

[7] 方令孺說認識的時候是初夏，而現存她寫給陳夢家的第一封信是 1930 年 5 月 6 日，推測相識的時間在 4 月底或者是 5 月最初的幾天裡。

[8] 青春。

[9] 方令孺《信》第一部第一函，本章書信內容選錄于《新月》月刊，以下同。

[10] 方令孺《信》第一部第二函。

[11] 陳夢家《信》第二部第一函。

陳夢家寫了簡短的序文，正文用了〈你披了文黛的衣裳還能同彼得飛〉的題目，分二部分，第一部是方令孺寫的信，共五函，第二部是陳夢家寫的信，共八函。現存這組信最早的一封是方令孺給陳夢家的回信，其時方瑋德正生病住進了醫院。南京這年的五月似乎特別得熱，方令孺帶著愁悶的心在烈日下來去，陳夢家的來信給她帶來了安慰。

一個多月後，陳夢家父親生病，他回到上海的家裡。方瑋德再次住院，結合陳夢家〈瑋德得病始末〉和陳夢家〈信〉第二部第三函來看，方瑋德是因割治副丸炎住院，住在南京城南醫院。這樣才有了陳夢家和方令孺頻繁的通信。

陳夢家 1911 年出生於南京西城的一所神道學院，父親陳金鏞是這所神道學院的創辦者，且曾親任該院提調（院長）。由於父親遭受仇人的攻擊，陳夢家八歲那年舉家遷往上海，次年陳夢家又回到南京讀書，住在南京的三姐陳郇磐家。陳夢家從小生活在有著濃郁宗教氛圍的環境裡，與在《京報副刊·文藝思潮》上差不多同時期發表的還有他的譯詩〈東方古國的聖詩〉三首，載 1929 年《明燈》第 151、152 期。《明燈》是宗教組織廣學會編的刊物，父親正是該刊物的編輯，這個雜誌在教會內享有盛譽。家庭的影響使他對基督教有著天然的感情，並且他最早對文學的興趣便來自於那些宗教的讚美詩，甚至他的宗教情緒在以後還影響到他的婚姻。

四

陳夢家回到上海的三天，天天下著雨，他感覺生活壞透了，甚至做人都懶。他問候瑋德，並祝福他。過了幾天，不知為了什麼，他帶了病重的父親住到杭州一個荒山裡，回滬前，在杭州城站火車站，他寫信給方令孺並要她讀給病中的瑋德聽：

> 寫給瑋德的九姑，並給瑋德病中細讀：
> 　　我從杭州一個荒山裡正好要回上海。住得太悶，要死，五日五夜只是向天發愁，那裡太荒涼，沒有聲息。早上，一點新的氣象流

來，上帝，我笑了。先是一種預感，在晚上我頂害怕，帳子掉下了幾回。正好一輛汽車停在這蜿蜒的山道上，我哥和姊夫來了，我們趕緊收拾起東西，催促年老氣喘的父親回上海。可是他，太酷愛這荒村，不滿十家人，他自己偏要受苦，這是命。病得太凶，我一個人守著他，整天整天的怕，沒法。可好，我們要回上海，熱鬧，你想不想荒涼？你的信就在那一會轉來了。

瑋德太可憐，為什麼常常糟蹋自己，受罪。受「割禮」你能想像那多令人難過，出血的事我頂怕。告訴他，好好的養，不要盡傷心，我很念他。把人情寫在紙上，信不信由他。

我的文字，我的詩和說話，你歡喜，這個也叫我歡喜。可我不愛誰誇張，你不會。車子就要開了，來了親戚。不寫了，再見！

七月十三日，杭州城站[12]

第二天，在上海天通庵的家裡，他接著給瑋德寫信，重複了在鄉下時的感想：「鄉下五日五夜在驚惶中無限的空漠，火熱的天，原野不見一根草的搖動。藍的天，黃昏時候蒼白的火雲，夜裡那永唱不息的一種鳥，月亮更顯得淒涼。一個龐大的空屋子裡，有鬼，時時提神著。兩個跳的心，父親呻吟，我害怕。天一亮，又太寂寞了。」[13]

八月初，陳夢家回南京兩三天，他和方令孺聊天、散步，告訴了方令孺很多自己的事，過後重回到上海，這時父親已經不礙事了。

這樣的閒談很適合方令孺：「我非常歡喜能認識你，這使我不致時時要用心機做人。向使全世界的人都大了，老了，我真不願意在這世上多留一刻。」[14]但這時的她，不如意的生活時時向她襲來，晚上，白蠟點上了，看上去它像是在流淚，這情景立刻掀起了她心裡無限的淒涼。

12　陳夢家〈信〉第二部第三函。
13　陳夢家〈信〉第二部第四函。
14　方令孺〈信〉第一部第二函。

八月八日，方令孺收到陳夢家的一封快信，要她去上海。但是這時的方令孺被一件苦悶的人事纏著，她去不了上海，只靜靜地收讀陳夢家給她的信，然後是遐想：

> 信都收到，真是愉快。可愛的是那一張音樂家的幻想，他的樂聲在我心上飄過。
>
> 這幾晚的月色像海水一般澄清。我夜夜坐在紫蘿架下看天。梧桐，秋蟲都告訴我夜的恬靜，教我設想古代的詩人。我羨慕那深林裡的梟鳥，他用一雙智慧的大眼看一切眾生；當人昏迷的時候，他就坐在老槲樹的頂上沉吟，他一定看出幾千年來哲學家所不能發現的宇宙真理。聽他的笑是悲哀，又像譏誚……
>
> 說起我自己，除了這夜誰知道得透？人總喜歡把別人的事由自己的趣味來渲染。
>
> 八月十一日，令孺又在這慘白的燭光下寫。[15]

夜的神秘帶來心思的沉浮，讀信的愉快中仍瀰漫著淡淡的憂傷。青春的憂傷夾雜在方令孺生命的進程裡，揮之不去。

五

天氣漸漸涼快了。有幾天，方令孺看起了福樓拜的《包法利夫人》。她晚上看到眼睛不能睜開才把書合上，然後帶著書裡的憂愁入夢，早上在魚白的光裡坐起繼續看，終於看完了，她覺得這一種緊張的心情，就像秋蟬一樣，帶著尾聲，在綠葉裡消失了。但是人一鬆懈下來，又覺得非常的無味。所以她告訴陳夢家：

---

[15]　方令孺〈信〉第一部第四函。

我發現生活是不能悠閒，要忙，要複雜。小小的園林，養花飼鳥，不是我們這一代的人所能滿足，那裡沒有創造，沒有喜悅，所以 Creation and Recreation[16]這兩個字，同人的生命是織在一起，少一，都教生命有缺陷。為這思想我常常痛苦，常常同環境起衝突……

……

是的，我們愛的不是這固有的生命，我們愛的是這生存的趣味。我想，生存的趣味是由於有生命力。有一位哲學家解釋生命說：Life is a permanent possibility of sensation.[17]自然，我們愛生命決不是為這膚淺的感觀上的愉快，要不是這生命力驅策我們創造，勇敢的跨過艱難的險嶂，就是生，又有什麼趣味！遲鈍的生命，就像一灣濁水，不新鮮，又不光彩。[18]

　　在這裡，方令孺用她抒情的筆向友人表達了她自己的世界觀，她生活在舒適安逸的環境裡，但這不是她所需要的，她需要的是生命的創造和再創造，她愛的是有生命力的生存的趣味，為了這些，人生路上縱然有艱難的險峰，也甘願承受。像是一種宣言，在痛苦的尋尋覓覓中，方令孺宣佈她對生活的理解，她所要追求的生活：首先是自由，其次是生命的活力！

　　她又對陳夢家說起生活中的幾件小事。她家園子後面有個高臺，當她感受晚霞、樹木和靜靜的河流時，台下傳來笨重的聲音，沒有韻律、沒有變化，因為單調，她覺得不能忍，於是離開了。又想起過去的日子，有一次在一個大城市過年，除夕夜半她走進劇院，聽到的是號筒、口笛子等各種樂器傳來的嘈雜聲，對此她毫無感覺。還有一次，她生病住在第六層高的醫院裡，窗外建築工地上傳來一聲聲尖銳的聲音，她聽著要哭。

---

[16] 創造和再創造。
[17] 生命是一種感覺的永久可能性。
[18] 方令孺〈信〉第一部第五函。

她不怕厭煩地告訴陳夢家她生活中的一些事，這也正是她快樂之所在。認識了詩人的陳夢家，她和陳夢家來來回回不斷地寫信，喚起了方令孺對文學的那份熱愛。有時候人之所以成為這個人而沒有成為那個人，是有很大的偶然性的。如果沒有陳夢家、方瑋德、宗白華這些愛好文學哲學的年輕人活躍在她身邊，也許像很多人一樣，她的一生也就平平常常地過去了，但是，命運之神終究眷顧了她，在婚姻之外，她走上了文學的新生。

六

1930 年的 8 月間，陳夢家仍在上海，父親的病居然好了，這很意外。接著，他們一家搬家了，從天通庵搬到了海邊的小村，一個名叫桃源村的地方。

有一天午睡時分，陳夢家還在夢裡，傭人在他睡著的地板上丟了一封信，他被響聲吵醒了，一看是方令孺的來信。這時海邊正刮著大風，他拆信時，大風裡送來一路琵琶，詩人的心是敏感的，於是他寫下短詩〈琵琶〉。

父親康復了，家也搬過了，再過幾天陳夢家又要回南京了。想到就要和方令孺散步聊天，他心裡非常愉快。恍恍惚惚，他想起了往昔在南京的時光：雞鳴寺是他常去的地方，和尚給他泡茶，無任在冬天還是在夏天，雨天或雪天，清晨或黃昏，他都願意孤零零地坐上半天，呆想；雪地的台城，他會睡在上面，等到起來，長衫的後擺冰成了硬板……

有一天，打雷，很可怕的響雷，儘管可怕，他還在寫信，甚至雷響得讓他從三樓逃到二樓母親房裡，一枝筆也丟在樓梯上了。雷過後，雨小了，他接著寫，這時落款已是一個「夢」字。

他們頻繁地書信往來。不用說，方令孺和方瑋德的信裡都含著悲，這讓陳夢家難過。有一次，他和朋友在霞飛路的咖啡館談詩，並且念海涅的詩，心情輕快，可是一回到家，看到南京飛鴻，心裡又輕快不起來了。

在信裡，方令孺告訴陳夢家許多糾紛的人事。儘管認識陳夢家給她帶來了許多快樂，但是和這份愉快並存的，是她內心的傷感，更是淒涼和苦

悶。瑋德說她披上文黛的衣裳還能同彼得一齊飛，她傷感，她覺得自己已經飛不起來了，她只夠飄泊，因為她心裡的苦悶裝得太多，沉重得令她的雙翅無法展開。苦悶始終糾結著她，她決意要離開南京。

八月一結束，陳夢家離開上海回到南京。事前，他給方令孺寫信：「那晚上，我們可再見了。那麼你有什麼要說，你統統在那黑夜裡倒出來。」[19]

在離開上海前，陳夢家還做了一件事，他把方令孺寫給他的信和他寫給方令孺和方瑋德的信一起抄下來，他覺得就像是抄《心經》一樣，為靜心平氣。這些信，就是後來發表在《新月》雜誌的〈信〉。這些如精美散文一樣的信，在當時產生了比較廣泛的影響。

七

陳夢家回到南京，方瑋德康復出院，朋友們又在一起歡談了。也是在這年初秋（應該是九月上旬），方令孺認識了詩人徐志摩。

那是一個傍晚時分，剛上燈的時候，陳夢家、方瑋德還有一個女孩，都在方令孺家等徐志摩。一會兒，徐志摩來了，他「穿一件灰色的長袍，那清俊的風致，使我立刻想到李長吉杜牧之一班古代詩人。」[20]

接著，大家一起登園後的高臺，看河水下雲朵飄飄，志摩與方家的老僕談一座古橋的歷史。晚上的時候，大家圍坐在橘色的燈光下，志摩斜靠著沙發，講他兩年前在印度的故事：晚上睡在床上看野獸在月光下叢林裡亂跑，又有獐鹿繞著他的床邊行走。志摩的講述是詩意的，聽著聽著，大家發自內心地笑了，似乎走進了童話中，忘記了一個成人的世界。

這晚，他們聊得愉快。回去時走出門，看見藤蘿，徐志摩對方令孺說：「在冬天的夜裡，你靜靜的聽這藤蘿花子爆裂的聲音，全感到一種生命的

---

[19] 陳夢家〈信〉第二部第七函。
[20] 方令孺：〈志摩是人人的朋友〉，《方令孺散文選集》第 2 頁，1982 年 8 月版。

力。」[21]方令孺是不會奇怪這樣的話的，詩人那顆敏感的心，是什麼都能聽到的。

這時的方令孺沉靜在快樂中，與陳夢家恨相知晚，她苦悶的心得到舒展，與徐志摩相識相往，同樣給她鬱悶的生活帶來色彩，所以，當一年後，徐志摩飛機失事，方令孺寫下感人的悼文〈志摩是人人的朋友〉。

方瑋德也一樣。方瑋德與徐志摩的交往則更多，感情也更深，他在〈志摩周年祭〉一文中回憶，那年秋天，他和徐志摩在雞鳴寺，徐志摩對方瑋德說了他的計劃：「我該要刻苦下去了！我要預備四十歲以後的事業。我想上德國去，多讀幾年書，再像這樣下去不成事。我生活上再不轉變，再不去沉著，再不去幽鬱，再不去刻苦，我始終沒有成功。我要將以前的鮮明的憂怨哀樂全放在心底，外面加上極厚重的滋養料，黑黑的，板板的，結結實實的，再看到六七十歲時我衝出來怎樣一棵樹怎樣一枝花！」[22]因為師生間親密的友情，徐志摩出事後，在短短三年的時間裡，方瑋德寫下六篇對徐志摩的紀念詩文。

還有一次，徐志摩、方令孺、陳夢家、方瑋德等人一起暢快地遊園，之後，他們還相約騎驢上棲霞山看楓葉，可惜後來因為志摩有事在上海耽擱，棲霞山沒去成，志摩便來信讓他們別急，總是有機會的。

因為這些人——徐志摩、陳夢家、方瑋德、宗白華、還有方瑋德的同學兼老鄉常任俠等人的出入，娃娃橋方令孺家，漸漸成了文人們會談的地方了。

但是，徐志摩在南京中央大學任教的時間只一年，1930 年秋冬，他辭去了上海和南京的職務，應胡適之邀，任北京大學教授，兼北京女子師範大學教授。這年秋天，方令孺也去了青島，所以這段時間，方令孺與徐志摩的交往非常有限。

小範圍的聚會還在進行，更多的時候，他們聚在文德里方瑋德伯母家。這位伯母是伯父的二房，大房生了二個兒子，這位伯母則生了六個兒子，她

---

[21]　方令孺：〈志摩是人人的朋友〉，《方令孺散文選集》第 2 頁。
[22]　方瑋德：〈志摩周年祭〉，1932 年 11 月 19 日《北平晨報》學園副刊。

的大兒子老三方琦德和二兒子老四方珂德是雙胞胎兄弟，這時正在讀中學，以後雙雙考取清華大學。老五方璞德後來考取復旦大學，重慶時期方璞德去延安前，方令孺替他改名楊永直。另外幾個弟弟方和璧、方瑄德、方琥德這時都還小，這些弟弟們最喜歡和崇拜堂兄方瑋德，喜歡聽他念詩、講故事。

文德里伯母家是一幢三層樓的小洋房，與方瑋德上學的中央大學僅千米來遠，「他住在文德里一所古老的洋屋，屋側，是一條小溪，跨過架在兩岸的浮橋，便到達他的門前；溪旁，還有幾株楊柳，遠遠地從發散的綠蔭中窺視這屋子的外形，過濃重的城市氣氛是沒有的。他的兄弟在這屋子的小園裡還栽種了許多花卉，玫瑰花，薔薇花；還把一大串紫色的葡萄藤盤繞在架山石上。他自己呢，則專於在他獨自佔有一間書房的內部，極盡其點綴的能事，桌子上常常擺著雪萊、拜倫、濟慈……許多熱情詩人的傑著，又像是根據他的信仰似的，選擇幾位大詩人的畫像，懸掛在牆壁上。」[23]等到以後方瑋德戀上黎憲初之後，他的書桌上多了這位黎小姐的玉照。

後來陳夢家給《瑋德詩文集》作跋時，說到這段日子：「寫這卷詩時（十八年至二十年）我們都在南京讀書，其時志摩先生每禮拜來中大講兩次課，常可見到；瑋德的九姑令孺女士和表兄宗白華先生也在南京，還有亡友六合田津生兄，我們幾個算是小文會，各人寫詩興致正濃，寫了不少詩。」[24]因為和這些年輕的詩人們在一起，方令孺的詩情開始萌生。大家設想再辦一個新詩刊物，像 1926 年徐志摩在北京主編的《晨報》副刊《詩鐫》一樣，這樣，《詩刊》的籌劃在緊鑼密鼓中。陳夢家到上海時，把這個消息告訴徐志摩，「十九年的秋天我帶著令孺九姑和瑋德的願望，到上海告訴他我們再想辦一個《詩刊》。他樂極了，馬上發信四處收稿；他自己，在滬寧兩地路上來回的顛簸中，也寫成了一首長敘事詩──〈愛的靈感〉。」[25]

---

[23] 王平陵：〈過文德里故居〉，《文藝月刊》1935 年第 7 卷第 6 期「紀念詩人方瑋德專輯」。

[24] 陳夢家：〈《瑋德詩文集》跋〉，《夢甲室文存》第 155 頁，中華書局 2006 年 7 月版。

[25] 陳夢家：〈紀念志摩〉，《夢甲室文存》第 141 頁。

　　對方令孺來說，這是一段痛苦和快樂交織的日子。家中的生活是那樣孤單無趣，也許還有夫家七八個兄弟妯娌之間糾紛不斷，這些都令方令孺苦惱。終於，迫不得已中，方令孺離開了南京。國立青島大學成立了，校長是楊振聲，方令孺的七姐夫鄧仲純的弟弟、美學家鄧以蟄是楊振聲的朋友，由於他的介紹，方令孺開始了她青島的教學生涯。這時，《詩刊》仍在籌辦中。

<h1 style="text-align:center">八</h1>

　　1930 年的夏秋，對陳夢家的人生一樣別具意義，這反映到他的小說裡。一年之後，陳夢家出版了自傳體小說《不開花的春天》，小說分為自序、敘詩、信（上）、信（下）等幾個部分，以書信的形式記敘了一個愛情故事的終結。男主公是陳夢家以自己為模特兒的，女主人公茵子是一個有夫之婦，她稱他為「夢家」和「漫」，陳漫哉是陳夢家的筆名，在他最初寫詩時用過一段時間。陳夢家在小說裡也寫到早上聽到軍營的號角，他住在中央大學的宿舍名小營，以前正是軍營。如果對照著陳夢家 1930 年秋寫的幾首詩來讀，我覺得陳夢家很可能就是以這段時間為藍本寫成這個故事，〈信（下）〉之第二十函，正應和了 11 月 12 日寫的〈秋旅〉一詩，那麼第二十一函，就是 11 月 21 日寫於小營 304 的〈悔與回〉，那寫於 11 月 25 日的〈再看見你〉，到小說成書時，已再也看不見了。藍棣之教授的分析是有道理的：

> 這一段感情過程，按時間順序來說依次是江陰秋旅，悔恨，最後是「再看見你」。然後我們現在看到的在詩集裡的順序，是〈悔與回〉一詩，雖寫在前，卻放到後面去了。這大概是在編集子時，情況又有了變化，詩人想表明他最終又回到悔恨交加的處境。總之，青春期是躁動而不平靜的，愛情故事也起伏無定，然而一旦寫成了詩，文本就彷彿是永恆的了，而在詩人，這一切早就過去了。[26]

---

[26] 藍棣之：〈陳夢家詩全編・前言〉，《陳夢家詩全編》第 5 頁，浙江文藝出版社 1995 年 12 月版。

　　據說，陳夢家與孫多慈有過戀情，他們的認識很可能就在 1930 年夏秋孫多慈剛剛作為旁聽生進入中央大學的日子，那時，她還沒引起徐悲鴻的關注，但是因為她是安慶人，孫多慈的父親介紹孫多慈認識了宗白華，這樣與陳夢家的認識也就很自然了，況且他們本來就是同校的同學嘛。不過，孫多慈和陳夢家之間即使有過戀情也是不長的，因為很快，孫多慈得到了老師徐悲鴻的器重和關照。我們不知道〈不開花的春天〉中茵子的原型是誰，但我覺得，茵子有現實中陳夢家戀人的影子，還有濃厚的方令孺的影子。雖然我們無法知道茵子的原型和〈秋旅〉等詩為誰而寫，但是陳夢家的詩是他感情的產物，他的情感世界裡，有他對曾經的戀人的懷戀，也有他對方令孺的依戀，只是他無法明說罷了。

　　南京，這個豪華而腐朽的舊都市，給了方令孺多少痛苦和憂傷，也帶給了她新生的希望，現在，她終於要離開了，有決絕，也有留戀，更多的是對未來的嚮往……

第五章　新月詩人（青島）

一

　　青島是迷人的。如果你閉起眼睛回想一下，那麼，緩緩飄過來的，是一個紅、綠、藍相間的城市。紅房子、綠樹、蔚藍的大海，沒有一個城市比青島更漂亮了。

　　傳說青島最初只是戰國時期即墨縣城西南百里的一個海中島嶼，島上樹木青青，漸漸地，「青島」這個地名開始從海中移向陸地，陸地上的青島開始只是一個小漁村，但是到清朝末年，已發展成為一個繁華市鎮，稱膠澳。

　　1891 年 6 月，清政府在膠澳設防，是青島建置的開始。1897 年 11 月，德國派兵侵佔了膠澳，以後，德皇命名膠澳租借地的新市區為青島。1914年，第一次世界大戰爆發之後，日本侵佔青島，取代德國對青島進行軍事殖民統治。1919 年，為收回青島，爆發了轟轟烈烈的「五四」愛國運動。

　　走過一段屈辱的歷史，今天的青島翻開新的一頁。當年德國人留下的那些堅固而漂亮的建築，如今化作歷史的語言，成為這個城市不可分割的一部分，而走在成片成片的櫻花樹下，則感受到了濃郁的日本風情。

　　青島是美麗的，海景、山水、草木，無不充滿了情趣，聞一多曾為我們一點點地展示了他最初看到的青島：「船快到膠州灣時，遠遠望見一點青，在萬頃的巨濤中浮沉；在右邊，嶗山無數柱奇挺的怪峰，會使你忽然想起多少神仙故事。進灣，先看見小青島，就是先前浮沉在巨浪中的青點，離他幾裡遠就是山東半島最東的半島——青島。簇新的、整齊的樓屋，一座一座立在小小山坡上，筆直的柏油路伸展在兩行梧桐樹中間，起伏在山岡上如一條蛇。誰信這個現成的海市蜃樓，一百年前還是個荒島？」[1]

---

[1]　聞一多：〈青島〉，《聞一多全集》第 2 卷第 347 頁，湖北人民出版社 1993 年 12 月版。

　　各色的花，在老舍筆下則是另一種風景：「因為青島的節氣晚，所以櫻花照例是在四月下旬才能盛開。櫻花一開，青島的風霧也擋不住草木的生長了。海棠、丁香、桃、梨、蘋果、藤蘿、杜鵑，都爭著開放，牆腳路邊也都有了嫩綠的葉兒。五月的島上，到處花香，一清早便聽見賣花聲。公園裡自然無須說了，小蝴蝶花與桂竹香們的嬌豔色結成十字，或繡成幾團；那短短的綠樹籬上也開著一層白花，似綠枝上掛了一層春雪。就是路上兩旁的人家也少不得有些花草：圍牆既短，藤蘿往往順著牆把花穗兒懸在院外，散出一街的香氣：那雙櫻，丁香，都能在牆外看到，雙櫻的明豔與丁香的素麗，真是足以使人眼明神爽。」[2]

　　青島如畫的美景，吸引著人們前往那勝地，那寶島的深處。

二

　　從匯泉灣出發，沿著魚山路往上走，便來到今天的中國海洋大學門口，這裡現在是海大的魚山校區。中國海洋大學歷經私立青島大學、國立青島大學、國立山東大學、山東大學、山東海洋學院、青島海洋大學、中國海洋大學等歷史階段，校名幾經更迭，年華似水易逝，但那美麗的校園，因為曾經擁有過楊振聲、聞一多、梁實秋、沈從文、老舍、台靜農等大批名家而名揚海內外，瀰漫於青島上空生生不息的人文氣息沉醉了世人的心，那些人文景觀也因此獨立於風景之外永讓世人注目。我們無法想像，如果沒有海大綿延的歷史，如果沒有海大歷史上這些傑出的教育家、小說家、翻譯家、劇作家和學者，青島還會這樣讓人癡迷嗎？還會讓我在遊過青島一年之後的今天仍無比地想念她嗎？所以，無論如何，青島是要感謝他們，每一個生活在青島和遊覽過青島的人都要感謝他們。

2　老舍：〈五月的青島〉，《大師的足跡》第193頁，中國海洋大學出版社2004年10月版。

滙泉浴場

中國海洋大學，梧桐樹下，當年方令孺走在這條路上

　　我走在海大校園，夢境般的時光把我拉到了國立青島大學時期。

　　北伐戰爭之後，原設在省城濟南的省立山東大學停辦，為促進山東高等教育的發展，決定在濟南重新籌建國立山東大學。1929年夏，蔡元培攜眷至青島小憩，住在已停辦的私立青島大學女生宿舍的一幢小樓內。蔡元培學界泰斗，當時也是國立山東大學籌備委員會委員之一，他認為，青島地處海濱，可避免戰亂影響，又有舟車之便，且青山秀水，是辦大學的理

想之地，他力主將國立山東大學的校址投在青島。這個設想得到教育部長蔣夢麟的支持，校名改國立山東大學為國立青島大學，接收私立青島大學的校舍和設備。蔡元培親自題寫了校牌，並推薦他的高足、時任清華大學教務長兼文學院院長的楊振聲出任國立青島大學校長。

楊振聲畢業於北京大學，曾留學美國，回國後主要從事教育事業，兼搞文學創作，中篇小說《玉君》在 1925 年出版後，在社會上轟動一時。作為教育家，楊振聲深知，辦好一所大學，師資力量至為重要，他到各地物色，搜羅了一批知名的專家學者彙集到青島大學。青島的歷史才有了它精彩華章的開始。

1930 年夏，楊振聲到上海物色教員，此時聞一多在上海，他剛剛辭去武漢大學文學院院長一職，正好遇到了楊振聲，楊振聲力邀聞一多和梁實秋到青大，分別主持國文系和外文系，他倆一時沒有定下，於是相約到青島看看。

是乘著船去的。好似鏡頭一點點拉近，一點青、嶗山、樓群、山坡，光華照人的青島慢慢地出現在眼前了。他倆欣然接受了來自半島的邀請。

1930 年 9 月 21 日，國立青島大學正式成立並開學，設文、理兩個學院，文學院下分中國文學、外國文學、教育三個系，理學院分數學、物理、化學、生物四個系。首任校長楊振聲，效法北京大學「相容並包、思想自由」的辦學精神，把學校辦得有聲有色，從而開創了青島歷史上的人文興盛時期。

三

方令孺的七姐夫鄧仲純的弟弟鄧以蟄，當時在清華大學任教，他與楊振聲是聲氣相投的好朋友，經過鄧以蟄的推薦，方令孺也來到國立青島大學擔任國文系講師。

放眼四周，一切都是新鮮的，山、水、人、天空還有心情。「家」已經離方令孺遠遠的，現在的她是自由的。青島，方令孺真正開始她的自由生活。

魯迅曾說，娜拉出走之後，要麼墮落，要麼回來。美國時期，方令孺不幸被魯迅言中，不得不回來，青島時期，方令孺再次成為生活中的娜拉，她要走第三條道路，她要靠自己的勞動創造自由的生活，因為這些，心情變得不錯。

何況景色非常宜人。

學校座落在青島山麓，左靠八關山，右接信號山。1891年，青島建置後，清軍即在青島山修築炮臺；1897年，德國侵佔青島後，稱俾斯麥山；1914年日軍佔領後，改名萬年山；1922年，青島收回主權後，亦稱京山，青島人習慣稱炮臺為京山炮臺。昔日在山道邊上，一道泉水汨汨地流。

私立青島大學校舍原是德占青島時代的俾斯麥兵營，日本佔領時改為萬年兵營，此時成了國立青島大學的校舍。國立青島大學開學時規模很小，全校只有學生兩百餘人，女生更僅有三十多人，七號樓原是軍官營房，當時樓下為女生宿舍，樓上為女教職員宿舍，方令孺就住在那裡。李雲鶴就是後來的江青，當時是校圖書館管理員，也是中文系旁聽生，與方令孺是師生，也是鄰居。這幢樓現在做了海洋大學檔案館。蔡元培1930年夏在青島時，就住在那裡。

當時，學校的大門在大學路上（現在海洋大學的第三校門）。大學路兩旁有高大的槐樹、櫻花、紫藤等，春天形成一組色彩繽紛的畫面，夏天則濃蔭砸地，涼爽宜人。

聞一多最初住在學校對面從大學路轉往龍江路的一幢紅樓上，山東大學王先進教授是聞一多的學生，他說：「聞先生剛到青大時，住在龍江路七號的一座小樓上。那時，他在中文系樓上上課，經常從大學路的校門走進來，穿著長衫，提著皮包，目不斜視，大有正人君子之風度。當時，我聽聞先生的課，是他的學生。有時，晚上出去看電影回來，路過龍江路七號時，看到聞先生的二樓房間還亮著燈。」[3]

3　季鎮淮主編：《聞一多研究四十年》第391頁，清華大學出版社1988年8月版。

　　過了一些時候，聞一多遷居到匯泉浴場不遠的一棟房子，即今天文登路上的八大關派出所，出門即是沙灘，漲潮時，海水離門口不到兩丈。聞一多去學校，總是經魚山路約上梁實秋同往，兩人各攜手杖一根，饒有古意。

　　聞一多是文學院院長兼國文系主任，講授「中國文學史」、「唐詩」、「名著選讀」，也給外文系學生開設「英詩」課。方令孺是國文系講師，講授《昭明文選》。方令孺遇到問題，經常向聞一多討教，他倆的接觸自然而然地頻繁起來。聞一多又是老資格的新詩人，方令孺的詩興則剛剛興起，從新詩方面，他倆又有很多的話題。這時的方令孺，自由和友情同時滋潤著她，新詩在向她召喚，這樣的環境真可以讓她沉迷。

　　此時，《詩刊》的籌辦正如火如荼地進行著。徐志摩各處聯絡，10月24日，他在上海寫信給梁實秋：「《詩刊》廣告，想已瞥及，一多兄與秋郎不可不揮毫以長聲勢。不拘短長，定期出席。」[4]《詩刊》的廣告發在《新月》雜誌上，秋郎即梁實秋，以其1925年春在美國演出英文古裝戲《琵琶記》時飾演蔡中郎而得名。

　　生命之花在自由的空氣裡燦爛地開放了。方令孺的第一首新詩寫於這個時候，詩名就叫〈詩一首〉：

　　　　愛，只把我當一塊石頭，
　　　　　　不要再獻給我；
　　　　　　　　百合花的溫柔，
　　　　　　香火的熱，
　　　　　　　　長河一道的淚流。

　　　　看，那山岡上一匹小犢，
　　　　　　臨著白的世界；
　　　　　　　　不要說它愚碌，

4　徐志摩1930年10月24日致梁實秋信，虞坤林編：《志摩的信》第379頁，學林出版社2004年7月版。

它只默然，
　嚴守著它的靜穆。[5]

　　與兩大新詩人陳夢家和聞一多頻繁的交流，方令孺的詩興如花蕾般地開放了，這〈詩一首〉就來自於對她內心的迴響。

　　是內心的迴響，也是對聞一多的回應：我只是一塊石頭，你的溫柔、你的熱情，即使還有淚水，都不是我能接受的，我像山岡上的小犢，得嚴守自己的靜穆。詩寫得很婉約，婉約的背後是無奈。她可以以火熱的心擁抱友情，但她須以矜持的態度對待可能到來的愛情，她是這樣的矛盾！

　　為《詩刊》奔波的徐志摩，從南京、上海、青島、北平等地拿到一首首詩，高興得又寫信給梁實秋，兼催促聞一多：「《詩刊》以中大新詩人陳夢家、方瑋德二子最為熱心努力。近有長作亦頗不易。我輩已屬老朽，職在勉勵已耳。兄能撰文，為之狂喜，懇信到即動手，務於（至遲）十日前寄到。文不想多刊，第一期有兄一文已足，此外皆詩。大雨有商籟三，皆琅琅可誦。子離一，子沅二，方令孺一，邵洵美一或二，劉宇一或二，外選二三首，陳、方長短皆有，我尚在掙扎中，或有較長一首。一多非得幫忙，近年新詩，多公影響最著，且盡佳者，多公不當過於韜晦，《詩刊》始業，焉可無多，即四行一首，亦在必得，乞為轉白，多詩不到，刊即不發，多公奈何以一人而失眾望？兄在左右，並希持鞭以策之……」[6]

　　這封信寫於 1930 年 11 月。在這裡，徐志摩提到《詩刊》創刊號上會有方令孺的一首詩，這說明，方令孺這〈詩一首〉很有可能已經寫成，不然他怎麼會如此肯定地認為從沒有寫過新詩的方令孺會有一首詩發在《詩刊》呢？所以〈詩一首〉的寫作時間很大的可能是 1930 年 11 月。

---

[5]　方令孺：〈詩一首〉，《方令孺散文選集》第 129 頁，上海文藝出版社 1982 年 8 月版。

[6]　徐志摩 1930 年 11 月＊日致梁實秋信，虞坤林編：《志摩的信》第 380 頁，學林出版社 2004 年 7 月版。

也可以說，徐志摩的催促是有力的，很快，梁實秋寫信給徐志摩，告訴他，三年不寫詩的聞一多寫了一首長詩〈奇蹟〉。

要說〈奇蹟〉確實有徐志摩催促的功勞，但更主要的，還是因為心情！聞一多住匯泉海灘，「夜間聽潮一進一退的聲音，有時不能入寐，心潮起伏，不禁憶起英國詩人安諾德的那首〈多汶海灘〉。」[7]

心潮起伏，是因為心有所寄託，寄託著誰？方令孺。我們不妨引聞一多〈奇蹟〉全詩來一讀：

奇蹟

我要的本不是火齊的紅，
或半夜裡桃花潭水的黑，
也不是琵琶的幽怨，薔薇的香；
我不曾真心愛過文豹的矜嚴，
我要的婉孌也不是任何白鴿所有的。
我要的本不是這些，而是這些的結晶，
比這一切更神奇得萬倍的一個奇蹟！

可是，這靈魂是真餓得慌，
我又不能讓他缺著供養，那麼，
既便是糟糠，你也得募化不是？
天知道，我不是甘心如此！
我並非倔強，亦不是愚蠢，
我是等你不及，等不及奇蹟的來臨，
我不敢讓靈魂缺著供養！

7　梁實秋：〈談聞一多〉，《梁實秋懷人叢錄》第 139 頁，中國廣播電視出版社 1991 年 2 月版。

誰不知道——
一樹蟬鳴，一壺濁酒，算得了什麼？
縱提到煙巒、曙壑，或更璀璨的星空，
也只是平凡，最無所謂的平凡。
犯得著驚喜得沒主意，喊著
最動人的名兒，恨不得
黃金鑄字，給裝在一支歌裡？
我也說但為一闋鶯歌便噙不住眼淚，
那未免太支離，太玄了，簡直不值當。
誰曉得，我可不能那樣：
這心是真餓得慌，我不能不節省點，
把藜藿，權當作膏粱。
可也不妨明說，只要你——
只要奇蹟露一面，我馬上就拋棄平凡！
我再不瞅著一張霜葉夢想春花的豔，
再不浪費這靈魂的膂力，剝開頑石
來誅求白玉的溫潤；給我一個奇蹟，
我也不再去鞭撻著「醜」，逼他要
那份背面的意義；實在我早厭惡了
這些勾當，這附會也委實是太費解了。
我只要一個明白的字，舍利子似的
閃著寶光，我要的是整個的，正面的美！
我並非倔強，亦不是愚蠢，
我不會看見團扇，悟不起
扇後那天仙似的人面。那麼
我便等著，不管等到多少輪迴以後——
既然當初許下心願，也不知道
是在多少輪迴以前——我等，我不抱怨，

只靜候著一個奇蹟的來臨。總不能
沒有那一天，讓雷來劈我，火山來燒，
全地獄翻起來撲我，⋯⋯害怕嗎？
你放心，反正罡風吹不熄靈魂的燈，
願這蛻殼化成灰燼！不礙事，因為那，
那便是我的一剎那，一剎那的永恆──
一陣異香，最神秘的肅靜，
（日，月，一切星球的旋動早被喝住，
時間也止步了）最渾圓的和平⋯⋯
我聽見閶闔的戶樞春然一響，
傳來一片衣裙的綷縩──那便是奇蹟──
半啟的金扉中，一個戴著圓光的你![8]

　　聞一多在寫完這首詩之後，興奮之情溢於言表，1930 年 12 月 10 日，他向好朋友報告心中的喜悅之情：「花了四天工夫，曠了兩堂課，結果是這一首玩意兒⋯⋯畢竟我是高興，得意，因為我已證明瞭這點靈機雖荒了許久沒有運用，但還沒有生銹。寫完了這首，不用說，還想寫。說不定第二個「叫春」的時期快到了。你們該為我慶賀。」[9]「叫春」可不是一般的詞，那是貓發情時發出叫聲，這麼說來，我們的大詩人自己也承認情海生波了。從這封信來看，〈奇蹟〉完成於 1930 年 12 月上旬。

　　徐志摩盛讚〈奇蹟〉為聞一多「三年不鳴，一鳴驚人」的奇蹟。[10]他給梁實秋寫信，喜悅之情一點不亞於聞一多本人：「一多竟然也出了〈奇蹟〉，這一半是我的神通之效，因為我自發心要印《詩刊》以來，常常自

8　聞一多：〈奇跡〉，《聞一多全集》第 1 卷第 260-261 頁，湖北人民出版社 1993
　　年 12 月版。

9　聞一多 1930 年 12 月 10 日致朱湘、饒孟侃書信，《聞一多書信選》第 224 頁，
　　人民文學出版社 1986 年 10 月版。

10　徐志摩：〈《詩刊》序語〉，《徐志摩全集》第三卷第 368 頁，天津人民出版社 2005
　　年 5 月。

已想。一多尤其非得擠他點兒出來，近來睡夢中常常撚緊拳頭，大約是在幫著擠多公的〈奇蹟〉！」[11]

雖然徐志摩不知聞詩產生的背景，但〈奇蹟〉一詩為聞一多創作之奇蹟當之無愧。梁實秋當時最清楚這詩的來由，多少年之後他在文章中寫道：「實際是一多在這個時候在情感上吹起了一點漣漪，情形並不太嚴重，因為在情感剛剛生出一個蓓蕾的時候就把它掐死了，但是在內心裡當然是有一番折騰，寫出詩來仍然是那樣的迴腸盪氣。」[12]

梁實秋在三十多年之後發表的這篇文章，說起來與事實還是有些出入的，因為聞一多寫〈奇蹟〉，正是他情感剛剛產生甚至澎湃之時，匯泉海邊的潮漲潮落，伴隨著他內心的折騰，這種強烈的感情，始有〈奇蹟〉一詩的誕生。

八十年後的今天，方令孺的學生裘樟松先生寫到方令孺，寫到了對〈奇蹟〉中「圓光」的解讀，他這樣說：

> 有一天下午，先生對我說：「聞一多的詩『半啟的金扉中，一個戴著圓光的你』是寫我的。」這一行詩是〈奇蹟〉的最後一行詩，當時我沒有讀懂，因為當時我只知道「圓光」是指日月。我記得李白〈君子有所思〉有「圓光過滿缺，太陽移中昃」之句，王維〈賦得秋日懸清光〉也有「圓光含萬象，碎影入閒流」的句子，而聞詩中的「圓光」不可能指日月，於是我就問先生關於聞詩「圓光」的意義。先生回答云：「這裡的『圓光』是佛家語，是指佛菩薩頂上放出的成圓輪狀的光。」先生生得端莊，肅穆時真像一尊圓光，我不禁為聞一多捕捉形像特徵水準之高和形容巧妙而喝彩。[13]

---

[11]　徐志摩 1930 年 12 月 19 日致梁實秋，虞坤林編：《志摩的信》第 383-384 頁，學林出版社 2004 年 7 月版。

[12]　梁實秋：〈談聞一多〉，《梁實秋懷人叢錄》第 142 頁，中國廣播電視出版社 1991 年 2 月版。

[13]　裘樟松：〈方令孺先生軼事〉，《點滴》2010 年第 2 期。

　　聞一多花了四天功夫、曠了兩堂課，充滿激情地寫下的〈奇蹟〉，是為方令孺寫的！而方令孺早於〈奇蹟〉的〈詩一首〉，顯然就是對聞一多態度的回應。聞一多是熱烈的，而方令孺是矜持的，也是矛盾的，此刻的她，嚴守著她的靜穆。那時的聞一多，帶著全家住在匯泉的海邊，那時的方令孺，未曾離婚，雖然她心裡渴望著愛情，而愛情對於方令孺來說，則始終是飄渺而無定的。

　　關於〈奇蹟〉一詩，愛情只是詩中表達的一個方面，感情豐富的大詩人，他除了在詩中展現愛情外，更重要的，還有關於靈魂、關於人生、關於美等等話題，這是作為詩人的聞一多經常考慮，這也他自己努力追求的意境。臧克家回憶說：

> 一多先生時常向我提出「詩無達詁」這句老話來。一篇詩，不拘死在一個意義上，叫每個讀者憑著自己的才智去領悟出一個境界來。領悟的可能性越大，這詩的價值也就越高。一篇頂好的詩，彷彿是一個最大的「函數」。一多先生有一次拿了夢家的一篇詩——〈螢火〉，來做例子，他說：「深夜裡，這點螢火，一閃一閃的，你說這是螢火嗎？但它也可以是盞小燈，一點愛情，一個希望……。」[14]

　　寫到這裡，還需要補充一點的是，由於美國學者金介甫對沈從文小說〈八駿圖〉作索隱，認為聞一多對俞珊有好感[15]，於是很多學者便盲從了這種說法，繼而認為〈奇蹟〉是為俞珊而作。

　　但是，我們從徐志摩的幾封信中，可以反證上述觀點不成立。

　　1929 年，還在上海國立音樂學院的俞珊，被田漢挑中成為南國社成員。1929 年夏，南國社公演英國作家王爾德名劇《莎樂美》，俞珊因在劇

---

[14] 臧克家：〈憶聞一多先生〉，《悠悠歲月桃李情》第 94 頁，中國文史出版社 1991 年 1 月版。

[15] 金介甫：《沈從文傳》第 235 頁，國際文化出版社 2005 年 10 月版。

中大膽的表演而一夜走紅。1930 年，俞珊在《卡門》中擔任主角，她經常去上海的徐志摩家拜訪、請教，引起陸小曼的反感，於是有了陸小曼關於「茶壺和茶杯」的比喻，不過到了秋天，俞珊一直在生病，且是重病，徐志摩幾次寫信給梁實秋說到她：「沙樂美公主不幸一病再病，先瘧至險，繼以傷寒，前晚見時尚在熱近四十度，呻吟不勝。承諸兄不棄（代她說），屢屢垂詢，如得霍然。尚想追隨請益也。」[16]「俞珊病傷寒，至今性命交關。」[17]「俞珊死裡逃生回來了，先後已病兩個月，還得養，可憐的孩子。」[18]這說明，聞方兩人寫〈奇蹟〉和〈詩一首〉時，俞珊正病得九死一生，命都快要顧不上了，哪裡還有精力調情，何況她人還在上海，還沒到青島，所以說，〈奇蹟〉不可能為俞珊而寫。

　　俞珊後來去青島大學，也許是為了上面說到的「追隨請益」，因為梁實秋等人一直關心著她嘛，徐志摩另一封寫於 1931 年 2 月 9 日的信，講到她往青島的大致時間：「俞珊大病幾殆，即日去青島大學給事圖書館，藉作息養。」[19]根據寫信的時間，推斷俞珊到青島的時間在 1931 年 2 月 9 日之後，當時梁實秋兼任青島大學圖書館館長。

　　俞珊到青島大學雖僅短短三四個月的時間，卻掀起了巨大的波浪，於是便有沈從文的小說〈八駿圖〉，也有了徐志摩下面的話：「星期四下午又見楊今甫，聽了不少關於俞珊的話。好一位小姐，差些一個大學都被鬧散了。梁實秋也有不少醜態……」[20]

---

[16] 徐志摩 1930 年 10 月 24 日致梁實秋信，《志摩的信》第 379 頁，學林出版社 2004 年 7 月版。

[17] 徐志摩 1930 年 11 月＊日致梁實秋信，《志摩的信》第 380 頁，學林出版社 2004 年 7 月版。

[18] 徐志摩 1930 年 12 月 19 日致梁實秋信，《志摩的信》第 384 頁，學林出版社 2004 年 7 月版。

[19] 徐志摩 1931 年 2 月 9 日致劉海粟信，《志摩的信》第 159 頁，學林出版社 2004 年 7 月版。

[20] 徐志摩 1931 年 6 月 14 日致陸小曼信，《志摩的信》第 114 頁，學林出版社 2004 年 7 月版。

四

　　這時期的南京中央大學，陳夢家和方瑋德之間發生了一些事，至少陳夢家的感情生活出現了一些糾葛，這些糾葛，表現在詩歌中，就是他和方瑋德的〈悔與回〉同題長詩。陳夢家的〈悔與回──獻給瑋德〉寫於 1930年 11 月 21 日夜晚，方瑋德的〈悔與回──獻給夢家〉寫於兩天之後的 23日。1930 年 12 月 10 日，聞一多給朱湘、饒孟侃寫信提到，〈悔與回〉已由詩刊社出版了。

　　不管情感世界如何，詩出來了，就以它的藝術而存在。聞一多對〈悔與回〉詩給了高度的評價，他在給陳夢家的信中這樣寫道：

> 　〈悔與回〉自然是本年詩壇最可紀念的一件事。我曾經給志摩寫信說：我在捏著把汗誇獎你們──我的兩個學生；因為我知道自己決寫不出那樣驚心動魄的詩來，即使有了你們那哀豔淒馨的材料。
>
> ……
>
> 　瑋德原來也在中大，並且我在那裡的時候，曾經有過一度小小的交涉。若不是令孺給我提醒，幾乎全忘掉了。可是一個泛泛的學生，在他沒有寫出〈悔與回〉以前，我有記得他的任務嗎？寫過那樣一首詩以後，即使我們毫無關係，我也無妨附會說他是我的學生，以增加我的光榮。我曾經托令孺向瑋德要張照片來，為的是想藉以刷去記憶上的灰塵，使他在我心上的印象再顯明起來。這目的馬上達到了，因為湊巧她手邊有他一張照片──我無法形容我當時的愉快！現在我要〈悔與回〉的兩位詩人，時時在我案頭，與我晤對，你們可能滿足我這點癡情嗎？[21]

---

[21]　聞一多：〈評〈悔與回〉〉，《聞一多全集》第 2 卷第 165 頁，湖北人民出版社 1993年 12 月版。

　　聞一多當真是快樂的、癡情的，他深愛自己這兩個出色的學生，因為他們各自的詩才！從此，聞一多的案頭上，多了兩張年輕詩人陳夢家和方瑋德的照片。

　　這時期的文壇非常熱鬧，沈從文那篇特別的〈評死水〉刊於《新月》第二卷第二號，給了聞一多不少的興奮，之後他又完成了〈評草莽集〉；聞一多自己寫了〈奇蹟〉長詩，是他自己三年以來的破例；陳夢家、方瑋德兩人同寫〈悔與回〉唱和長詩，聞一多說過，是當年文壇最可紀念的一件事；上海的劉宇準備編一本《一九三〇年詩選》，大家已經聽說了；接著聞一多催促饒孟侃的詩集趁在 12 月趕快印出來，他願意破例給饒孟侃畫封面；說到方令孺時，語氣裡有著無限的期待：

> 俗語說「時運來了，城牆擋不住」。今年新年，是該新詩壇過一個豐富的年。此地有位方令孺女士，方瑋德的姑母，能做詩，有東西，有東西，只嫌手腕粗糙點，可是我有辦法，我可以給她一個門徑。[22]

　　到了 12 月 25 日，清晨六時，徐志摩有一首更長的詩〈愛的靈感──奉適之〉新鮮出爐。

　　這是 1930 年 12 月的中國詩壇，一個被詩人們盛讚的年月。方令孺是幸運的，網在這個圈子裡的人們是幸福的，因為他們心中有詩情、筆底有詩意！

五

　　1931 年的 1 月，新月派詩人迎來了兩項重大的收穫：《夢家詩集》的初版和《詩刊》的創刊。

---

[22] 聞一多 1930 年 12 月 10 日致朱湘、饒孟侃書信，《聞一多書信選》第 226 頁，人民文學出版社 1986 年 10 月版。

陳夢家結集出版的第一部詩集
《夢家詩集》，1931 年 1 月由新月書
店出版，徐志摩題簽。共四卷，收入
1929 年到 1930 年的詩作四十首。陳
夢家詩作形式的完美與技巧的嫻熟，
令《夢家詩集》一出版，就受到讀者
的追捧，年輕的他立刻聲名鵲起，名
滿天下了。

徐志摩主編的《詩刊》，是我國現
代文學史上繼朱自清、俞平伯等創辦
的《詩》、徐志摩、聞一多等創辦的《晨
報·詩鐫》以後第三個專門發表詩作
的刊物。《詩刊》的創刊，普遍認為，
這是後期新月派形成標誌。

夢家詩集

《詩刊》創刊號上，彙集了後期新月派的強大陣容，孫大雨、朱湘、
聞一多、饒孟侃、方令孺、陳夢家、方瑋德、梁鎮、俞大綱、沈祖牟、李
惟建、邵洵美、徐志摩、梁實秋等，到第二期時，又增加了卞之琳、淘慕
華、宗白華、曹葆華、林徽因、梁宗岱等人，第三期、第四期也都有新人
的出現。因為詩人們的努力，新詩一時出現了盛況。

徐志摩還一再強調，《詩刊》緣於少數幾個朋友的興起，「現在我們這
少數朋友，隔了這五六年，重複感到「以詩會友」的興趣，想再來一次集
合的研求。」[23]「《詩刊》的印行本是少數朋友的興會所引起；說實話我們
當時竟連能否繼續一點都未敢自信。」[24]這少數幾個朋友，正是陳夢家、
方瑋德、方令孺等人。

---

[23] 徐志摩：〈《詩刊》序語〉,《徐志摩全集》第三卷第 367 頁，天津人民出版社 2005
　　年 5 月版。
[24] 徐志摩：〈《詩刊》前言〉,《徐志摩全集》第三卷第 373 頁，天津人民出版社 2005
　　年 5 月版。

　　1931 年 1 月底，因為翻譯莎士比亞事，胡適前往青島接洽事宜。1 月
24 日，在去青島的船上，胡適看起了《夢家詩集》，覺得其中的小詩不可
多得，長詩也比較成功，接著寫道：「此君我未見過，但知他很年青，
有此大成績，令人生大樂觀。」[25]接著，胡適又讀了 23 日剛剛拿到的《詩
刊》創刊號，他讚聞一多的〈奇蹟〉，又讚徐志摩〈愛的靈感〉，這時他又
在發議論：「新詩到此時可算是成立了。我讀了這幾位新作者的詩，心裡
十分高興，祝福他們的成功無限！他們此時的成績已超過我十四年前的最
大期待了。我闢此荒地，自己不能努力種植，自己很慚愧。這幾年來，一
班新詩人努力種植，遂成燦爛的園地，我這個當年墾荒者來這裡徘徊玩
賞，看他們的收穫就如同我自己收穫豐盈一樣，心裡直高興出來。」[26]新
詩有這麼大的成就，胡適是越讀越開心。

　　第二天船到青島，據說因風浪太大無法靠岸，胡適就給楊振聲發一電
報，曰：「宛在水中央」，楊振聲接到電報後，回電曰：「盈盈一水間，脈
脈不得語」。兩人心靈相通而默契。

　　中午船靠上岸，楊振聲、聞一多、梁實秋、杜光塤、唐家珍醫生去接，
把胡適安排在宋春舫開辦的萬國療養院。

　　宋春舫是戲劇家，也是藏書家，還是個學者，當時，國立青島大學聘
他為兼職教授。他熱衷於收藏戲劇圖書，在青島福山支路開辦了一座褐木
廬戲劇專業圖書館，宋春舫將他留學歐洲期間累積購得的戲劇圖書都置於
那裡，聞一多、梁實秋、洪深、孫大雨等人，都在褐木廬留下了足跡。宋
春舫之子宋淇夫婦與張愛玲交好，是張愛玲書稿繼承人，張愛玲研究專家
陳子善教授在與宋淇通信中，瞭解到宋春舫全部戲劇藏書有七千八百冊。
梁實秋曾寫道：「我看見過的考究的書房當推宋春舫先生的褐木廬為第
一，在青島的一個小小的山頭上，這書房並不與其寓邸相連，是單獨的一
棟。環境清幽，只有鳥語花香，沒有塵囂市擾。《太平清話》：「李德茂環

[25]　曹伯言整理：《胡適日記全編》第 6 卷第 42 頁，安徽教育出版社 2001 年 10 月版。
[26]　曹伯言整理：《胡適日記全編》第 6 卷第 42 頁，安徽教育出版社 2001 年 10 月版。

積墳籍，名曰書城。」我想那書城未必能和褐木廬相比。在這裡，所有的圖書都是放在玻璃櫃裡的，櫃比人高，但不及棟。我記得藏書是以法文戲劇為主。所有的書都是精裝，不全是 buckram（膠硬粗布），有些是真的小牛皮裝訂（half calf, ooze calf, etc），燙金的字在書脊上排著隊閃閃發亮。」[27]

褐木廬另一特色是設計具有西洋風味的藏書票。書票起源於德國，在中國，早在五四之前也已有了，有一天，陳子善教授在北京琉璃廠淘舊書時，意外地發現了褐木廬藏書票，在他看來是訪書中的奇遇。

胡適到了青島，一樣踏訪過褐木廬。不過，他到青島時，宋春舫正在生病，他先去看望了老朋友。

他到的那天，晚宴安排在山東老餐館順興樓，朋友們為他接風。人很多，楊振聲、聞一多、梁實秋、鄧仲純、秦素美、方令孺、陳季超、周鐘麒、蔣右滄、譚聲傳等都來了。

順興樓是他們經常光顧的地方。青島風景雖美，但在聞一多看來太沒有文化了，南京有夫子廟、北平有琉璃廠，青島什麼也沒有，於是他們喝酒解愁圖熱鬧。每個週六，開完校務會議，相約在順興樓或是厚德福喝酒，一壇三十斤花雕，當面啟封試嚐。喝酒的人經常是不固定的，一桌十二人左右，從六時開始，到八時許，不能喝的大都回去了，「好飲者七人（楊振聲、趙太侔、聞一多、陳季超、劉康甫、鄧仲存，和我）。聞一多提議邀請方令孺加入，湊成酒中八仙之數。於是猜拳行令觥籌交錯，樂此而不疲者凡兩年。其實方令孺不善飲，微醺輒面紅耳赤，知不勝酒，我們亦不勉強她。」[28]

趙太侔（名畸，以字行）在張道藩離任之後接替他的教務長一職，陳命凡（字季超）是秘書長，劉本釗（字康甫）是會計主任，鄧仲存是方令

---

[27] 梁實秋：〈書房〉，《梁實秋散文》第三集第 4-5 頁，中國廣播電視出版社 1989 年 12 月版。

[28] 梁實秋：〈方令孺其人〉，《梁實秋懷人叢錄》第 226 頁，中國廣播電視出版社 1991 年 2 月版。

孀七姐夫，當時為校醫。方令孀雖是八仙之一，但從不縱酒，孤獨的她應該是歡喜這樣熱鬧場面的。

　　梁實秋寫舊游的文章相當多，關於青島「八仙」，他也曾數次提到，另有一篇專門的文章〈酒中八仙〉，他對這八個人一一作了介紹，稍有出入的是鄧仲存，梁實秋介紹說經常喝酒的八個人中有黃際遇（字任初），當時任理學院院長，而且還是黃際遇在酒後領導大家作餘興，深更半夜去敲開茶店的門去喝茶，兩年之後，楊振聲、聞一多等人離開青島後，偶然一聚中，有鄧仲存、趙少侯等人的加入。

　　胡適來青島，一看大夥那豪飲的陣勢，立刻拿出他太太給的戒指，上面刻著「戒酒」兩字，戒指在大家手中傳觀之後，他居然就可以不喝酒了。儘管客人不喝酒，主人們的酒興卻更加高漲了，第二晚醉倒三人，第三晚又醉倒一人。

　　胡適在青島的三天，除了商量莎士比亞翻譯之事，還在青島大學作了「文學史上的山東」[29]的演講，說「齊文化」與「魯文化」之區別，並指出「齊學」的重要。胡博士雖然事前無準備，但他到底博學多才，旁徵博引，令人信服。「聽者全校師生絕大部分是山東人，直聽得如醍醐灌頂，樂不可支，掌聲不絕，真好像要把屋頂震塌下來。」[30]

　　胡適臨行前，楊振聲、聞一多、梁實秋、方令孀、秦素美等很多人一起送行。胡適從青島回去，路過濟南時，再次作「文學史上的山東」的演講。

　　此外，胡適這次到青島，還特別向方令孀談起陳夢家的詩，表達了他的歡喜。等到學校放寒假，方令孀回到南京，便向陳夢家轉達了胡適的話。很快胡適收到了陳夢家書信一封，希望得到胡博士的批評。陳夢家的這封信今人不見提及，信並不長，不妨錄於此：

---

[29]　見曹伯言整理：《胡適日記全編》第 6 卷第 45 頁，安徽教育出版社 2001 年 10 月版。梁實秋把胡適演講題目誤寫作「山東在中國文化上的地位」，梁實秋：〈講演〉，《梁實秋散文》第三集第 42 頁，中國廣播電視出版社 1989 年 12 月版。

[30]　梁實秋：〈講演〉，《梁實秋散文》第三集第 42 頁，中國廣播電視出版社 1989 年 12 月版。

適之先生：

　　令孺女士到南京，告訴我你教她轉告我你歡喜我的詩，我很慚愧，二十年過得太荒唐，平常少讀書，所以後此想多多閱讀中西的詩，覺得自己能力總不夠。今天志摩先生有信來，提到你給他的信，我們同感到詩在今日又有復興的光景，但自己也深覺應該更外振奮才好。關於我的詩，盼望你能寫一封信批評一下。前在上海，無緣晤教，不知以後可有機會見到。南京大雪，天冷，恕我寫得草率。

　　此請

　　文安

陳夢家　上　二月六日[31]

　　於是胡適復書陳夢家，這就是後來發表在《新月》第 3 卷第 5-6 合期上的〈評《夢家詩集》〉，他在信中特別提到陳夢家的詩〈一朵野花〉，謂他和聞一多均極愛這一首，尤其是第二節。

　　生活在當時，新詩的氣息瀰漫在方令孺周圍，越來越濃烈了。

六

　　聞一多是非常特別的一個人，他到國立青島大學，除了在中文系開課，還給外文系學生開設英詩課。他的講課非常有意思，「記得他在講雪萊的〈雲雀〉時，將〈雲雀〉越飛越高，歌聲也越強，詩句所用的音節也越來越長的情況，用充滿詩情的腔調吟誦了出來。」[32]臧克家就是這個時候從外文系轉到中文系的。等到 1932 年春天陳夢家來到國立青島大學給聞一多當助教，便有了「聞門二家」之說。

---

[31] 曹伯言整理：《胡適日記全編》第 6 卷第 54-55 頁，安徽教育出版社 2001 年 10 月版。

[32] 臧克家：〈聞一多先生詩創作的藝術特色〉，轉引自《聞一多年譜長編》第 414 頁，湖北人民出版社 1994 年 7 月版。

　　這個時候，聞一多繼續唐詩研究，他的研究起於武漢大學時期，他從研究杜甫開始，傳記〈杜甫〉未完稿發表在 1928 年《新月》雜誌上，但後來，他改杜甫的傳記工作為杜甫年譜考證工作，《少陵先生年譜會箋》的第一部分發表在武漢大學 1930 年的《文哲季刊》上。聞一多認為，「要理解杜詩需要理解整個的唐詩，要理解唐詩需先了然於唐代詩人的生平，於是他開始寫唐代詩人列傳，積稿不少，但未完成。」[33]「這個時候，他正在致力於唐詩，長方大本子一個又一個，每個本子上，寫得密密行行，看了叫人吃驚。關於杜甫的一大本，連他的朋友也特別列了目錄，題名：《杜甫交遊錄》。還有一個抄本，唐詩摘句，至今還記得上面的一個句子：『蠅鼻落燈花。』」[34]

　　方令孺在中文系講授《昭明文選》，因為經常要請教授課中的疑問和新詩的作法，她和聞一多有了更頻繁的交流。

　　滬上陳子善教授在〈聞一多集外情詩〉一文中，發掘出聞一多另外情詩兩首〈我懂得〉和〈憑藉〉，認為和〈奇蹟〉一樣，同樣為方令孺而寫。這兩首詩的寫作時間我以為大致就是這個時候，1931 年的春夏。兩首詩一起附於此。

我懂得

我懂得您好意的眼神，
注視我，
　　猶如街燈注視夜行人，
彷彿說：
　　別怕，儘管挺著胸兒邁進，

---

[33] 梁實秋：〈談聞一多〉，《梁實秋懷人叢錄》第 140 頁，中國廣播電視出版社 1991 年 2 月版。

[34] 臧克家：〈我的先生聞一多〉，《大師的足跡》第 168 頁，中國海洋大學出版社 2004 年 10 月版。

我為您：

　　驅逐那威脅您的魔影。

憑藉

「你憑著什麼來和我相愛？」

假使一旦你這樣提出質問來，

我將答得很從容——我是不慌張的，

「憑著妒忌，至大無倫的妒忌！」

真的，你喝茶時，我會仇視那杯子，

每次你說那片雲彩多美，每次，

你不知道我的心便在那裡惡罵：

「怎麼？難道我還不如它？」[35]

〈憑藉〉手稿上，作者署名是沙蕾，和〈奇蹟〉一樣，梁實秋說他同樣是在一陣情感激動下寫出來的，聞一多本想給《詩刊》發表，但梁實秋告訴他，筆跡是瞞不了人的，他就不再堅持發表，手稿留在了梁實秋處。

我曾經翻閱過《聞一多全集》中的美術卷，發現聞一多刻過一枚閒章「雪泥鴻爪」，「人生到處知何似，應似飛鴻踏雪泥。泥上偶然留指爪，鴻飛那複計東西。」聞一多治印出現在昆明時期，他為了養家糊口不得不掛牌治印，所以留下了很多人名印，閒章不多。我在想，當他哪天有了閒情刻下這枚閒章時，他的意識裡是不是想起了美國，想起了清華，想起了青島？是否也想到了方令孺？

大約差不多這個時候，方令孺再次作詩，謂〈靈奇〉。〈靈奇〉一詩還是對聞一多態度的回應，更像是對〈奇蹟〉一詩的回應。

---

[35] 陳子善：〈聞一多集外情詩〉，《邊緣識小》第 67 頁、61 頁，上海書店出版社 2009 年 1 月版。

靈奇

有一晚我乘著微茫的星光，
我一個人走上了慣熟的山道，
泉水依然細細的在石上交抱，
白露沾透了我的草履輕裳。

一炷磷火照亮縱橫的榛棘，
一雙朱冠的小蟒同前宛引領，
導我攀登一千層皚白的石磴，
為要尋找那鐫著碑文的石壁。

你，鐫在石上的字忽地化成
伶俐的白鴿，輕輕飛落又騰上——
小小的翅膀上繫著我的希望，
信心的堅實和生命的永恆。

可是這靈奇的跡，靈奇的光，
在我的驚喜中我正想抱緊你，
我摸索到這黑夜，這黑夜的靜，
神怪的寒風冷透我的胸膛。[36]

那條走慣了的青島山的小道，此刻泉水汨汨地流，那星光下的夜晚，濃重的露水沾濕了作者的衣裳，很可能作者在夜中已逗留多時。這想像中的小蟒，讀來不免讓人聯想到伊甸園的那條蛇，慾望的化身。路是艱辛的（榛棘），也是曲折的（宛），「那鐫著碑文的石壁」是不是

---

[36] 方令孺：〈靈奇〉，《方令孺散文選集》第 130 頁，上海文藝出版社 1982 年 8 月版。

代表了豐富的蘊含知識的他，白鴿帶著希望，近了近了，這靈奇的跡，這靈奇的光，我想接受（抱緊你），可是在這夜的黑、夜的靜中，終於「寒風冷透我的胸膛」。好像總有一種傷感的基調存在，方令孺的詩意復地又回到她原有的基調中。夜色安寧中，心情的冷靜重新回歸於她的內心。

　　這首詩後來發表於 1931 年 10 月出版的《詩刊》第三期上。

　　在聞一多和方令孺來回寫詩的時候，另一個人也為方令孺留下了一卷詩，那是陳夢家。短短半年，《夢家詩集》就要再版了，除了原有的四卷之外，他把 1930 年春至夏所寫的十二首詩，以「留給文黛」為名作為第五卷，增補進詩集中，1931 年 6 月，大學快要畢業的陳夢家在他的宿舍小營樓上，寫下《夢家詩集》再版序言。對這卷詩，他並沒有多提什麼，但是「留給文黛」這個名字是明顯有用意的，前面說過，文黛特指方令孺，那麼，能夠為某個人寫詩贈詩，不是很特別嗎？

　　這卷詩中，有一首名為〈潘彼得的夢〉，詩中說潘彼得夢見文黛，潘彼得是陳夢家自比。另一首詩名〈告訴文黛〉，是這麼寫的：

> 告訴文黛，飛，只管飛！
> 可總不許提到「明天」
> 潘彼得從來不知道
> 有一個「明天」在面前。
>
> 也不許說：彼得，我愛你！
> 彼得的心只是一張
> 補不好的破網，沒有話
> 能夠沾上他的翅膀。
>
> 飛，只管飛罷，好文黛！
> 你還是年青的孩子；

等到別的時候你再

想起，彼得已經忘記。

六月十九日雨夜，小營[37]

說不清是一種怎樣的感情。但是，陳夢家在詩中對方令孺的鼓勵是明顯的，他希望方令孺朝著自己的目標向前，飛翔不止。

1931 年 7 月，陳夢家中央大學畢業，他回到上海天通庵的家裡，給小說《不開花的春天》寫下自序。《不開花的春天》完成於 1930 年 12 月，這時就要由良友圖書印刷公司出版了。這部小說出版之後，反響極大，僅一年的時間就出版五版。

接著，陳夢家應老師徐志摩之約，7-8 月間完成《新月詩選》的編選，此書 9 月由新月書店在上海出版，是新月派的重要作品集。《新月詩選》選取了徐志摩、聞一多、邵洵美、卞之琳、陳夢家、孫大雨、方令孺、朱湘、林徽因等十八人的詩作八十首，其中方令孺詩兩首，分別為〈詩一首〉和〈靈奇〉。〈靈奇〉一詩當時還未曾在《詩刊》發表，陳夢家一定在畢業之初碰到了回到南京的方令孺，看到方令孺詩作的手稿，這才收入《新月詩選》。當是時，方令孺的新詩創作僅此兩首而已。從這件事上，可以看出方令孺和陳夢家的關係依然非常密切。

談到方令孺的詩，陳夢家給予極高的評價：「令孺的〈詩一首〉是一道清幽的生命的河的流響，她是有著如此樣嚴肅的神彩，這單純印象的素描，是一首不經見的佳作。」[38]他還說，「我們寫詩，只寫我們喜愛寫。比是一隻雁子在黑夜的天空裡飛，她飛，低低的唱，曾不記得白雲上留下什麼記號？只是那些歌，是她自己喜愛的！她的生命，她的歡喜！」[39]我真覺得，這樣的話也是借這個序言對方令孺說的。

---

[37] 陳夢家：〈告訴文黛〉，《陳夢家詩全編》第 80 頁，浙江文藝出版社 1995 年 12 月版。

[38] 陳夢家：〈《新月詩選》序言〉，《陳夢家詩全編》第 228-229 頁，浙江文藝出版社 1995 年 12 月版。

[39] 陳夢家：〈《新月詩選》序言〉，《陳夢家詩全編》第 225-226 頁，浙江文藝出版社 1995 年 12 月版。

　　暑假結束之前，1931 年 8 月 29 日，方令孺和陳夢家還同遊鎮江一起登上焦山枕江閣，看長江晚景，並且各自寫了詩，方令孺創作的是〈枕江閣〉，載 1932 年 7 月《詩刊》季刊第四期，陳夢家寫的是〈焦山晚眺〉，載《新月》第三卷第十二期，後改名〈焦山〉收入《鐵馬集》。

七

　　1931 年暑假，聞一多妻子高孝貞即將分娩，聞一多送家眷回湖北。回來之後，聞一多住在學校第八校舍，即現在的一多樓。

　　一多樓是孤零零的一座樓，在學校的東北方，今天的紅島路邊上。當時對面是一座小小的墳山，夏夜草長，常有鬼火出沒。聞一多住樓上一個套房，樓下的套房，起初由理學院院長黃際遇住，後來《楚辭》專家遊國恩住在那裡，聞一多和遊國恩得以早晚談論《楚辭》、《詩經》。

　　由於沒有了家累，聞一多得以全副精力地致力於中國文學研究。這時候一多樓聞一多的書房內，常有方令孺的身影。

　　聞一多的書房是非常特別的，梁實秋回憶說：

聞一多的書房，和「聞一多先生的書桌」一樣，充實、有趣而亂。他的書全是中文書，而且幾乎全是線裝書。在青島的時候，他仿效青島大學圖書館庋藏中文圖書的辦法，給成套的中文書裝制藍布面，用白粉寫上宋體字的書名，直立在書架上。這樣的裝備應該是很整齊可觀，但是主人要作考證，東一部西一部的圖書便要從書架上取下來參加獺祭的行列了，其結果是短塌上、地板上，唯一的一把木根

《新月詩選》

雕製的太師椅上，全都是書。那把太師椅玲瓏幫硬，可以入畫，不宜坐人，其實亦不宜於堆書，卻是他書齋中最惹眼的一個點綴。[40]

中國海洋大學，一多樓

其時，聞一多的《詩經》研究也進行得火熱。愛喝酒沉浸在舊詩中的聞一多，常對人吟歎：「名士不必須奇才，但使常得無事，痛飲酒，熟讀離騷，便可稱名士。」[41]

在聞一多書房的方令孺一定是聽熟了這樣的語氣。

從今天的一多樓往南走幾百步，過一條馬路，便是原來的俾斯麥兵營，這是國立青島大學的校舍。如果不過馬路，直接從馬路向右轉，走過一段路，來到一幢小樓前，這裡就是青島大學的女生和女教員宿舍。

從方令孺的宿舍到聞一多的宿舍，路很近，他倆的心也很近，但也很遠，隔著一道不可逾越的鴻溝。

1931 年 8 月經徐志摩推薦，沈從文到國立青島大學任教，九妹岳萌隨

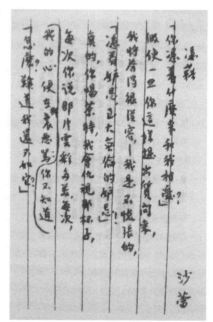

聞一多詩《憑藉》手跡

---

[40] 梁實秋：〈書房〉，《梁實秋散文》第三集第 5 頁，中國廣播電視出版社 1989 年 12 月版。

[41] 梁實秋：〈酒中八仙——記青島舊遊〉，《雅舍憶舊》第 86 頁，天津教育出版社 2006 年 6 月版。

當年的國立青島大學校門

在青島的沈從文收穫了張兆和的愛情

他到青島讀書。沈從文的寫作與水有著密切的關聯，他這樣記錄青島對他的影響：「再過五年後，我的住處已由乾燥的北京移到一個明朗華麗的海邊。海既那麼寬泛無涯無際，我對人生遠景凝眸的機會便較多了些。海邊既那麼寂寞，它培養了我的孤獨心情。海放大了我的感情與希望，且放大了我的人格。」[42]在青島的沈從文更是幸福的，他收穫了張兆和的愛情。

在青島的方令孺也與沈從文結下很深的友誼，儘管他們相識的時間還不長。

但此時，國立青島大學整個空氣對方令孺很不利。即將分娩的高孝貞可能聽到什麼風聲，她在 9 月份回到青島，但不久又南回，10 月於武昌產下四子聞立鵬。

方令孺後來發表在《詩刊》第四期上的四首詩，除了〈枕江閣〉寫於暑假中的南京之外，其他三首很可能完成於這個時期，三首詩是：〈幻想〉、〈任你〉、〈她像〉。正是青島的一年多時間，奠定了方令孺在詩壇的地位。

---

[42] 沈從文：〈我的寫作與水的關係〉，《沈從文全集》第十七卷第 209-210 頁，北嶽文藝出版社 2002 年 12 月版。

1932 年，來青島的葉公超
為沈從文拍攝了這幅照片

聞一多刻「雪泥鴻爪」印

〈她像〉這樣寫：

她像是夏夜的流螢，
光明隨著季候消盡。

是海上的漁火，
在波濤裡閃爍。

她像一縷輕雲，
隨著秋風浮沈。

更像深林裡的梟鳥，
只愛對著幽暗默禱。
我從哀夢裡醒來，
我哭風吹動長槐。[43]

43　方令孺：〈她像〉，《詩刊》1932 年 7 月第 4 期。

「我從哀夢裡醒來，我哭風吹動長槐。」一簾哀夢一聲哭，真讓人感喟不已。另一首〈任你〉，詩也不長，請靜下心讀一讀：

> 任你是：天神一樣尊嚴，
> 或是冰崖一樣凜冽；
> 千年一現的慧星
> 能把你毀滅。
>
> 任你說：心像月一樣皎潔
> 或是海水一樣平靜；
> 可惜這陰雲的天
> 誰信有星辰？[44]

對方令孺來說，她的天空始終是這陰雲的天，縱然她用詩來表露心跡，但人們不因這些詩而改變他們已有的猜測。方令孺只有一個辦法，她得離開國立青島大學。她心裡一定有太多的惋惜，好不容易得來的寶貴的自由啊，難道就這樣輕易地放棄了嗎？但是留下來也難，流言壓迫她，令她無處容身。

方令孺離開青島的時間我們可以從沈從文的信中得到答案：

> 方令孺星期二離開此地，這時或已見及你。她這次恐怕不好意思再回青島來，因為其中也有些女人照例的悲處，她無從同你細談及，但我知道那前前後後，故很覺得她可憐，她應當在北京找點事作，能夠為她援一隻手的只有你，你若有那種方便，為她介紹到一個什麼大學去作女生指導員，比教書相宜。她人是很好的，很瀟脫率直的，也有點女人通同不可免的毛病，就是生活沒有什麼定見。還有使她吃虧處，就是有些只合青年妙齡女人所許可的幻想，她還不放

44　方令孺：〈任你〉，《詩刊》1932 年 7 月第 4 期。

下這個她不大相宜的一份。在此有些痛苦，就全是那麼生活不合體裁得來的。為了使她心情同年齡相稱，她倒是真需要「教婆」教訓一頓的人。[45]

信寫於 1931 年 11 月 15 日，那天是星期日，那麼方令孺離開的星期二是 11 月 10 日。從信中可以知道，處於弱勢群體的方令孺，其在青島的經歷是值得同情的，不過，她內心還存有一點對愛情的幻想（儘管表現在詩中基本是明朗的），沈從文覺得，這是不應該有的，所以，他希望「教婆」來教訓她一下。有人認為，沈從文信中的「教婆」是冰心[46]。

沈從文更也不會料到，他託徐志摩幫方令孺的忙，可四天之後，徐志摩就喪生雲海再也回不來了，失去徐志摩的新月派受到了重創！而到了北平的方令孺，又會何去何從呢？

1931 年秋天，九一八事變爆發。平津學生南下請願，各地響應，青島大學學生也罷課，學生強佔火車開往南京，局勢非常混亂。聞一多站在學校的立場，覺得學生應以學業為重，決議開除肇事首要分子，遂遭到學生圍攻。這是國立青島大學建校後爆發的第二次學潮，第一次在 1930 年開學初，學校開除用假文憑報考的學生而引發學潮。1932 年 6 月，青島大學學生為反對學分淘汰制，第三次罷課。其時，陳夢家也來青島大學當聞一多的助教，於是，學生給了聞一多、梁實秋等人「新月派包辦青大」的罪名。更有甚者，他們打出了不可思議的批判標語是「驅逐不學無術的聞一多」，又有一天，黑板上畫著一隻兔子一隻烏龜，旁邊寫著「聞一多與梁實秋」。遭到這樣的打擊，聞一多和陳夢家在 1932 年夏黯然離開青島。

不久，楊振聲也辭職離任。學校改名國立山東大學，校長由趙太侔繼任，增聘老舍、洪深、童第周等一批知名專家任教。抗戰爆發，遷往安徽

---

[45] 沈從文 1931 年 11 月 15 日致徐志文摩信，《志摩的信》第 199 頁，學林出版社 2004 年 7 月版。

[46] 黃艷芬：〈「教婆」應為冰心——對一封書信的一點考證〉，《新文學史料》2010 年第 2 期。

安慶，次年停辦。1946 年 10 月 25 日國立山東大學在青島複校。1951 年，在濟南的華東大學遷至青島，與國立山東大學合併，定名為山東大學。1958年，山東大學主體遷往濟南，以後留在青島的海洋系、水產系、地質系和生物系的海洋生物專業和物理系、化學系部分為基礎，於 1959 年成立山東海洋學院，2002 年更名中國海洋大學。

<h1 style="text-align:center">八</h1>

　　我是為了方令孺到青島的。那是 2009 年 5 月，花兒開遍了青島大地。置身於紅房子綠樹之間，我被這個美麗的城市感染著，我好想留下來，待上一年半載，好好享受青島的美。那幾天，我的足跡幾乎踏遍青島的名人故居，我一處處地尋訪，一處處地扣問，我覺得，時光已經倒回，我在用心和他們對話，我能夠聽到他們的私語，能夠感受到他們的氣息，那樣生動而逼真。當我的身體回來的時候，我把心留下，整整一年了，我至今走不出青島。

第六章　京派作家（北平）

一

不是說方令孺到了北平，一轉眼就成了京派作家，她京派作家的身份在青島時已然定下──新月派詩人成就了她京派作家的身份，這時期包括她後來回到南京，直到抗戰爆發。本章，我們粗略地瞭解一下方令孺在北平的生活經歷。因為史料的限制，北平時期方令孺的面目並不太清晰。

說到京派作家群，許道明教授曾有一番論述：

> 京派作家群的出現，說來也奇怪，正值國都由北南遷，北京已易名「北平」。這批作家不因失「京」而南移，相反安於北方，寫他們的夢幻，發他們的議論。他們雖大都有過身居京都的經驗，有趣的倒是他們在失卻京都的倚侍之後才成為京派文人的；而當北平回到人民手中，又為京都，北平重又易名為北京，時代蒼茫，已使他們做不成京派作家了。[1]

說到新月派，他又寫道：

> 「新月」同人 1931 年 1 月在上海創辦的《詩刊》季刊，僅有四期，但它的主張以及所發表的文字，已與京派連成一氣。徐志摩大去後，它仍舊支撐著，它以其詩，而《駱駝草》以其散文，一北一南，遙相呼應。[2]

許道明認為，京派也不是一個地理概念，凌叔華 1930 年代隨丈夫陳源到武漢，但她還是京派作家；張恨水寫了很多京味十足的小說，人

---

[1] 許道明：《京派文學的世界》第 2 頁，復旦大學出版社 1994 年 12 月版。
[2] 許道明：《京派文學的世界》第 6 頁。

陳源、凌叔華夫婦　　　　　　　《文學雜誌》書影

們不認同他是京派作家。這種文學的尺度雖無卻有地存在著,很讓人玩味。

　　與京派作家相關的一系列報刊,相繼出現的主要還有《京報》、天津《大公報·文藝》、南京《文藝月刊》、《學文》、《文學雜誌》等。方令孺創作不多,但她的創作與這些報刊或多或少地有過聯繫。

　　京派是一個很寬泛的概念,沒有一個具體的標準,方令孺恐怕不會說她自己是京派作家的,連同當年的京派中堅沈從文也否認過自己是京派人物,然而,正是因為有了沈從文向海派的「討伐」,才有了「京派」、「海派」的大行其道。

二

　　方令孺從青島來到北平才幾天,可以說還沒定下心來,一件意外的事發生了:1931 年 11 月 19 日,徐志摩因飛機失事而意外身亡。徐志摩自

1931 年 2 月應胡適之邀前往北大任教之後，家還留在上海，所以經常來往於北平、上海及南京等地。然而，空難發生了。

在南京的陳夢家第一時間給方令孺寫了信，感歎人生無常。雖說認識才一年多，但這個消息對方令孺來說，同樣是非常意外又很難接受的，所以，她在〈志摩是人人的朋友〉悼文中，用詞的色彩非常強烈，「再有什麼比這個消息更慘烈？」「唉，他帶著人類所有的傷痛去了！」

志摩這一場意外，似乎整個北平黯淡了。11 月 21 日下午，幾個女人聚集在凌叔華家裡哀悼志摩，有方令孺，有張奚若夫人楊景任，還有身體一直不是很好的沈性仁等。凌叔華說起一件事，幾年前他們一些朋友在雪天遊西山，稱為快雪會，後來志摩寫了遊記，凌叔華把遊記抄到一個本子上，頭一頁上寫一副對聯，上面戲題志摩先生千古。這次志摩離開北平時，凌叔華無意中把本子給徐志摩看了，他並不覺得什麼，卻說：那就千古了呢。誰知一言成讖。

豈是這一件事。韓湘眉在〈志摩最後的一夜〉、鄭振鐸在〈悼志摩〉文都記載了徐志摩行前一些不吉利的話：如果他死了，小曼做風流寡婦；也許永不再回來了。都好像是一些不祥的前兆。命到了逃不過的劫難之時了。

方令孺又回想起一年前初識徐志摩時的情景，當徐志摩、方瑋德、陳夢家等人離開方令孺家，看到門外的一架藤蘿時，徐志摩那句話似乎又在耳旁響起：「在冬天的夜裡，你靜靜地聽這藤蘿花子爆裂的聲音，會感到一種生命的力。」

認識陳夢家、徐志摩、聞一多等人以來，那種生命的力一直在鼓勵著方令孺向前行，但此時，天空突然一聲轟炸，一個真真實實的人一下子就沒了，生命始終是充滿感傷的！朋友們在絮絮地訴說著徐志摩的各種好處，當某一刻安靜下來時，迎來了方令孺心底的思潮湧動，她動情地寫著：

志摩去了，第一的打擊，是此刻新詩的前進！鳥瞰中國詩歌的變遷大勢，新詩運動是現今頗重要的時期，志摩是這時期最起勁，而且號召有力的人，這就是因為他肯吹喇叭，加以他自己的笙簫又吹得異常嘹亮，我常想，像他那樣有無限無邊的寫作力，是因為他有一個不衰老的心，輕和的性格，同火熱的情感。從自己心裡燒出的生命，來照耀到別人的生命，在這種情態下吐出來的詩歌，才能感到靈活的真誠。讀志摩的詩，像對這壁爐裡的柴火，看它閃出矢矯上升的火焰，不象那些用電光照出的假火炭。讀他的文章，使人想到佛經上所載的迦陵頻伽共命之鳥，有彩色的羽毛，有和悅的聲音，聽的人沒有不被他感動。現在再聽不到他新穎的歌聲！可是，不消滅的是他的心。藏在文字裡，永遠傳給後人。[3]

很多人都有過對徐志摩為人的美評，這不是過譽，實在是徐志摩真實的風采，與徐志摩非常熟悉的梁實秋這樣寫道：

我數十年來奔走四方，遇見的人也不算少，但是還沒見到一個比徐志摩更討人歡喜的。討人歡喜不是一件容易的事，須要出之自然，不是勉強造作出來的。必本人本身充實，有豐富的情感，有活潑的頭腦，有敏銳的機智，有廣泛的興趣，有洋溢的生氣，然後才能容光煥發，腳步矯健，然後才能引起別人的一團高興。志摩在這一方面可以說是得天獨厚。[4]

所以梁實秋稱徐志摩有六朝人的瀟灑，而無其怪誕。方令孺稱頌徐志摩為人人的朋友，也一點不為過。

友情，始終是方令孺生命中最珍貴的精神支撐，她無法忘卻友情。

---

[3] 方令孺：〈志摩是人人的朋友〉，《方令孺散文選集》第 2-3 頁。

[4] 梁實秋：〈談徐志摩〉，《朋友心中的志摩》第 51 頁，春花文藝出版社 1992 年 7 月版。

三

　　方令孺在北平的時間，我們知道得並不具體，看上去似乎並不短，甚至 1932 年的大半時光尤其是上半年，幾乎是在北平度過的，這可以從一些事件中得到確認。

　　1932 年 1 月，陳夢家在編完老師徐志摩的遺著《雲遊》後，整理了自己 1931 年 7 月到 1932 年 1 月的詩稿，結集成《鐵馬集》。這時，「一・二八」淞滬戰爭爆發。年輕的詩人無法忘情於家國，於是陳夢家加入到抗戰的隊伍中，好友方瑋德一則身體有病，再則還在讀書，沒有和一起同行，但方瑋德譯了 Gibson 的詩〈他是走了〉相贈。

　　陳夢家和劉啟華、蔣方夜、盧壽相等幾位同學一起，懷著滿腔愛國熱情，從南京來到上海，走上前線，自此，他的詩風為之一變，真可謂氣象萬千。從軍前，陳夢家將剛剛結集的《鐵馬集》寄給了遠在北平的方令孺保存。比起後來在 1934 年由上海開明書店正式出版的《鐵馬集》，這個時候的《鐵馬集》只有一半的詩稿，但很明顯，其中《焦山》詩是因方令孺而寫的，是他倆同游焦山的紀念詩。

　　2 月下旬，陳夢家從前線返回上海，3 月，他應聞一多之邀到國立青島大學當助教，之後方令孺把《鐵馬集》寄還了陳夢家，她附上一信，是這樣短，今天的人們讀來又是這樣的動容：

鐵馬集

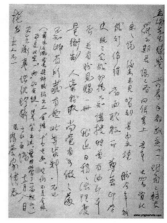

陳夢家手跡

夢家：

　　檢束你的詩稿寄還你，心上是別有感慨。想你從軍前檢理稿件寄我時，是心上發生光芒罷？現在上海近郊已為異邦人的馬蹄所踐，我傷心那幾萬生靈的消滅。

　　從前元微之病在佛寺的時候，囑人把他的詩稿寄給白〔二〕十二郎；這回你從軍去時把詩稿寄給我，夢家，我已領悟了往昔友朋的深誼，世界不能給我比這更多的了。

　　祝你在青島好！

　　　　　　　　　方令孺　二十一年二十二年十日北京[5]

　　這裡作為月份的時間印得有誤，當是 1932 年（二十一年）3 月到 7 月間，這是陳夢家在青島的時間。微之是元稹，白二十二郎是白居易。方令孺引用唐代兩位大詩人元稹和白居易之間的感人故事，來比照他們之間的友誼，那麼，他們之間的通信，也如「元白往還詩」了，這樣的故事讀來總會讓人感動。

　　1932 年在北平的方令孺主要與吳宓有了較多的交往，時間很可能就在上半年，詳情說不上，但吳宓給我們提供了線索，1938 年 3 月 8 日他的日記有這樣的話：「因念及 1932 年北平與方令孺、白富文周旋時矣！」[6]白富文是陝西人，當時還是清華大學外文系學生。吳宓與各類女人糾纏，估計時間一長，方令孺會知道一些，所以她和吳宓之間終究沒有結果。

四

　　1932 年夏，方瑋德中央大學畢業。其時，因國立青島大學爆發第三次學潮，陳夢家和聞一多先後離開青島大學抵達北平。

5　《鐵馬集・附錄》，開明書店 1934 年 1 月版。
6　《吳宓日記》第六冊第 310 頁，三聯書店 1998 年 3 月版。

　　秋天，方瑋德隨九姑方令孺一起到了北平，時間應該在九月底。火車在一個大清早過泰山，看見山頂全變成紫色，方瑋德寫下〈紫色的夢〉。接著車過濟南，他們打開窗戶，看看志摩遇難的開山。

　　這段時間，說不出方令孺的生活以何地為主，應該是來往於北平和南京之間，但她在北平的時間真的不少，此時，她最要好的朋友聞一多、陳夢家還有最喜歡的侄兒方瑋德都在北平了。

　　姑侄倆的這次北上行蹤，朱自清的日記也有若干記載，1932 年 10 月 1 日下午，他訪四人，其中一人名「九姑」，很可能就是方令孺，那時候方令孺「九姑」這個名字已經開始在外界流傳；10 月 7 日晚，他有一場演講，他這樣寫：「車中遇到方令孺女士，尚有姿態。下車後陳君來接，方女士亦偕往。講演畢略談即去。」[7] 看上去那個晚上方令孺是隨朱自清一起聽他演講去了。

　　幾天後，朱自清在某個早上訪方瑋德。應該是方瑋德在陳夢家那裡，所以在清華的朱自清與方瑋德見面才這麼方便，陳夢家那時在燕京大學攻讀古文字學，住在燕大宿舍。朱自清待人總是溫文爾雅，待自己的女兒也是，更不用別人了，所以這第一次印象，方瑋德對朱自清的感覺不錯。

　　又十天之後，陳夢家、方瑋德等人訪朱自清，朱自清在日記裡說「諸君」，不知這裡面是否有方令孺？朱自清主要記載他和陳夢家對新詩的討論。

　　方瑋德大學畢業後初到北平，他見到了久違的好友陳夢家。他倆在方瑋德的住處，瑋德取出在 1931 年冬天自己選定整理的詩卷，冬日圍著火爐夜談，有時取出來共讀。瑋德計劃要出版，還讓夢家寫了序言。後來陳夢家編《瑋德詩文集》，第一卷從 1929 年到 1931 年的詩就依據方瑋德自編的次序而定。[8]

　　瑋德初到北平，又認識了很多人，活動頻繁，也感受了北京的秋色，這從他寫給任常俠的信中可以看出來。方瑋德的信是這麼寫的：

---

[7]　《朱自清全集》第九卷第 165 頁，江蘇教育出版社 1998 年 3 月版。

[8]　見陳夢家：〈瑋德詩文集・跋〉，《夢甲室存文》第 155-156 頁，中華書局 2006 年 7 月版。

到此日惟賓朋歡逐，無暇作文，苦甚。北方天氣真好，作深藍色，有時如大海，為南方不易觀，天壇北海諸勝皆幸有此美妙之天色耳。故宮尚未去玩，俟將全宮遊過，當有報告奉上。擬明日作一文，題為〈北平的天〉，當寄上請在南方報紙為我發表。人物見面者如胡適之、吳宓、葉公超等，胡博士最可惡，那簡直是做官的人，不是學者。葉公超最好，俞平伯、朱自清也不錯。總之北平這地方還好對付，你明年如來，我當可作東道主矣。我在此謀事，胡適之勸我在文化基金作翻譯人員，但未發表耳。九姑已回南，她希望你常去看她，她在南寂寞死了。校中有何新聞，□□見過面否，我的獎金領過沒有？此地大學一齊領過了，希望你隨便寄三四十元給我，我窮死了。最好你常去看看九姑。[9]

　　這封信沒有注明時間，據整理者沈寧說依信封郵戳是 10 月 10 日發出，這是方瑋德畢業後第一次到北平，當為 1932 年 10 月。三天之後方瑋德又給常任俠一信，說到他和瞿冰森、卞之琳等夜遊北海的事，並且催問學校獎金的事。

　　方瑋德到北平，所見人物多為當時聞名的新詩人，有幾位甚至是新詩界的巨頭，不過吳宓是個例外。一方面是方令孺與吳宓的關係，另一方面，方瑋德與吳宓早有詩書往來，1932 年 1 月，北京大學楊丙辰作演講〈大詩人——天才——徐志摩——和他的朋友們〉，對徐志摩的為詩為人提出質疑，方瑋德以徐志摩的捍衛者首先奮起「討伐」，給吳宓寫來了信，便是〈再談徐志摩——並質吳宓先生〉一文。吳宓當時為清華教授，兼天津《大公報·文學副刊》編輯，他以中立者的編輯立場，發表了上述兩文。吳宓對徐志摩一向也是欣賞的，再加上方令孺的關係，因此他和方瑋德開始了真摯的交往。

9　方瑋德致常任俠書信，轉引自沈寧〈讀方瑋德致常任俠書箚〉，《新文學史料》
　　2007 年第 2 期。

　　方瑋德在北平是住在東四錢糧胡同北花園十號他的八姑方令英家，姑丈名孫伯醇。孫伯醇早年曾入日本東京大學學習，後進入中華民國外交部，在方瑋德到北平後不久，前往日本擔任大使館員。

　　方家在北平的親戚還有一些，其中包括家在西單辟才胡同的六姑方孝姞一家。六姑和八姑都是方令孺的親姐姐，所以方令孺在北平的姐姐家來去也是比較自由的。

五

　　這次，方令孺在北平呆了十多天就回南京了。方瑋德則留了下來，從他寫給常任俠「你明年如來，我當可作東道主矣。我在此謀事」來看，有長居的想法，似乎工作也有了著落。看來，吳宓和方令孺的「情」（可能只在吳宓看來）的交往結束了，他和方瑋德卻成了知友。徐志摩逝世周年祭，方瑋德寫〈志摩怎樣了〉，刊於 1932 年 11 月 14 日吳宓編輯的《大公報·文學副刊》上，幾天後，他又寫〈志摩周年祭〉文，交給瞿冰森主編的《北平晨報》學園副刊發表。

　　12 月，方瑋德在一次朋友家的茶會上認識了黎憲初。黎憲初是吳宓的學生，她的父親黎錦熙是語言學家、北京師範大學教授。年輕的詩人很快被愛神俘虜，他墜入了情網。

　　其實，黎憲初對方瑋德也是一見鍾情，只是當時他倆故作隨意，都把心思藏起來，誰也沒對誰挑明這層傾慕之情。在他倆第一次見面之後，當天晚上，方瑋德給九姑方令孺寫信報告這件事，急切地說：「九姑，糟了。我擔心我自己今天已愛上一個人。我怎麼辦？作一次軍師，告我應當怎麼辦吧。」[10]接著他又說這女子如何「天真浪漫」、「聰明」、「樸素」等等，想和她一起讀書，信末還說：九姑，我發愁！

---

[10]　方令孺：〈悼瑋德〉，《方令孺散文選集》第 68 頁，上海文藝出版社 1982 年 8 月版。

黎憲初也是同樣的心情：「我第一次見到你我就覺得你聰明，可愛，我本想就做起甜美的夢來，又仔細一起，覺得瑋德那天對於我是一點也不注意的，真的，我覺得是漠不關心的對於我，於是我掃興的將那還未作的夢收拾起來清醒了，我自己依然故我的度我悠閒的日子。」[11]

他們的第二次見面，是方瑋德專門約黎憲初出來的，方瑋德表現得非常熱情，黎憲初覺得夢又回來了，不過，她擔心他只是盡主人的責任，她想給他寫信，又不敢寫，擔心得不到回應，最後還是決定寫，但滿是違心的話，冒昧、對不住，不希望回信等等。信去後第二天，沒有回信，只得了方瑋德的詩，她覺得自己傻極了。不過三天后，方瑋德有信來，終於明白了心意。

可是，當另一次在清華同學會時，黎憲初期待著見到方瑋德，而方瑋德來得非常遲，還帶了一個人，這樣他倆又沉默了。黎憲初坐著獨自生氣，方瑋德見她那麼端莊沉默，也膽怯了。差不多這個時候，方瑋德寫下〈爬山虎〉這樣充滿憂傷的小詩。這首詩未收入《瑋德詩文集》，不妨錄於此，詩曰：

> 爬山虎爬滿了牆上
> 像憂愁爬在我的心裡
> 每到夜晚聽西風吹
> 我說：這好了明兒准看到
> 那滿牆上猩紅的形體。
>
> 西風夜夜巢的吹
> 地上鋪滿了爬山虎
> 我站在落葉裡遲疑：

---

[11] 黎憲初 1934 年元旦致方瑋德信，轉引自張以英、劉士元〈新月派後起之秀方瑋德傳略〉，《新文學史料》1991 年第 1 期。

> 他們飛到哪裡呢？為什麼
>
> 憂愁老爬在我的心裡。

一九三二秋深，來清華園[12]

　　他的心緒就如爬山虎一樣糾結纏綿，這實在是極形象的比擬。

　　不過，方瑋德還寫了他自己非常珍愛的〈丁香花的歌〉，當然是為他心上的安琪兒寫的。當方瑋德亡故後，黎憲初整理自己給方瑋德的信，用丁香第一信、丁香第二信這樣的順序，那麼「丁香」就是她的自謂了。方瑋德〈丁香花的歌〉一詩裡的故事有些曲折，兩情相悅的人發生過故事，又產生了誤會，詩人夜夜跑上姑娘家附近的山崗，只是守望。這首詩與另一首〈告訴 Dimitri〉一起，合訂成一冊，僅五頁，題名《丁香花的歌》，1932 年 11 月在北平自費印刷 200 冊。這是方瑋德生前唯一的詩冊。

　　這時節，時局又起了變化，1933 年 1 月 3 日，榆關（山海關舊稱）失守。山河家園又一次慘遭蹂躪，陳夢家義憤填膺，決心自行出榆關到前線保家衛國。1 月 13 日，方瑋德、瞿冰森等朋友在北平東城燈市口燕京校友會召開歡送會。次日凌晨，陳夢家離北平經古北口奔赴塞外。

　　榆關失守，北平處在危急狀態，人心惶惶，為避兵亂，黎憲初倉惶奔回故鄉湖南去了，方瑋德也因為他和中央大學的校事（應該是獎金的事），隨八姑南下，他和黎憲初才只有七八次不盡興的見面，這時便硬生生地分開了。以後他又到廈門大學執教，兩地通信，且遭受誤會，他和黎憲初的愛情充滿了波折。

　　因為事局的突變，改變了方瑋德的人生軌跡，原本他是會留在北平的，原本他和黎憲初的愛情可能不用這麼波折，而留在北平的他可能不會病得這麼重，可能不會被誤症，可能不會喪命，但人處在環境中，尤其是時局那麼混亂，渺小的個人無法與大局抗衡——命運安排他只能走這一條路而不是別的路。年輕的詩人終究沒有逃過這致命的一劫，這是後話。

---

[12]　方瑋德：〈爬山虎〉，《清華週刊》1932 年第 4 期。

第七章　高牆大院的家（南京）

一

　　大約從 1932 年的下半年起，方令孺的生活又以南京為主了。

　　這時期的方令孺，比較孤單，好朋友一個個離她遠遠的，相對來說，除了宗白華之外，她和常任俠的交往比較多。

　　方令孺和常任俠也是幾年前就認識了。常任俠 1928 年作為特別生進入中央大學，在校選修了宗白華講授歌德和斯龐葛爾，安徽同鄉的關係更容易拉近他們的距離吧，他通過宗白華結識了方瑋德、方令孺，還有陳夢家等，後來還由方瑋德介紹認識了方令孺的妹妹、十姑方令完，並結下深深的友情。所以 1932 年秋，方瑋德初到北平在寫給常任俠的信上，要求他常多去看看九姑方令孺，因為在南京的她太寂寞了。

　　方令孺是太寂寞了。有一首詩，差不多作於那個時期，名〈全是風的錯〉。從全詩的基調來看，雖然歎息，雖然無奈，也還不至於太沉重：

> 既是從深林裡來，
> 就該回到深林裡去；
> 偶然有一片落葉，
> 碰響了你的襟裾，
> 那全是風的錯，
> 朋友，你莫驚懼！
>
> 朋友，你莫驚懼，
> 那全是風的錯——
> 吹來一片苦雨，

　　你把起吧，當紅酒來嚐！
　　雖說你自己認錯了，
　　這路上原也是太黝暗。

　　這路上原也是太黝暗，
　　誰辨得清前面的山和樹？
　　只在這迷濛的霧裡，
　　沉浮著你的一雙眼珠；
　　（你是尋覓呢，還是等呢？）
　　流石從你腳下滑去。

　　這回風和雨可都停了，
　　青曦同黃月在追逐，
　　林鳥也趕走了晨星；
　　沿著這石子路走去吧，
　　拾起你殘敗的生命，
　　前面就是你的故居！

　　這首詩後來發表在 1933 年 4 月《文藝月刊》第三卷第十期上。

　　《文藝月刊》於 1930 年 8 月創刊於南京，主要負責人王平陵是陳夢家、方瑋德的同學，所以陳、方等發表在《文藝月刊》上的創作和譯作比較多，方令孺創作和譯作不多，但那段時期發表的刊物，也以《文藝月刊》為主，方令孺譯史蒂文生作品〈詩人魏龍的投宿〉發表於 1933 年 7 月《文藝月刊》第四卷第一號，以後還有作品發表。

　　但方令孺和王平陵之間顯然是有距離的。雖然同為年輕人，王平陵不同於陳夢家、方瑋德和常任俠等人的單純，在政治上，《文藝月刊》是受國民黨領導的，好在表現在刊物裡，以不談或少談政治、執著於藝術的形式出現，所以刊物在當時吸引了一大批不同傾向的作者和讀者。

　　這時期的南京，方令孺的朋友很有限，知心的朋友更是少之又少。當她茫然四顧的時候，心中會不會總是歎息？

二

　　1933 年春，方瑋德隨八姑返回南京後，應該是閒居了一陣，而他對黎憲初的思念都付之於筆端，這些信，方瑋德曾給宗白華看過一些，宗白華稱之為真正的文學作品。

　　方瑋德在南京文德里的住處在前面曾經提到過，這時候，「就在他的寫字桌上，還有一件最珍貴的紀念，傾全生命所愛護所尊敬的聖跡，是黎小姐給他的美麗年青的近影。」[1]

　　因為閒居，人們經常看到方令孺和侄兒方瑋德走在一起，「在瑋德最有趣味的事情，就是散步，他往往伴著他的姑母在晴美的天氣，拜訪首都近郊的勝跡，看賞許多怡神的景物；如殘落午後的朝霧，碧靜的天宇，高舉的晚星，傾聽那貼近古寺中所發出的神聖的聲音；像這樣一位慈愛的姑母對於他在修養上的幫助，在現代年青的作家中是不多見的。」[2]

　　在方令孺的很多侄兒中，她對方瑋德的感情最深，所以他倆常常相伴相隨。1933 年 7 月，姑侄倆一起到上海。這時在清華大學的吳宓南遊來到滬上，盛成熱情地邀請大家一起到兆豐公園。盛成在法國留學期間，以自傳體小說《我的母親》震動法國文壇，這部著作先後被翻譯成十多種文字在世界各國發行。這時候的他，也該是一呼百應的，何況吳宓與方令孺、方瑋德關係又不一般。

　　1933 年夏，吳宓為了自己的婚姻大事，幾次南遊。在上海，有他眷戀多年的毛彥文，在杭州，有他心儀的盧葆華。恰巧，他一度苦戀的方令孺也到了上海，並且一起漫步於公園，此情此景，讓吳宓依稀夢回。他寫下〈西江月〉一首：

---

[1]　王平陵：〈過文德里故居〉，1935 年《文藝月刊》第七卷第六期。
[2]　王平陵：〈過文德里故居〉。

天上疏星淡月，人間鬢影衣香。

公園十里樹青蒼，粒粒紅鐙掩漾。

各有情懷鬱結，原知身世淒涼。

隨緣莫負好韶光，野鶴閒雲曠爽。[3]

詩的題注上其中有這樣的字：「七月十五夜，上海兆豐公園遊步即事。盛成君邀往。同游者，方令孺女士方瑋德君曾覺之君。」曾覺之法國歸來後執教於中央大學。

也許是這次在上海意外地見到方令孺，又因為 8 月在杭州向盧葆華求婚遭婉拒，這些事情引發了吳宓的很多感懷，1933 年 8 月 21 日，吳宓寫了很長的日記剖析他對幾個女人的感情：

車中重讀華函，覺此函乃誠意之拒絕：惟以事理情勢推之，苟宓誠心繼續熱烈追華，終可得華。昔之對彥對孺等，惟不執。華事又與彥、孺情形類似（1）先受另一男子之欺，故對宓懷疑，而宓求愛之動機不蒙採納。（2）需要宓長期追求，以為試驗，以資證明；而宓情勢所迫，不容緩待。（3）不願以宓為正面之愛人，而要宓為旁觀之良友。後果，宓於愛果不能得嚐，而徒增加勞力與資本之消費。（4）宓婚事將成，而碰石引針，橫風斷纜，遂又新舊兩空，難行難止，使宓虛懸徘徊，增加痛苦。若我奮力前求，則急遽難成；若收心割愛，則牽纏未斷。欲助甲而甲不受助，願不負乙而又必負之，欲使自己不吃虧而必吃虧，欲為我身謀福利而無福利。嗚呼，此誠理想家行事之必然結果，浪漫派求愛之天與懲罰，而亦吾愚妄之性行之一定軌轍也。……念此極為煩悶痛苦，原欲致華一函，而止。[4]

3　吳宓：〈西江月〉，《吳宓詩集》第 268 頁，商務印書館 2004 年 11 月版。
4　吳宓：《吳宓日記》第五冊第 444-445 頁，三聯書店 1998 年 3 月版。

從吳宓的這段日記裡可知，他對華（盧葆華）、彥（毛彥文）、孺（方令孺）三人都是動過婚姻的想法的，而三人的情形又有很多共同點，關鍵在於，吳宓用過心思的女人太多，早年他和陳心一結婚的時候，心裡還牽掛著毛彥文；當他在北平戀著方令孺的同時，也與白富文周旋；這時期南遊，他心裡總想從毛彥文和盧葆華中得一人而歸。至於其他形形色色的女子，更是不一而足，心裡裝著太多的女子，結果哪個都沒得到。這對於吳宓，是不是太過悲劇了。

大約這個時候，有一天，在宗白華的陪同下，中央大學教授徐仲年來訪方令孺。那天方瑋德來給他們開門，徐仲年和方瑋德也算是師生，他們一邊客套著，一邊穿過花園來到花廳。十多年後徐仲年動情地寫道：

> 她首次給我以很深的印象，這個印象至今未褪色。什麼印象呢？一種不食人間煙火的飄逸之感。我馬上直覺地想：塵世有這樣的一個人，把穢濁之氣沖淡不少，固然是塵世之大幸；然而，她，詩人自己，從天上樂園（如果這個樂園存在的話），被充軍到塵世來，是幸福麼？那時我並不深知她的身世，當然不知道她幸福與否。[5]

還有一件事於方令孺也是愉快的。儲安平 1928 年考入上海光華大學政治系[6]，畢業後赴英留學，1933 年 7 月來到南京，編輯《中央日報》副刊《中央公園》。還在 1931 年，儲安平編輯過一個夭折的刊物，當時方瑋德寄詩給儲安平，並被儲安平編進了這個後來沒有出版的刊物中。現在，儲安平到了南京，朋友重聚，此時方瑋德的詩文陸續發表在《中央公園》上。方令孺與儲安平也就熟悉了起來的。

---

[5]　徐仲年：《旋磨蟻》第 387 頁，正中書局 1948 年版。
[6]　儲安平光華大學政治系畢業，見陳子善：〈「新月派」的後起之秀〉，《追尋儲安平》第 19 頁，廣州出版社 1998 年 8 月版。

三

　　方令孺得甲狀腺亢進動手術的確切時間無從知道，但從時間上推測，大約在 1933 年下半年。因為從 1933 年下半年起，到 1934 年 6 月這個時間段，找不到方令孺的活動蹤跡。

　　至於鄧明以的《方令孺傳略》這樣寫：「一九三二年，『九‧一八』事件發生的第二年，青島大學愛國學生懷著滿腔熱情紛紛起來抗議日寇的侵略暴行，國內政局日益動盪不安。方令孺同許多富有民族正義感和愛國心的知識分子一樣，為之憂愁、憤激，加上為生計而進行的奔波，不久竟積鬱成疾，患上了甲狀腺亢進疾病。由於病勢十分兇猛，她只得離開青島，在北京姐姐家中暫住一陣之後，再折回南京陳家，在婆婆的照料下才治癒了這場重病。」[7]

　　因病離開青島，估計這個說法來源於方令孺自己。鄧明以是方令孺在復旦的學生，方令孺在和自己的學生說到青島大學往事時，不大好說到情感問題，於是找了個托詞。詳情已經不得而知了，按情理推測當如此。

　　據裘樟松先生給筆者的信上說，方令孺甲狀腺手術是到日本做的，不知是否確實。其時，方令孺的姐姐方令英一家在日本。

　　病勢確實很重，當 1936 年 4 月遊琅玡山回來提到這場病時，方令孺自己也說：「自從兩年前大病了一場以後，興致就此倒下來，像病馬一般，一蹶不振了。」[8]估計從生病到痊癒，至少有半年之久。

　　不幸的還有方瑋德。他自 1933 年 8 月 25 日[9]乘船前往廈門大學執教之後，由於不適應那裡濕熱的氣候環境，到了寒假便病倒，他住進鼓浪嶼的日本醫院，因治療不當，患上膀胱結核病。他給常任俠的另一封信推測

[7]　鄧明以：〈方令孺傳略〉，《新文學史料》1988 年第 1 期。

[8]　方令孺：〈琅玡山遊記〉，《方令孺散文選集》第 29 頁，上海文藝出版社 1982 年 8 月版。

[9]　方瑋德往廈門的時間見張慧：〈方瑋德和他的新月朋友〉，《點滴》2009 年第 3 期。

寫於 1933 年冬至 1934 年春之間：「我來廈門，一切照常，只多病，身體壞完了，壞得連自己都不相信再能回到南京看任俠，多慘！任俠有什麼理由不原諒一個多病的朋友？好任俠，別生我氣，瑋德也是憂鬱的。」信中還提到新辦了一個刊物，這就是方瑋德和謝冰瑩、謝文炳、郭莽西、遊介眉等人創辦於 1933 年冬的《燈塔》，可惜僅出兩期。

四

　　方令孺病後復出，她的名字再次出現在文壇，是 1934 年 1 月陳夢家出版的詩集《鐵馬集》中，不過，《鐵馬集》收入的是方令孺給陳夢家的一封舊信。方令孺的真正復出，要算創刊不久的《學文》上。

　　1934 年 5 月，在北平的聞一多、葉公超、林徽因等人創辦了《學文》月刊。《學文》是一個與京派文學關係頗深的刊物，有著高雅的藝術取向，發表了一些當時有影響的作品，如陳夢家的長詩〈往日〉、林徽因的小說〈九十九度中〉、沈從文的散文〈湘行散記〉等，不過只出了四期，於同年 8 月終刊。

　　《學文》名義上的主編是葉公超，實際上是聞一多與葉公超一起，這從聞一多寫給饒孟侃的幾次信中可以看出：「刊物已改名《學文》（行有餘力則以學文，在態度上較謙虛）。本星期日我與公超聯名請客，許多瑣細的事，屆時可作最後的決定。大作兩詩實以〈懶〉為最好，好得厲害，公超、夢家均大為贊服，鄙見亦同。〈客人〉精彩似仍在前二句。」[10]「公超於春假中往上海，迄未歸來。《學文》畢竟付印了，原擬五月一日出版，現恐須稍遲數日。詩欄一部分寄上一閱，想你必等得發急了。本期我輩朋友中，唯你我兩人有稿。」[11]「子離：你太無自知之明了。前回對於〈懶〉，已經看走了眼色，這回又來誣枉〈和諧〉。〈客人〉改過後，也好多了。如果你能擔保三期准有稿來，這回定將兩首一併登出（還是登在開篇，請你

---

[10] 聞一多 1934 年 3 月 1 日致饒孟侃書信，《聞一多書信選集》第 241 頁，人民文學出版社 1986 年 10 月版。

[11] 聞一多 1934 年 4 月 24 日致饒孟侃書信，《聞一多書信選集》第 242 頁。

領袖群倫）」[12]幾次和饒孟侃通信，說的都是關於《學文》的稿件事宜，還有未曾引錄的部分，都是關於稿件的，談得非常細。

當時，陳夢家和趙蘿蕤已結為有情人，趙蘿蕤在〈懷念葉公超老師〉文中說，聞一多創辦《學文》。她是瞭解當時的實際的。

第三期之後，葉公超出國，聞一多更是擔當了主編的重任。

因為方令孺和聞一多的關係，她的作品出現在《學文》是非常自然的事。1934 年 7 月《學文》第一卷第三期，發表了方令孺的新作〈月夜在雞鳴寺〉：

> 這一面被時間磨亮的窗檻，
> 是無邊的銀灰色───月光照著海岸：
> 溪谷氾濫了，直向遠山的膝前激蕩。
> 我看見它湧伏在那遙遠的高樹巔，
> 在春來新發的枝條上。
> 我穩靠著窗沿，暈暈的望著，
> 月光的波濤展開，向更遠的山岡。
> 我向下看，水這樣深，波這樣闊，
> 忽然懸在佛堂的長明燈爆出一閃光，
> 提醒我這古城的明麗，
> 我衝下去，不再驚惶。
> 月光推倒我又扶起───
> 這甜蜜的，忍心的月光！
> 我覺得自沉浸在宇宙的大海裡，
> 與極美的黑夜同在。
> 但是，我雖捨身給這超絕的歡狂，
> 有一件慘痛的心思在捉弄我：
> 我伸開我的雙臂，

---

[12] 聞一多 1934 年 5 月 10 日致饒孟侃書信，《聞一多書信選集》第 243 頁。

現出這永不得完成的渴望！

對這平靜的，窺不透的，

銀灰色的月光，它沖過了溪谷，

直向遠山的膝前激蕩。[13]

這首詩如果細細讀來，在方令孺的很多詩中還是有些不同的，於哀怨中有所激奮，有一種期待可能不會得到，但她不放棄她的渴望！大病之後的她，是不是很希望生活有所改變呢。

1934 年 11 月，為了排遣心中的鬱悶，方令孺去杭州遊玩了一次，據方令孺自己在文章中說，這之前，她還遊過太湖。關於杭州遊玩一事，見常任俠致陳夢家函：

夢家足下：前得手札，未即奉覆，人事栗栗，匆匆又將期月。自足下與瑋德俱北去，同泰寺亦不常往，暇日大率徘徊書店中，買取小書為多。九姑遊杭已歸，輒一臨存之，彼遍來借我書數冊，讀之頗有興趣也。瑋德處曾去信候問，並寄去《詩帆》數冊，彼未有信來，不知渠病究如何？南中日□奇寒，今日下午且霏雪，北方更何似？匆泐不備，即問起居。[14]

好友之間的相互關照，在今天的人讀來是很感人的。

五

1933 年 5 月，丁玲在上海被捕，接著被綁架到南京，這樣她的行動受到限制。1934 年 9 月，丁玲在南京生下女兒祖慧。10 月中旬，她出院後

---

[13] 方令孺：〈月夜在雞鳴寺〉，《方令孺散文選集》第 131-132 頁，上海文藝出版社 1982 年 8 月版。

[14] 常任俠 1934 年 11 月 27 日到致陳夢家書信，轉引自沈寧：〈讀方瑋德致常任俠書箚〉，《新文學史料》2007 年第 2 期。

搬到中山大街向東拐的一條小街的一幢小樓上，小樓上下各三間。丁玲一家住樓上，樓下住了姚篷子一家。

　　1934 年 10 月底，方令孺登臨小樓造訪丁玲。對於這位不速之客，丁玲冷靜地觀察：

> 她那時不到四十歲，長得很好看。她的眼睛由於甲狀腺腫大，動過手術，顯得稍稍有點突出。但她的那種溫柔大方卻使我很注意。她的身後站著一位十五六歲的俊俏少女，乃是她的大女兒陳慶紋。她謙虛地自我介紹道：「我叫方令孺，是特別來看你的。我不是國民黨，也不是共產黨。我非常同情你的遭遇，我很喜歡讀你的小說。我想你在這裡一定太寂寞，我能為你分點憂愁嗎？有什麼事我能幫助你嗎？」[15]

　　困境中的丁玲，對於一切陌生人持著懷疑的態度，這初次的見面，她對方令孺並沒有表示什麼好感。

　　此後，每過一兩個月，方令孺便去看望丁玲，丁玲繼續回憶：

> 她從不同我談政治，也不問我的生活情況，只是點點滴滴同我談她的心曲，如讀書後的感想，多半是些外國書，翻譯過來的，或還沒有翻譯的。談她認識的一些文人的印象，這些人多半是我不認識的，是她在青島大學的一些同事，老一輩的所謂新學家。這些她都當故事娓媚笑道來，在我只有一顆十分空虛的，寂寞的心的時候，也能勉強聽下去。後來她便談她的家庭生活，她的不幸的愛情。談這些她也不動感情，只是放在心底，仍然像在講一部寫得非常細膩動人的小說。我真同情她。好像中國的老老少少的婦女，都能引起我的同情，特別是像她這樣有著一顆美麗的心靈的知識分子。[16]

15　丁玲：〈魍魎世界〉，《新文學史料》1987 年第 1 期。
16　丁玲：〈魍魎世界〉，《新文學史料》1987 年第 1 期。

　　慢慢地，丁玲認識到，與方令孺的交往是無害的，於是她也到方令孺家去。1936 年，當丁玲與黨組織取得聯繫後，她把方令孺家作為她與黨通信的地點。兩個孤獨的女人，在那個特殊的環境裡，結下了友好而信任的感情。

六

　　方瑋德於 1934 年暑假回到南京，8 月去上海治病一個月略有好轉，又在南京住了一週，9 月帶病北上與黎憲初訂婚。因為暑中脆弱的身體一路經受顛簸，他到了北平就病倒了。瑋德諱醫，起初只看中醫，12 月 21 日入德國醫院，克裡大夫診斷為膀胱結核病，且斷言只有六個月的生命。瑋德大恐，入院一月即出院，住六姑家靜養，到了除夕前漸漸有了好轉。

　　1935 年 2 月初，在病榻上的方瑋德，在病情有好轉的時候，他又提起筆，翻譯了 H. Monroe 的兩首詩，名〈螢火蟲〉和〈兩條軌〉，可這成了瑋德的絕筆之作！

　　春節期間，瑋德忽發高熱，2 月 9 日入北平大學醫學院附屬醫院，高熱不退。雖然這樣，瑋德求生的慾望讓人感覺不到他精神的衰竭，1935 年 4 月下旬，方令孺到北平看望病中的侄兒，精神好一點的時候瑋德還能談吐詼諧，風生四座呢。

　　但是，上帝對於方瑋德太過吝嗇了，他終於醫治無效，於 1935 年 5 月 9 日下午兩時不幸病逝。瑋德彌留之際，守候在他身邊的，有六姑、黎憲初，還有六姑家舊僕老喬三人。[17]陳夢家在瑋德氣絕後趕到。

　　「五月十日入殮，十一日下午二時用馬車載靈到法源寺暫厝，是日風雨如晦，狀至淒慘。送喪者孫大雨、吳宓、聞一多、巫寶三、孫毓棠、章靳以、孫洵侯、盧壽丹、潘家麟、郝昭宓、林庚、曹葆華、瞿冰森、琦德、

---

[17]　上述敘述，參見陳夢家：〈瑋德得平凡始末〉，《夢甲室存文》第 161 頁，中華書局 2006 年 7 月版。

文藝月刊紀念方瑋德

珂德、憲初、六姑、佛同、夢家等二十餘人。」[18]風雨之中，這麼多有名望的文壇好友來送別，是方瑋德不幸中的幸運。

　　陳夢家於瑋德病逝的當天，即發電九姑方令孺，晚上則寫信給當時正在主編《中央日報・副刊》的儲安平。第二天下午，儲安平等人在娃娃橋方令孺家獲悉瑋德逝世的噩耗，懷著悲痛的心情，馬上商議撰文紀念。1935 年 5 月 13 日，《中央日報・副刊》上發了加了黑框的〈方瑋德先生噩耗〉消息，內容是陳夢家寫給儲安平轉南京諸友的信，還有儲安平的覆信。

　　一個二十七歲年輕而有才華的生命就這麼如慧星般地消逝了，這讓多少人痛心！瑋德的病逝，立即在南京和北平兩地文壇引起波動：5 月 22 日，南京，儲安平主編的《中央日報・副刊》刊出「瑋德紀念專號」，發了方瑋德生前照片兩幀，紀念文章多篇，其中有方令孺的詩〈園中獨坐悼瑋德〉；6 月 1 日，南京，王平陵編輯的《文藝月刊》刊出「紀念詩人方瑋德特輯」。方令孺發表了翻譯的比利時劇作家梅特林克的〈室內〉，她在附識中說，翻譯這個劇本是為了紀念瑋德，有幾節她是含著淚寫的；6 月中旬，北平，瞿冰森主編的《北平晨報・學園》副刊連刊「瑋德紀念專刊」兩天，其中有方令孺寫的〈悼瑋德〉，之後專刊文章和其他未發表的詩文由北平晨報承印部出版了《瑋德紀念專刊》；6 月 25 日，南京，土星筆會

---

[18]　陳夢家：〈瑋德得平凡始末〉，《夢甲室存文》第 162 頁。

同人創辦的《詩帆》出版了《紀念瑋德特輯》，以方瑋德〈他們說〉一詩的手跡作為封面，扉頁上是一幀方瑋德讀書時的照片。

瑋德詩文集

　　對於方瑋德的死，作為姑姑的方令孺有著無盡的哀傷，此時，比起哀悼徐志摩一文，她的筆調已變得和緩多了，但痛也更深了，她說：「誰能相信我竟在這風雨撲窗之晨提起筆來傷悼一個還應當好好的活在這個世界上，忽然流星一般隕落的瑋德。」「瑋德的死，不止是我們個人心裡極大的損失，也是這個時代的損失。瑋德那可愛的人格，若大家能能多知道他些，我相信人人都要惋惜。瑋德有的是一個美麗純潔的靈魂……瑋德多麼似一潭清水的溫柔，光明照徹人心呢！」[19]

　　聞一多也痛心地寫道：「我期待著早晚新詩定要展開一個新局面，瑋德和他這幾位朋友便是這局面的開拓者。可是正當我在為新詩的遠大的前途欣慰著的時候，瑋德死了，這樣早就撂下他的工作死了！我想到這損失的意義，更不能不痛惜而深思。」[20]

　　黎憲初的父親黎錦熙給瑋德的輓聯是：「皖學舊名家，如此才華堪絕世；珠繩剛繫足，可憐藥石已無靈。」[21]

---

[19]　方令孺：〈悼瑋德〉，《方令孺散文選集》第 63 頁，上海文藝出版社 1982 年 8 月版。

[20]　聞一多：〈悼瑋德〉，《聞一多全集》第二卷第 187 頁，湖北人民出版社 1993 年 12 月版。

[21]　方徨 2011 年 4 月 11 日致夢之儀書信，未刊稿。

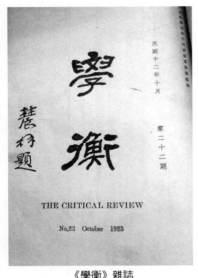

《學衡》雜誌

　　兩個月後，陳夢家為方瑋德編就了《瑋德詩文集》，集子於 1936 年 3 月由邵洵美的上海時代圖書公司發行。陳夢家評價方瑋德的詩，有著「輕逸的意致」，「好似隔湖望見湘神，一層霧，一嫋煙，似顯而隱，欲去不去的纏綿。」[22]

　　1935 年的春末，對於桐城魯龏方氏家族不啻砸響了巨雷，方瑋德在北平病逝前不久，方令孺的第二個同胞哥哥方孝徹也在南京病逝。

　　方孝徹，在家族中大排行七，原在國民政府考試院工作，妻子夏純，在監察院工作，抗戰前，夏純在南京還舉行過國畫展，此事見常任俠文〈觀夏漱蘭女士畫展〉。

　　桐城老家給兩人合併開吊。此時的方守敦已年過古稀，白髮人送黑髮人，這是人間最悲傷的事。瑋德還是老人至愛的孫兒，是他一手撫養長大的，老人的傷痛讓人無法想像。他給瑋德的挽聯這樣寫：「才名風度早驚人，家運慘如斯，地隔天遙又旅櫬。病榻夢魂彌憶我，尺書幸及見，心悲身苦可憐孫。」[23]「才名風度」概括了方瑋德短短的一生，詩才成就了他的名聲，但他最吸引人的還是他風度翩翩的外表。方瑋德風度出眾，女生們為之傾倒。有次中央大學同樂會上演《蘇三起解》，方瑋德扮蘇三，他一上場，台下女生紛紛傳言：方瑋德！方瑋德！

　　方瑋德一生喜歡李白，還喜歡潘彼德這個長不大的孩子。有著李白的浪漫，他恐怕也永遠是個孩子！

22　陳夢家〈瑋德詩文集・跋〉，《夢甲室存文》第 156 頁，中華書局 2006 年 7 月版。
23　《舒蕪口述自傳》第 27 頁，中國社會科學出版社 2002 年 5 月版。

方令孺除了給瑋德寫了悼詩文外，也給他的七哥寫了輓聯：「自幼服清才，常於月下燈前，細詠兄詩娛老父；中年痛永訣，從此春初秋末，只將花葉奠幽靈。」[24]方孝徹也在《學衡》發表過舊體詩。桐城方氏一門大雅，此中可見一斑。

七

常任俠 1931 年中央大學文學院結業[25]，留校到中央大學附中任教。1935 年 3 月，常任俠受老師胡小石的鼓勵，請假赴日本東京帝國大學進修學習。5 月在東京聽到瑋德病逝的噩耗，他寫下詩〈輓歌——東京聞瑋德死寫此紀念〉來悼念好友。夏天，因為學校的的事，他暫時回國。

秋天，常任俠要回日本學習，方令孺在東京的姐姐則邀請她去日本看紅葉，也借機轉移失去愛侄的悲傷情緒，她和常任俠相約，一起赴日。

1935 年 9 月 15 日，他們從上海出發，登上傑克遜總統號大船，前往日本。後來，常任俠在回憶中有過幾次記錄，一次他這麼寫：「從上海出帆，在海輪上我們憑欄論詩，遠眺海色，忘記了波濤的顛簸。方令孺的風度和她的詩句一樣高華典麗，是我深為敬佩的。她曾遠遊美國，到日本卻是初次。我伴她直到東京芝區，她姐姐的住處。」[26]

方令孺後來寫遊記，並沒有提到同行的常任俠，我想她是從女性立場出發，考慮到雖正常地與異性同行，卻可能被人誤解，索性就不提了。

因為這變幻不定的海景，方令孺那顆細膩的心被激發了，她重新體味了「微茫」兩個字的玄妙（在青島寫〈靈奇〉一詩時，她就細細地體味過「微茫」了），她覺得這兩個字圓滑像兩顆水銀珠，幽冷像一團磷火，晶

---

[24]　《舒蕪口述自傳》第 27 頁。
[25]　中央大學學制四年，常任俠提前一年從中大結業。
[26]　常任俠：〈生命的歷程〉，《常任俠文集》第六卷第 44 頁，安徽教育出版社 2002 年 2 月版。

亮像閃爍的飛螢。靜靜地待在海上，天天對著大海靜默、暇想，這思維也變幻起來了，讓人覺得，中國的文字裡有著不可琢磨的想像空間。

方令孺從「微茫」兩字聯想到木玄虛的海賦，又聯想到徐福的三千童男女，她生發出許多感慨：「我覺得從那古舊的，憂鬱的世界裡走出來，到這海中心，這純潔無塵的世界，我的生命又象初生了一樣。過去的笑和哭，歡和恨，在這時想起來太渺小了。大海把我心放大放寬。才知道一個人是不能久久不登高山，不見大海。」[27]因為大海，心會放大放寬，又因為文學，把放大放寬的心放飛到理想世界中，這是何等有味的人生。

一個喜愛自然的人，他的生命總會在某些時候與自然融合到一起。到日本去，是大病之後的方令孺的第一次遠遊，那些海上生明月的奇觀，實在是醫治寂寞人生的良藥。

船走了四天四夜，經過神戶、清水、門司，在 19 日清晨抵達橫濱。不過一到達日本，海上的那些美妙感受都消失了。上岸之前，日本海關派幾個關員上船來檢查，每一個上岸的客人都要受一番審問，對於中國人，對於乘坐三等艙的客人，更是問得詳詳細細。看到這情景，方令孺很失望很傷心。

下了橫濱的埠頭，上了一輛大汽車，到達東京的姐姐家。姐姐家住在東京芝區，附近有個芝公園，園內樹木茂盛，一條曲折的小徑通向姐姐家。走進木柵欄的門，是一個小院，院內地上是大青石，邊上是三尺高的石燈，再過去，廊下有一個石水甕，一派日本園林風格。

在日本的姐姐是方令孺的第三個胞姐，方瑋德的八姑，名方令英。方令英的丈夫名孫伯醇，早年曾在日本東京學習，後在國民政府部門工作，其一家原住北平，方瑋德中央大學畢業到北平就住在八姑家。1932 年 10 月孫伯醇前往日本，擔任過駐日大使館秘書等職。1935 年 2 月，常任俠赴日本留學前，曾請方令孺寫介紹信，希望到日本後得到孫伯醇的照顧。

---

[27]　方令孺：〈遊日雜記〉，《方令孺散文選集》第 48 頁，上海文藝出版社 1982 年 8 月版。

　　在日本期間，方令孺暢遊了很多地方，鎌倉、日光山等，就在芝園的東面，有一座淨土宗大廟，還有德川三世家祠，都是仿中國式建築，雕樑畫棟，非常壯麗。還有很多時候是常任俠陪同著，那時的常任俠已愛上攝影，櫻花海岸，他為方令孺留下了精美的倩影。常任俠也常到八姑家作客，孫伯醇一邊與他談話，一邊作畫，他們談得非常投緣。後來常任俠回憶當時在日本的情景：

> 餘暇輒造其廬，燈下對語，夜深忘倦，先生且談且作畫，略不思索，而一泉一石，一丘一壑，皆清虛淡遠，逸氣盈紙上，蓋其孤情高傲，胸有所蓄，故其發之於外也，乃淵然相傳而無間，觀察其畫如親其人也。[28]

　　1935 年 11 月 17 日，常任俠記下這則日記：

> 天雨。應令孺九姑之約，上午至芝園孫伯醇處，此君精於日文及英法文，為大使館秘書，吾鄉壽縣人，幼隨其尊人居東，自幼即習日語，曾為北大日語教師，善畫山水，又喜考古學，相談頗契，為作山水畫一幅，彌足珍貴。彼案上有《寧樂》十二、十六兩冊，為《正倉院史論》與吾研究資料，頗為有用。又《正倉院志》一冊、《唐音十八考》一冊（這山久四郎著，東京文理科大學文科紀要第三卷）、《魏氏樂器圖》一冊，亦佳。孫與帝室博物館長相識，云長袖舞石刻拓本，可以代謀，意可感也。令孺九姑之姊令英女士，為孫夫人，能散文，一門風雅，其妹令完亦能詩，舊曾相識，念與瑋德月夜共登雞鳴寺時，恍如昨日，今渠已長眠地下，思之黯然。[29]

　　回國後，常任俠與孫伯醇的交往也仍繼續著，1936 年 4 月，孫伯醇要出本山水小冊頁，常任俠為他寫了跋〈孫伯醇先生山水小冊跋〉。他 1936 年 4 月 13 日日記這樣寫：

---

[28]　常任俠：〈孫伯醇先生山水小冊跋〉，《常任俠文集》第六卷第 516 頁，安徽教育出版社 2002 年 2 月版。

[29]　轉引自沈寧：〈讀方瑋德致常任俠書箚〉，《新文學史料》2007 年第 2 期。

下午寫就一稿〈孫伯醇先生山水小冊跋〉簡短散文，尚不俗膩。晚間赴九姑處，即出示之，九姑深愛此文，謂雋雅有致。閒話不覺甚久，歸寢已十時矣。[30]

孫伯醇晚年，他的女兒孫知微為他在故宮博物院開過畫展。

八

從北平回到南京直到抗戰爆發前這一段時期，方令孺迎來了她文學創作和翻譯的一個高峰，她後來收入翻譯作品集《鐘》的大部分作品主要誕生於那個時期。她翻譯的屠格涅夫的《愛之凱歌》，發表在 1935 年 1 月《文藝月刊》第七卷第一號上；翻譯的比利時劇作家梅特林克的《室內》發表於 1935 年 6 月的《文藝月刊》第七卷第六期「紀念詩人方瑋德特輯」上；1935 年 11 月 10 日，天津《大公報·文藝》發表沈從文〈新詩的舊帳——並介紹《詩刊》〉，列舉的作者中就有方令孺。

1935 年 11 月 10 日，儲安平主編的《文學時代》在上海創刊，由邵洵美的時代圖書公司發行，方令孺翻譯的南非女作家阿烈夫·須萊納爾的一段小說節選〈在一個遠遠的世界裡〉在上面發表。在譯文的前言，方令孺說出了這篇譯作的來由：「安平立意邀集文章趣味相同的朋友們創辦一種雜誌。我想在這內外緊逼的年頭，像不祥的雲霧包圍我們四周。能藉文章來抒寫心中的鬱氣，也算得淚眼中的微笑吧。我贊成他的意思。本許他寫一篇故事，但這炎炎的天氣，我不能靜下來完成所想寫的那一篇。現在本刊出版期又近，看著安平辦這刊物的一般堅毅的熱忱，使我自愧太懶，遂趕快譯這一篇短文獻之。」[31]從這段文字裡也可以看出，這一時期她和儲安平走得比較近，也許是趣味相同吧。儲安平也非常感謝方令孺的支持，他

---

[30] 轉引自沈寧：〈讀方瑋德致常任俠書箚〉。

[31] 方令孺譯：〈在一個遠遠的世界裡〉，《方令孺散文集》第 135 頁，臺灣洪範書店 1980 年 5 月版。

在〈《文學時代》編輯後記〉遙相呼應：「令孺九姑她不僅允許常常給我們寫稿，而且在精神上曾給予我們至大的鼓勵。她本打算給第一期寫一篇創作，後來因為時間來不及，所以臨時改譯了這篇〈在一個遠遠的世界裡〉。她現在正在日本旅行，我們希望她旅行回來以後，對於本刊能有更大的贈饋。」[32]

方令孺日本旅行回來，她的作品是發表在 1936 年 4 月 1 日出版的《宇宙風》半月刊第 14 期的上半部，題為〈去看日本的紅葉〉，還有發表於 1937年 3 月 1 日出版的《宇宙風》半月刊第 36 期的下半部，這時文章題目已改成〈遊日雜記〉。

九

方令孺和丁玲的友情仍在這些孤單寂寞的日子裡繼續著。1935 年春，丁玲一家和姚蓬子一家搬到中山門外的一個小村莊苜蓿園，苜蓿園是一幢五間房的茅屋，茅屋周圍是一些空地，竹子圍籬，丁玲的丈夫馮達此時生著肺病，也適合丁玲當時隱居的想法。冬天，丁玲自己也得病了，每天下午發燒，她住進了醫院，熱度有增無減，醫生說是肋膜炎。白天，丁玲燒得認不清人，方令孺到醫院去看望她，守護在她身邊，可她什麼也不知道。晚上，用冰冷的酒精擦身，她才有點清醒。不過她終於活了下來，醫生後來說是傷寒病。

春天來了，但是丁玲說，苜蓿園是沒有春天的，不過，朋友們讓她感受了一次春天。1936 年 4 月 3 日，寒食節的前一天，盛成、鄭堅夫婦邀請方令孺等幾個朋友一起喝茶，說明天就是寒食節又是初春花發的時候，應該去什麼地方玩玩。不知是誰想到了醉翁亭想到了琅玡山，於是大家同意一起去那裡領略古人的醉意。

---

[32] 儲安平：〈《文學時代》編輯後記〉，《儲安平：一條河流般的憂鬱》第 262 頁，中國青年出版社 1999 年 1 月版。

《文學時代》創刊號

　　第二天正是寒食節當天，同行者除了盛成、鄭堅夫婦帶著他們的兒子外，還有畫家徐悲鴻和丁玲、方令孺兩位當時都知名的女作家。他們起得很早，走到長江邊等輪渡的時候，曉霧還沒有散去。一會兒一隻輪船來了，大家紛紛擠上船，不到半個小時就到浦口了，再坐遊覽專車從浦口到滁洲花了不到兩小時的時間。從滁洲車站到山裡還有三十裡遠，方令孺招呼女伴各人坐了人力車。

　　從東門轉到南門，他們看到了荒涼的滁洲城，然後出南門向西南行，踏上歐陽修的古道。一路之上，他們看過了歐陽修發現的紫薇泉、建造的豐樂亭，還有歐陽修的醉翁亭，後來就到了琅玡山開化寺。

　　下午，一位名叫裳寬的和尚來做他們的導遊，走過一個名叫祇園的花園時，裳寬指點大家看一枝正當盛開的山蘭花，他們一個個走到花前俯身去嗅，裳寬急了：到廟裡來不見你們拜佛，卻見拜花，這是什麼道理？

　　一路前行，走過一些洞看過很多花路過摩訶崖，裳寬講起一個故事，故事裡的小和尚煮石子吃，原來小和尚成仙或成佛了，大家聽得津津有味。

　　晚飯後，裳寬點起兩盞大煤油燈，研好墨，鋪開宣紙請徐悲鴻畫畫，徐悲鴻就地取材，畫完一幅老鷹圖一幅石上松，又寫了一張即景詩，然後去藏經樓看過月色，又下樓之後到白天到過的祇園，聞著蘭香，有人和裳寬坐在竹林那邊說法，有三人坐在悟經堂的石階上。此時的徐悲鴻因為和孫多慈的關係，他和蔣碧薇的婚姻生活出現了危機，在這夜色裡冷月下，徐悲鴻說起他的悲愁來。這樣的夜色，正適合訴說。這時的丁玲正暗暗地計劃著要去北平尋找去陝北的線索，她的內心應該也是不平靜的。

　　故事散去，夜色已深，方令孺睡不著，她被這大自然的天籟之音感染著：「山中的夜是多麼靜！我睡在窗下木榻上，抬頭可以看見對面的高崖，崖上的樹枝向天撐著，我好像沉到一個極深的古井下。一切的山峰，一切的樹木都在月下寂寂的直立著，連蟲鳥的翅膀都不聽見有一聲瑟縮。世界是在原始之前嗎？還是在毀滅之後呢？我凝神細聽，不能入寐。」[33]

　　第二天一早，方令孺在朦朧中被佛殿的鐘聲喚醒，這一天是清明節，她走到外面，看見老和尚抱了一大把柳枝在各處殿門上安插。

　　早飯後，裳寬和尚又來做他們的導遊，他們游南山，裳寬唱起了藥師贊，又遊北山，裳寬講起了他一家的故事。山路崎嶇，方令孺牽著裳寬的衣服一路上山，北山頂上巨石磊磊，山風極大，雲霧也大。

　　臨別時，裳寬和尚送給方令孺三株春鵑，回到家她就種上了，不久枝頭上發出嫩芽兒，這春鵑的名字就叫「裳寬菩提」。再過幾天，方令孺寫下〈琅玡山遊記〉一文，記錄了這次難忘的春遊。

　　1936 年 5 月 14 日，是丁玲被綁架三周年的日子，去北平的準備工作已經完成，她從在南京鐵道部工作的沈從文的妹妹沈岳萌那裡要來一張去北平的往返免費火車票。這一天，譚惕吾、方令孺正好來看望丁玲，她倆看到丁玲情緒非常好，便問有什麼喜事，丁玲說，今天是我的生日。這個日子曾經是她的死日啊，譚惕吾、方令孺自然不會明白，她們還以為真的是丁玲的生日呢。以後，丁玲到北平秘密聯繫了有關人員，又和在上海的馮雪峰聯繫上了。

　　1936 年夏秋間，馮雪峰的回信寄到方令孺家，同意丁玲離開南京的要求，並且約定了時間，派人到上海接站。後來丁玲轉道上海，成功前往陝北。

---

[33] 方令孺：〈琅玡山遊記〉，《方令孺散文選集》第 41 頁，上海文藝出版社 1982 年 8 月版。

　　丁玲到延安之後，抗戰之初，毛澤東對丁玲說他缺少一部《昭明文選》，丁玲便問方令孺要這部書，方令孺買來書寄給了丁玲。在那個特殊的環境裡，她倆的友情還在默默地繼續著。

十

　　方令孺所嫁的南京娃娃橋陳家，在當時是一個豪華顯貴的地方。這一時期方令孺家的氣氛雖然沒有方瑋德、陳夢家在南京時的活躍了，但文人學者出入還是比較多的。方令孺的侄女方非抗戰前夕從安徽老家來到南京讀書，平時住在學校，一到假日就到幾個親戚家走動，有一天，她在九姑方令孺家，她記錄了一件事：

> 有一次，我到九姑方令孺家，這天白華大哥、徐悲鴻、胡小石等也都在這裡。他們似乎事先已約好，這天徐悲鴻要在這裡作畫，畫室已安排好在九姑家的花園中一間小亭子裡。九姑要我和我表妹白蒂[34]一起去看這位大畫家作畫，給我們增加一點「美的靈感」。所以我們就去了，站在畫桌一旁，看著徐悲鴻揮毫潑墨、意氣風發的作畫。他的幾位知己：宗白華、胡小石、方令孺都圍站在他畫桌邊，不時發出一兩聲噓聲和叫絕的輕語。我和表妹兩人雖然還年輕幼稚，不懂藝術，但也看得很入神。徐悲鴻一張接著一張畫了整整半天，他擱筆了。這時白華大哥突然對我和表妹兩人看了一眼，然後轉身誠懇地笑著對徐悲鴻說：「悲鴻，這兩個小姑娘站在這裡這樣入神地看你作畫看了半天，你是不是能為她們畫一張畫呢？」徐悲鴻也微笑著看了看我們，就又拿起畫筆在畫紙上畫起來，嘴裡輕聲說了一句：「可惜畫墨不多了。」我看著他先在畫紙上畫了兩個雞蛋大小的圓點，當時我心裡暗想：「這是什麼呀？」只見他的畫筆又在輕輕的勾畫著，我看出

34　即陳慶紋。

　　了他畫的是兩隻小麻雀，他又提起筆來在畫紙上往來掃著，這兩隻小麻雀就活潑的站在婀娜的柳樹枝上了。這時站在一旁看著的胡小石，馬上心領神會，也對我們兩人看了一眼，拿起桌上的筆來在畫上題起字來，大聲說：「好！好！」，接著就拿起這張畫來到我們面前，認真地對我們說：「枝頭雙小鳥，願汝不知愁！」然後把畫送到我手上，又說：「這他的題字是：『枝頭雙小鳥，願汝不知愁！』」，這時，白華大哥走過來幅畫是很珍貴的，你們要好好保存它，我也願你們永不知愁！」我接過了畫，小聲對表妹說：「我拿去裱起來，好好保存！」[35]

　　這確實是一個很生動的故事，這個故事見證了抗戰前娃娃橋方令孺家仍然活躍著文藝的氣息，似乎那個文藝沙龍還在繼續著……

　　當我在紙上與某個地方熟悉之後，我總會產生一種探尋的衝動，為了這種衝動，為了親眼看看方令孺的家，2007 年國慶節，我們全家去南京，我到娃娃橋尋訪方令孺高牆大院的「家」。

　　我在娃娃橋一帶尋訪，故址尚在，而方令孺的家早已不復存在。那天我又去文德里尋找方瑋德故居，同樣一無所獲。後來我才知道，這些建築都被毀於日本人的炮火之下，現在只存在於文字間。看來，文字比堅硬的建築更能長久地保留於世間，這是一個不容否認的事實。

　　雖然，這時期的方令孺在這個大家族中有著較多的交友自由，雖然，藝術的氣息流淌在她身邊，但終究，她與這個家格格不入，於是才有了她對「家」的思考。

　　1936 年 9 月 30 日，中秋節的夜晚，帶著一顆糾結的心，方令孺走出家門。她坐在船裡，看著天上明月遐思。遠處爆竹聲聲，月下有人在念詩，「馬上相逢無紙筆，憑君傳語報平安」，是思家的遊子的聲音。這時，她理解了「家」：

---

[35] 方非：〈枝頭雙小鳥，願汝不知愁——憶白華大哥〉，2002 年 11 月《常熟文史》第 30 輯。

「家」我知道了，不管它給人多大的負擔，多深的痛苦，人還是像
蝸牛一樣願意背著它的重殼沉滯的向前爬。我好像忽然看清楚了什
麼東西，也像辛棄疾所謂「眾裡尋他千百度，驀然回首，那人卻在
燈火闌珊處」。[36]

　　這高牆大院的沉重的「家」，給方令孺帶太多的苦悶。生活難道總是
這樣下去嗎？夢中之路在何方？她在尋找。幸好，生活中還有音樂：

音樂，
請祛散我的憂愁，
我心裡
這股荒涼，
苦澀
還勝過藥酒

困倦
已成為流行的病症，
那僅僅是你和我？
幸有音樂
且靜聽

且靜聽，
瑪格琍的悲哀
在於今也還不過分，
十九世紀的雰圍今還在。

---

[36] 方令孺：〈家〉，《方令孺散文選集》第 62 頁，上海文藝出版社 1982 年 8 月版。

苦味

更瀰漫到心頭！

天是藍

星是亮；

無聊——

酒闌人散的時候。[37]

十一

1937 年春天，閒居在家的方令孺突然想作畫。有一天，她無意中和朋友說了這個意思，有人就說，你是沒這個耐心的吧。方令孺聽了很不高興，第二天她就畫起來了，原來畫畫是這樣的有意趣，一枝、一葉、一片崖石、一簇樹林之間，她都感到消魂的迷醉。接連地畫，一幅比一幅有進步，她很得意。原來，除了文學、音樂，還有畫畫可以寄託感情，這難道不是人生之幸嗎？

就這樣，方令孺的生活日日與詩文、國畫、音樂、讀書連在一起，她還在 1937 年 4 月 1 日的《青年界》復刊第 3 卷第 2 期發表了〈一張書單〉，為青年朋友介紹她心目中的好書。

但是，就是這樣的生活這樣的家也守不住了，很快，七七盧溝橋事變爆發，方令孺生活的轉機因為殘酷的戰爭而出現，南京，方令孺只能和她說聲再見了。

---

[37] 方令孺：〈詩二章〉之〈音樂〉，1937 年 3 月 10 日《新詩》第 1 卷第 6 期。

第八章　重返故里（安慶－桐城）

一

　　大約在 1937 年下半年，陳平甫病逝滬上。陳平甫逝世前，舒蕪的母親馬宛君陪方令孺到上海看望陳，其經過，馬宛君後來幾次與方煒說起：方令孺伏在丈夫枕邊，一邊流淚說，我知道你心裡有我，我心裡有你。後來馬宛君幾次對方煒說，看來他們之間還是有感情的。陳平甫病逝後，他的妻子改嫁，他們生的一子一女在方令孺的婆婆去世後由方令孺撫養長大。

　　因為戰火的迅速蔓延，和很多人一樣，方令孺不得不離開久居的南京，她帶著大女兒陳慶紋和二女兒陳慶絢，重返故里安徽，她最小的女兒陳薩孚沒有隨她一起離開，抗戰期間不幸夭亡。

　　回老家，他們到的第一站是安慶。這時的安慶城有方令孺的幾個堂兄，安慶也是她婆家陳氏的老家。抵達的時間在秋天，因為不久之後，1937 年 11 月 20 日那天，方令孺寫下〈古城的呻吟〉，此文後來發表在 1937 年 11 月 28 日漢口《大公報》副刊上。

　　關於〈古城的呻吟〉，作者並沒有提到「安慶」兩個字，但從文中我們可以推測到，如「傷兵下了船，擠滿在江幹。」這個江幹，就是處在長江邊的安慶的河岸，不是在桐城，但有江幹的城市還有很多，這就要參考其他描述，如方令孺還說，「這古城，將近二十年我沒有回來過。」二十年前，方令孺出嫁，出嫁之前，她是到過安慶的伯父家的。所以可以肯定，方令孺筆下的古城，就是安慶。

　　方令孺是一個新月派的詩人，聽起來似乎是一個慣於吟詩弄月的詩人，但是抗戰之初在安慶，她卻去訪問傷兵，直面血淋淋的現實。

1938 年 6 月 2 日，安慶淪陷，
日軍由鎮海門進入安慶城

〈古城的呻吟〉一文中沒寫到事情的起因，她只說：「我茫然地跟著一隊中學女生出發。我說茫然，實因在出發時，全不知道是向哪一個方向和到什麼地方去訪問！」[1]

但是，在舒蕪的回憶錄中，我們可以知道一點這類事件的背景，時間也差不多是這個時候：

這時的安慶和桐城可熱鬧了，在各地讀書的青年學生大多回到家鄉，組成許多學習小組，在這個基礎上，組織救亡宣傳隊。這中間，方琦德和方珂德兄弟最為活躍，他們似乎受中共地下黨組織的安排，有所分工，琦德側重在安慶，搞起一個大的宣傳隊，叫「安徽省抗敵後援會流動宣傳隊」。所謂「流動」，就是全省到處可以跑。抗敵後援會組織，實際上是國民黨省、縣黨部包而不辦的一塊空牌子，但有時也有中央地下黨的進步青年，利用各種關係同這塊牌子掛上鈎，積極做工作。珂德以護送母親回桐城為名，回到老家。後來，他就在我們方家兄弟姊妹和表兄弟姊妹讀書小組的基礎上，建立了桐城抗日宣傳隊。[2]

方琦德和方珂德兩兄弟，就是當年方瑋德住在南京文德里時三伯母家的兩個雙胞胎堂弟，在家族中排行老三和老四，當時他倆還小，後來雙雙考取清華大學，都成為「一二‧九」運動中清華大學中共地下黨的重要成員。

1　方令孺：〈古城的呻吟〉，《方令孺散文選集》第 4 頁，上海文藝出版社 1982 年 8 月版。
2　《舒蕪口述自傳》第 45 頁，中國社會科學出版社 2002 年 5 月版。

　　這兄弟倆一回到老家，就成了抗日宣傳的急先鋒，安慶、桐城的抗戰救亡運動因為他們而進行得異常火熱。等到 1937 年年底，陳慶紋、陳慶絢也都加入了安慶學生抗敵後援會流動宣傳隊。他們組織讀書小組，聽演講開討論會，讀書小組之外，還有歌詠小組，陳慶紋有一副好嗓子，她帶著大家唱起了救亡歌曲，這歌曲，鼓舞了人們的鬥志。

　　身處這樣的環境，更有過與丁玲等人的交往，方令孺去訪問傷兵，就不會顯得那麼突然了。

二

　　訪問傷兵，出發的時候天氣陰沉，雲很低，好像有雨絲飄來，江水和天空都帶著憂鬱的灰色，在這樣的天色下，他們出發了。

　　據說傷兵來之前十來天，已經有電報通知當局，這時卻沒有一個人出來負責，因為有錢的人逃難去了，熱心人卻沒有錢。所以傷兵下了船之後，只能一時擠滿了江幹。斷手、折足、皮破、血流、呻吟、哽咽等等慘狀不一而足，倉促之間，沒有那麼多床鋪，重傷的抬到醫院，輕傷的則到戲院及公開場所，長椅上、地板上，有些是草墊著，有些草也沒有，當清冷的夜裡，傷痛加上寒冷，是怎樣的一副景象！

　　方令孺先到了某個戲院。這裡有幾十位傷兵，其中有五六個是重傷的。有一個士兵，腿上受了重傷，又生病了，睡在兩隻椅子拼起來的戲院一角，冷得發抖，看見有人來了，他的眼裡充滿了期待，他問，能否為他想個法子？於是馬上聯繫著把他抬到醫院去。

　　方令孺是陪著一起去醫院的。「在潮濕的窄長的石道上，我們默默的前進。兩旁的人家與店鋪，大半都關著門，因為這幾天敵機來襲的恐怖，街上蕭條極了。三三兩兩的男女學生，匆匆的來往，只有他們的熱忱給這古城不少的溫暖，他們都在為抗戰或慰勞的工作忙碌。」[3]給古城帶來溫暖的人，她也是其中的一個！

---

[3]　方令孺：〈古城的呻吟〉，《方令孺散文選集》第 5 頁，上海文藝出版社 1982 年 8 月版。

想到會有不少離人思婦焦急地等待，他們每人都準備了明信片和墨水筆，問那些受傷的士兵，是否需要給家裡人寫信。果然，有個士兵要給營長寫信，說他身負重傷，衣服單薄，八月份的糧餉還沒到手，請寄點錢來接濟。有個士兵則要給哥哥寫信，讓哥哥去安慰母親不要傷心。另一個士兵則要寫給父親，請父親一定要給自己的兩個孩子接受教育。

這一聲聲的話語，聽在方令孺心裡，她有著說不出的憐憫和感傷，也有了某種激越的思想，她認識到，這些可愛的士兵，都有著高貴的靈魂，他們如一場新鮮的雨水，沖洗掉了陳腐之氣，給古城帶來清新之風。

方令孺在安慶的日子，主要還是閒暇，閒暇之餘，除了看書，還有畫畫。書是不少的，祖父方宗誠的藏書樓留下千卷萬卷藏書可供閱讀，方令孺自己，從南京逃難時，還帶了一大箱的書，這時也在身邊。夜晚無事的時候，她又開始畫畫，是仿倪贊的山石樹木，還臨了他的題字。不到年底，方令孺回到桐城，她將畫裱成冊頁配上鏡框給了父親，父親把這些畫掛在書房裡，聽客人們評點，自己則拈著鬍鬚微笑著。女兒承襲書香家族的風氣，從小愛讀書，現在竟然又會畫畫，父親當然是更歡喜了。

三

方家在南京、上海、北平等地的子孫陸續逃難回到老家，實在是個大家族，方家幾乎每天都有人接碼頭，方令孺的弟弟方孝嶽，這時已是中山大學的名教授，也帶著一家人回到了桐城。

方孝嶽先是與馬宛君結婚，生下兒子舒蕪，不久，方孝嶽又另娶他人為妻，但並沒有與馬宛君離婚。馬宛君的情況與方令孺很相似，而且她倆關係也非常好。作為一個學者，方孝嶽是有成就的，他出版了《中國文學批評》、《中國散文概論》、《中國語音史概要》等。方令孺和這個學者弟弟關係密切，不過顛沛流離之間，重逢的時間非常有限，不久，方孝嶽又重返廣州中山大學。

方孝嶽、馬君宛夫婦

抗戰前於勺園，後排左起為方守敦、方令完、方筠德、方管（即舒蕪），
中排站立者左起為方敏、方祁德（即方徨），
前排坐者左起為方祚德（即方言）、方璲德

　　方令孺回到桐城，方祁德就是後來的方徨，那時大約九、十歲，第一次見到九姑，九姑很喜歡這個侄女。距那時七十年之後，方徨在給筆者的回信中說：「我只知道我的九姑極漂亮極有才華。」[4]後來她又談起當年回到桐城的九姑：

> 1937 年抗日戰爭爆發，九姑率一家先是折還到安慶，後又與安慶家人（指我三爺爺後代）先後折還到桐城老家，她回來後，我爺爺安排她一家三口（九姑和兩個女兒慶紋、慶絢）住凌寒亭（花園內的一座讀書亭，我們小時候都要先讀家館，後才上小學、中學），凌寒亭因與正房相隔一個大花園，夜晚寂靜，九姑要我晚上陪她睡。當年我才九歲，她非常喜歡我這個小侄女，開始我怕她，不願意，後來九姑說天天給我講故事，我就一直陪她到九姑離開桐城去重慶。在桐城的一段時期，我覺得九姑是個大忙人，常常高朋滿座，議論國家大事時多。我的堂兄方琦德、方珂德，他倆是雙胞胎，這時也在桐城做救亡工作，方珂德在桐城，方琦德在慶安，那時我們家幾乎成為救亡委員會那些進步青年聚會的地方，九姑是積極分子，連我的爺爺方守敦有時都被邀請參加他們的議論……九姑朋友多，常常請人吃飯，最多時有兩三桌人。我那時太小，只看熱鬧，不懂道理。我記得九姑有位朋友叫端木愷，也隨九姑撤退到桐城，祖父都與他們談天，我只覺得這個人姓什麼「端木」，好玩。那時九姑還帶我去慰問傷病員，要我唱那時流行的一首安慰傷病員的歌，博得掌聲，我驕傲得不得了。也許就是這樣的潛移默化，影響了我們方家這一代後人，在抗日戰爭中有二十多人參加革命，我是1943 年最後一個出來的，那年我才十六歲，連九姑那時都是一個非常認真投入的狂熱的愛國者，我們方家後輩對她都非常尊敬。[5]

4　方徨 2010 年 9 月 25 日致夢之儀書信，未刊稿。

5　方徨 2010 年 10 月＊日致夢之儀書信，未刊稿。

　　兩個女兒都大了，凌寒亭又非常冷清，方令孺要求小侄女方徨（當時名方祁德）來陪她，叫她的小名為小舜葆。方令孺因為甲狀腺開過刀，晚上睡覺眼睛閉不上，就用黑布遮著，為了讓小舜葆不害怕，她沒再遮黑布。方徨因為九姑給她講「稻草人」、「小彼得」這些故事，也喜歡上了九姑，方令孺每去慰問傷兵，也會帶上方徨，還讓她唱抗日歌曲。方徨的歌聲，得到大家一致的掌聲，她驕傲極了。

　　也正是方令孺帶著方徨參加的這些救亡活動，深深地影響了方徨，為她在 1943 年十六歲時離家出走奔赴新四軍前線奠定了思想基礎和勇氣。方徨一參加新四軍，就與新華社結緣，在後來的歲月裡，她成了新華社的著名記者。

　　回到桐城的兩個女兒和侄子輩都很活躍。這些意氣風發的方家兒女們，率先在桐城成立了讀書小組，煤油燈下，他們也經常在討論國家大事，好像他們不再是孩子了。讓人想不到的是，方令孺有時也會參加了他們的討論會。更奇怪的是，有一次討論會，方令孺居然成了批判的對象。關於這次批評方令孺，舒蕪有過很精彩的描述：

> 　　後來回想，這個批判當然是有準備的，地點就在我們家勺園的「九間樓」。這是我的出生地，也是我和母親常住的地方，屋裡擺著母親從北京帶回來的一套沙發。沙發上罩著雪白的沙發套，平常，母親從不許我坐，也從不主動請客人坐。當時桐城的一些大家庭裡，還很少有這樣的「洋式」傢俱。可這一天，九姑卻從容地坐在沙發上，夜已經很深了，她抱著雙臂，靜靜地聽大家發表意見。當時，具體批判九姑什麼，我現在也記不清了，印象最深的是方琦德的總結性發言。他那時在我們這班救亡青年中，是個很有威望的理論家。開會時，他一講話，大家都摒息靜氣，外面有人奔相走告：「快去聽聽，方三哥發言了！」我看著方琦德端坐在燈光裡，輕聲細語，娓娓道來，神態風度儒雅極了。但他說出的話，卻分量很重。我只記得最後兩句是這樣的，他說：「九姑，你現在是蔣介石沒有找你，蔣介石要是找你，你會很快就去的！」

那時，我們抗日民族統一戰線的口號，喊的是：「擁護蔣委員長抗戰到底！」實際上，大家並沒有忘記革命與反革命的界限，並沒有忘記蔣介石十年反革命的歷史，所以，說九姑會站到蔣介石那邊去，話是很重的。聽了琦德的發言，我直擔心。九姑的脾氣我是知道的，在家向來誰也不敢惹，這還不得大發雷霆！誰知，我完全錯了，九姑那天並沒有生氣，只是一聲長歎，輕言慢語地說：「唉，你們都不理解我啊！」當時我很震動。方琦德是用馬克思主義理論來批判九姑的，這個理論可真厲害，連一向高傲的九姑都被征服了！[6]

後方整片的天空，都充滿了抗戰的激情，從前面方徨的信中，也知道方令孺抗戰的態度非常積極。那麼是什麼原因批判方令孺，我們不得而知。

方徨記憶中，有一次，方琦德挨了方守敦的批評，事情是這樣的：

我只記得有這麼一個故事，有一次，我爺爺對琦德三哥大發脾氣，原來是在一次聚會時，琦德三哥大約是主詩人，說了一句：現在請方五太爺發表意見。方五太爺是我爺爺。據說當時我爺爺沒有生氣，聚會後爺爺把琦德找去，說他沒禮貌，當著那麼多外人面不喊他爺爺，而叫什麼「方五太爺」。我爺爺非常開明，他從年輕時就不慕功名，專心治學，寫字……[7]

可能在開明的方守敦看來，「方五太爺」這個眾人習以為常的叫法本身就太不開明吧，何況方琦德應該叫他五爺爺才是。

方家的學習小組，很快發展成桐城民眾抗戰後援會的宣傳隊。宣傳隊有文學組、歌詠組、演講組等，早上出去出大字報巡迴演講巡迴唱歌等，除此之外，還走街串巷搞募捐活動，支援前方的抗戰軍隊。

6　《舒蕪口述自傳》第46-47頁，中國社會科學出版社2002年5月版。
7　方徨2010年10月＊日致夢之儀書信，未刊稿。

　　由方琦德領導的宣傳隊要離開桐城往各處宣傳，陳慶絢與母親、姐姐告別，跟隨著宣傳隊一起出發，以後她奔赴新四軍抗日前線，改名蕭文，並和方琦德結了婚。

　　女兒和侄兒們的推動，也讓方令孺重新打量起自己的生活。如今，已然離開陳氏大家庭，帶的錢已不多了，也不能再依賴老父了，她得考慮自立。她想去謀個職業，但是安慶桐城都這麼亂，哪裡還有工作可尋？春節之後，形勢更加緊張了，背井離鄉已是迫不得已的事了，當時逃難的人大都沿著長江往上游走，先到武漢，停下來看看，不行就繼續西行。方令孺帶著大女兒陳慶紋，走的可能也是這條路線，她們最後在陪都重慶落腳。

第九章　巴蜀文人（重慶）

一

　　方令孺到重慶的時間，應該在這年的春節（這年春節在 1 月底）過後，1938 年 2、3 月間。方令孺在重慶，最初租住的地方，是兩路口附近的一個山坡下，不遠的，是她的七嫂夏純一家，和夏純家同一樓層，門對門的，住著宗白華和他的母親。夏純的丈夫抗戰前幾年去世，她在國民政府監察院工作，是畫家，也是社會活動家，幾個月之後，方令孺去了國立編譯館工作，大約與這位嫂子有關。

　　迫於生計，方令孺到重慶不久就身兼數職。她去了國立戲劇學校任教，教國文課，講朱自清、聞一多、魯迅等，有時也教外國詩，講拜倫、濟慈、普希金等。國立戲劇學校校長是新月派的余上沅，他與聞一多、趙太侔關係密切，他們留美期間曾有過戲劇合作，回國後，又與徐志摩、梁實秋、邵洵美等創辦《新月》月刊。方令孺曾於國立青島大學任講師，有教學經驗，又同是新月派，因此她到戲劇學校任教也不是難事。戲劇學校在上清寺，離她居住的兩路口不遠。

　　1938 年 4 月[1]，方令孺又到復旦大學兼課，上一年級國文。到復旦大學可能是孫寒冰的推薦。方令孺和孫寒冰是留美同學，他們曾同在位於西雅圖的華盛頓大學求學，有著深厚的友誼，方令孺的侄兒方瑄德在自傳體小說《胭脂巷的子孫們》中說，孫寒冰是九姑曾經愛過的人，也是事實。方令孺娘家的侄兒侄女很多，方瑄德也是方令孺喜歡的一個侄兒，他還是有所瞭解的，並非就是為了小說的精彩而曲意描述。雖然，抗戰爆發時，

---

[1]　據〈1938 年春重慶復旦大學教員名錄・教員與課程（三十六年度）〉，《抗戰時期復旦大學校史史料選編》第 41 頁，楊家潤主編，復旦大學出版社 2008 年 5 月版。

孫寒冰因為嚴重的傷寒病留在上海，後來為了《文摘》他輾轉廣州、香港，直到 1938 年 12 月才到重慶，但是他和復旦的聯繫沒有斷，所以很有可能是他介紹方令孺到復旦任教。也有學者認為，方令孺到復旦是因為靳以的介紹，那顯然是錯的，因為這時靳以還沒到重慶，更重要的是，他倆是在一年之後才認識的。

　　大約在 1938 年 7、8 月間，方令孺又兼一份工作，她到了國立編譯館，在這裡，她與蔣碧薇建立了深厚的友情。方令孺與蔣碧薇的認識，應該始於南京。與蔣碧薇有著密切關係的兩個人徐悲鴻和張道藩，都是方令孺早就認識的，張道藩一度還是方令孺在國立青島大學的上司——教務長，她和徐悲鴻則更熟悉一些，前面提到他們一起出遊，徐悲鴻還到方令孺家作畫等。因為徐悲鴻和張道藩這兩個人的關係，方令孺與蔣碧薇在南京也是彼此熟悉的，蔣碧薇對方令孺的丈夫陳氏也是瞭解的，認為他做事有條不紊，最重秩序。早在 1938 年 1 月，蔣碧薇開始在復旦兼課，4 月，方令孺到復旦，她倆便成了同事，夏天，她倆又同在國立編譯館。也有學者認為，方令孺到國立編譯館工作，就是經蔣碧薇介紹的。

　　也是在國立編譯館，方令孺與過去在國立青島大學時的老同事梁實秋相遇了。梁實秋在漢口是應當時的教育部次長張道藩之約加入教育部教科書編輯委員會的，張道藩兼編委會主任，梁出任編委會中小學教科書組主任。不久，教科書編委會遷到重慶，梁實秋從漢口到重慶的時間在 1938 年夏，他寫道：「我再度遇到方令孺是抗戰時在重慶。有一天張道藩領我到上清寺國立編譯館臨時辦公處，見到了蔣碧薇和方令孺兩位，她們是暫時安頓在那裡。」[2]

　　這年秋天，蔣碧薇和方令孺也都加入教科書編委會。教科書編委會辦公設於兩路口附近的山坡上。她倆都在青年讀物組，青年讀物組組長為陳之邁。這樣，方令孺和梁實秋再度成為同事，以後，梁實秋也到復旦，在外文系兼課，他倆又成了復旦同事。

---

[2]　梁實秋：〈方令孺其人〉，《梁實秋懷人叢錄》第 227 頁，中國廣播電視出版社 1991 年 2 月版。

1939 年 9 月 10 日，「中華全國文藝界抗敵協會北碚聯誼會」在黃桷樹王家花園成立，
圖為合影，前排右起第四人為蕭紅，後排右起第三人為方令孺

正是教科書編委會的工作，促成了後來方令孺編寫的民眾讀物《王安石》的出版，它從王安石的時代背景、志願、與神宗的關係、變法等幾個方面通俗地論述王安石是怎樣一個人，這本小冊子由教育部民眾讀物編寫委員會於 1940 年在重慶出版。

大約在加入編委會這期間，方令孺從原來的兩路口住所搬到了兩路口附近的重慶村居住，她租住了一幢花園大洋房陽臺邊兩間極小的房間，書房就是臥室，女兒慶紋住另一間。據方珆德小說記載，房東的兒子英俊瀟灑，以後成了慶紋的男友。

經過幾個月的忙碌，身兼數職的方令孺開始暫時安定下來，重慶的天空下，熙熙攘攘的人流裡，多了她美麗而孤單的身影。

二

在重慶，方令孺參加了中華全國文藝界抗敵協會（簡稱「文協」）的活動。文協成立於 1938 年 3 月的武漢，不久遷到重慶，文協的會刊是《抗戰文藝》。當時的重慶彙集了很多文藝界人士，他們紛紛參加文協的活動，

老舍這樣寫道:「大家遇到在渝的朋友:聖陶、起予、沙雁、儲安平、潘子農、宗白華、陳子展、徐仲年、余上沅、郭子傑、方令孺、王平陵等位,真是他鄉遇故知,皆大歡喜。」[3]

宗白華隨中央大學較早內遷重慶,他於 1938 年 6 月接手主編渝版《時事新報‧學燈》。10 月 9 日的渝版《學燈》上,發表了方令孺〈信〉等文章,並且,宗白華習慣性地在這些文章後面寫上一段「編輯後語」。1938 年 10 月 9 日的渝版《學燈》上,方令孺發表的是兩封信,宗白華在「編輯後語」中寫道:「白話文學裡的『散文』,經過徐志摩、梁宗岱、何其芳、蘆焚和其他許多人的努力,已經開闢了一種獨自的美。由於運用新意匠來選字,遣詞,造句,能表出新的意境和情緒。民族創造能力沒有衰落,在這小地方可以看出來。方令孺女士這篇〈信〉和胡小石先生那段古色斑斕如鼎彝的詩序正可以遙相輝映。」[4]這是對方令孺「信」這種散文形式極大的肯定。以後的幾年裡,方令孺在渝版《時事新報‧學燈》陸續發表了散文〈信〉的另外幾函,以及散文〈聽今年的第一聲子規〉、〈病人〉等。

差不多那個時候,發生了一件事。有一次,方令孺的侄兒舒蕪到宗白華那裡,正好方令孺也在,聽得方令孺告訴宗白華說,教育部長陳立夫找過她,建議她寫一本書,提倡婦女回到廚房去。她拿不定主意,讓宗白華一起參謀參謀。他倆是姨侄,更是朋友,何況宗白華見多識廣,找他商量最合適。

陳立夫找方令孺,是因國立編譯館、教科書編委會在行政上歸教育部,國民黨當年也沒有文化部,文化工作也歸教育部管,所以才有這樣的事。而經過「新月」時期的創作洗禮,那時的方令孺,已是知名女作家了。至於婦女是否應該回到廚房,方令孺心裡應該是明白的,否則她也不會走出金絲籠一樣的大家庭了。

---

[3] 《抗戰文藝》1938 年 10 月 8 日第 17 期,轉引自翟超〈隱微的新月——方令孺教授傳論〉,《名師名流》第 597 頁,廣西師範大學出版社 2005 年 9 月版。

[4] 宗白華:〈《散原居士事略》等編輯後語〉,《宗白華全集》第 195 頁,安徽教育出版社 1994 年 12 月版。

對這個問題，宗白華的回答很機智，他對方令孺說：

> 那你就可以告訴陳嘛，用不著「回」了，中國絕大多數婦女本來就是在廚房的，根本就沒有出來，哪裡談得上「回」呢，更何必還要「提倡」？[5]

也許正是宗白華的話給了方令孺啟示，那本書，方令孺自然沒有寫，想來她對陳立夫也有了巧妙的答覆。

這一段時間，因為一批朋友的緣故，方令孺寂寞的生活也還是有些色彩的。1939 年 1 月，一群在重慶的朋友發起每週一次的聚餐活動，地點是在蔣碧薇的家中，發起人分別為蔣碧薇、方令孺、宗白華、郭有守、章益、孫寒冰、陳可忠、端木愷、徐甫德、蔣復璁和顏實甫。這批朋友，個個都是文化界有名望的人，這一次次的聚餐活動，也因為這些文化人而賦予了文化的內涵。

聚餐會發起人有十一位，正好一桌。第一次是發起人聚餐，沒有邀請客人，從第二次開始，每次都另外邀請一桌客人，按請客對象，分為文學專號、考古專號、參政專號、教育部專號等。每次小集稱為一期，十二期為一卷，主持人官拜「主編」的頭銜，第一卷由蔣碧薇主持。用期刊的形式來命名餐會，大概也只有文人才想得出來。文學專號的客人包括了張道藩、余上沅、老舍等人，考古專號包括蔣夢麟、常任俠、胡小石、傅抱石等。每次小集，大家談笑風生，非常愉快。

一面是和朋友的熱鬧生活，一面是她小屋的孤獨人生。方令孺的一生，幾乎就陷在這樣的矛盾中，她曾細細地描繪過她小小的居室：

> 靠小櫃那邊牆上，掛著華冠畫的四幅小斗方，纖紗秀韻，而且裝裱精工。再上一點，是一張團扇面，金色，上面畫著一隻小舟，正從河旁樹蔭下解纜開去。床頭有一張黑漆茶几，上面有一疊書和一個

---

[5]　《舒蕪口述自傳》第 71 頁，中國社會科學出版社 2002 年 5 月版。

白瓷膽瓶，插著我第一次遊南溫泉採來的紅果，已有三個月了，還
是鮮紅悅目……

你看這床頭的壁上，掛著一張竹子，真是有神，我常幻覺著颯颯的
風聲，倘若心煩的時候，這虛幻的鳴篁，不是能教人蕩滌一切嗎？
再過來，就是這低低的窗牖，窗下就是這張書桌了……[6]

方令孺絮絮不停地介紹著她的小房間，書桌上堆滿了各種小玩意：檯
燈、白瓷碗、碗中從江津帶來的多彩的石子和白雛菊、用北溫泉石造的硯
臺、亮晶晶的玻璃杯、水瓶、白玉印色盒、乳白細瓷的小水盂、小綠花瓶，
還有一瓶白月季花，花瓣落了一桌子，桌上還有祖母給她的小掛鐘等等。
一隻小桌子，堆滿了她心愛的小玩意兒，一個船艙似的小屋，盛滿了她對
生活的情意和對人間的關注。所以，宗白華說：「我常想，從這間小似一
個船艙的小房間裡也許會發揮出一個世界來，至少它是會參加一個世界的
建設的。」[7]

三

人生盡有緣。1939 年的春天，方令孺認識了她一生極為重要的朋友靳
以，並且當時他倆很快就成為極熟的朋友。大約在 1939 年 3 月或 4 月上
旬[8]，靳以重返母校復旦大學，開始走上教壇。靳以這樣寫他剛到復旦任
教時的情況：「最初卻是頗使我失望的，因為在菜園壩，每去教書一小時，
要坐兩小時的車，而且那邊我簡直沒有相識的人，也沒有人認識我，除開
一些同學和那個看門的工友。後來我找到一條路，可以從那邊翻到兩路

---

[6] 方令孺：〈信〉，《方令孺散文選集》第 19-20 頁，上海文藝出版社 1982 年 8
月版。

[7] 宗白華：〈〈信〉等編輯後語〉（一），《宗白華全集》第 2 卷第 215 頁。

[8] 靳以初到復旦任教的時間，《靳以年譜》記錄為 1938 年 10 月，我認為應當是
1939 年 3 月或 4 月上旬，見拙文〈靳以初到復旦任教的時間〉。

口，於是在重慶村我可以看到九姑（她是我才認識的朋友，可是我們很快地象極熟的朋友一樣），在另外一個地方我可以看到石。過不久之後我就在重慶村看到他，他是從香港來的，懷著希奇的心緒我們握手了，這是誰也想不到的，在迢迢的萬千里之外，我們又相見了。」[9]靳以文中的「石」是曹禺，「他」是孫寒冰。

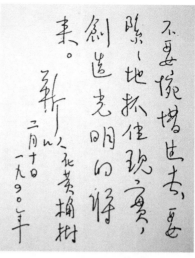

靳以在黃桷樹的時的手跡

復旦大學於 1937 年 12 月遷到重慶時，菜園壩復旦中學已放假，於是借他們的教室繼續上課，這個學期到 1938 年 2 月中旬結束，3 月復旦大學遷北碚的黃桷樹鎮開學，後來復旦中學遷往他處，為方便起見，1938 年秋，復旦大學商學院、文學院之新聞系和法學院之經濟系遷回菜園壩復旦中學舊址上課，直到 1939 年 5 月初大轟炸後，又遷回黃桷樹。靳以在菜園壩上課，沒有多少熟人，不過離開菜園壩，他也有了一些朋友，復旦新同事方令孺、南開中學時的同學曹禺，又遇到了復旦上學時的老師孫寒冰這時由港至渝，回校任教務長兼法學院院長，後來他們相互之間都成了好朋友。靳以在來重慶前，已經接編過幾個大型的雜誌，他的出現，無疑給方令孺的文學生涯帶來生機，以後，他們在一起談文學談生活，深厚的友情保持幾十年。

方令孺認識靳以不久，即送了自己的照片給靳以，她在照片背後寫上了這樣的話：「二十八年四月十日攝於重慶重慶村是並始識靳以贈以作紀

9　靳以：〈孫寒冰先生〉，《靳以選集》第五卷第 326-327 頁，四川人民出版社 1984
　　年 9 月版。

1939 年在重慶的方令孺

念令孺」[10]。方令孺照片上的留言，為我們提供了她和靳以認識的可靠時間。收入陳小瀅紀念冊上的方令孺照片，一襲長長的差不多到腳跟的深色旗袍，映襯著她的溫婉、秀氣和美麗，看著照片，不由讓人想到梁實秋對她的描述：「她經常一襲黑色的旗袍，不施脂粉。她斗室獨居，或是一個人在外面彳亍而行的時候，永遠是帶著一縷淡淡的哀愁。」[11]孤獨時的哀愁是有的，但是和好朋友在一起的方令孺，也是快樂的，如她給親友寫信時，女兒眼中的方令孺：

她穿著淡灰色的綢袍，頭髮向後梳，兩頰微紅，思想從筆尖流下，有時，她忽然抬起頭，瞪住前面的牆，半天，好像讓自己的思想在白牆上描出影子，忽然又低下頭，迅速地寫下去，眉宇間閃掠著一種神氣——可以說是受了感動的神氣，但似乎不僅此……

太陽照在窗外鄰居灰色牆壁上，反射著灰白色的光從視窗流進來。在這種半透明的光線下，她的臉顯得瘦削，眉毛更覺向上彎，嘴抿成一條直線，嚴肅的神氣凝固在她臉的每一部分。室內空氣也似乎緊張起來了；使人感覺到有一件嚴重的事在發生，每一樣東西都好像在準備著屏息著，深灰色的影子伏踞在屋角，宛若在等待，一到時候就踴躍出來。[12]

[10] 章潔思：〈「清溪涓流」〉，《散落的珍珠——小瀅的紀念冊》第 117 頁，百花文藝出版社 2008 年 1 月版。
[11] 梁實秋：〈方令孺其人〉，《梁實秋懷人叢錄》第 226 頁，1991 年 2 月版。
[12] 方令孺：〈信‧附錄〉，《方令孺散文選集》第 24 頁。

　　寫信時候的方令孺，完全沉浸在一種特別的氛圍裡，這時的她，哪裡還有憂愁呢？她在思考著，思緒早就飛出了這個小屋，一枚樹葉、一隻鳥兒、一片光，都能給她無盡的遐想。

四

　　在 1938 年 10 月武漢失守後，重慶開始受到敵機的侵擾，此後一段時間，政府積極疏散人口，組織機關學校下鄉，大約在 1939 年 4 月，教科書編委會遷到了北碚。這樣，大家忙於疏散避亂，蔣碧薇、方令孺等人發起的聚餐小集風流雲散，第二卷剛剛開始由端木愷主持，這時也就中止了。

　　方令孺隨教科書編委會一起遷到了北碚，蔣碧薇則回到她在北碚對岸的黃桷樹舊居——王家大院，與但蔭孫夫婦為鄰。蔣碧薇最早在國立編譯館時，在黃桷樹的復旦兼課，一度住在黃桷樹鎮上。1939 年下半年新學期開始，靳以也到了在黃桷樹的復旦大學任教。

　　教科書編委會遷到北碚時，教育部社會教育司戲劇組也遷到北碚，且併入教科書編委會，更名「劇本整理組」，組長趙太侔，組員中原就有趙清閣，這樣，方令孺與趙清閣也成了同事，並且開始了她們之間漫長的友誼。

　　不過，剛到北碚時，趙清閣因肺病往北溫泉療養，她在那裡認識了沉櫻，後來在北碚，梁宗岱、沉櫻夫婦與趙清閣合租一個新樓，方令孺的住處就在馬路對面，她與梁宗岱又是復旦同事，這樣方令孺與沉櫻也成了朋友。沉櫻 1980 年給趙清閣的信中還有這樣的話：「朋友中最難忘的就是你、王瑩、九姑，大概這和幾次同住一處，大有關係。」[13]

　　北碚是個自治實驗區，抗戰時期，北碚成了「陪都的陪都」。關於北碚，梁實秋有一段描述：

---

[13]　沉櫻 1980 年 5 月 1 日致趙清閣信，《滄桑海往事——中國現代著名作家書信集錦》第 184 頁，上海文藝出版社 2006 年 10 月。

1939 年，趙清閣在北碚

北碚的「碚」字，不見經傳。本地人讀若倍，去聲；一般人讀若培，平聲。其意義大概是指江水中矗立的石頭。由北碚沿嘉陵江北去北溫泉，如果乘小舟便在中途遇一險灘，許多大塊的石頭橫阻江心，水流沸湧，其勢甚急。石頭上有許多洞孔累累如蜂窩，那是多少年來船夫用篙竿撐船戳出來的痕跡。大些的船需有縴手沿岸爬行拉船上灘，同時也要船夫撐篙……這大概北碚得名之由來。[14]

　　當時的北碚是一個不出名的小鎮，「有兩三條市街，黃土道，相當清潔整齊，有一所兼善中學在半山上，有一家乾淨的旅舍兼善公寓，有一支百數十人的自衛隊，有一片運動場，有一處民眾圖書館，有一個公園，其中紅的白的辛夷特別茂盛。抗戰軍興，遷來北碚的機關很多，如胡定安先生主持的江蘇省立醫學院暨附屬醫院，馬客談先生主持的南京師範學校，黃國璋先生主持的地理研究所，國立禮樂館，國立編譯館，余上沅先生主持的國立戲劇專科學校，顧一泉先生主持的經濟部工業研究所，王泊生先生主持的山東省立戲劇實驗學院等等。」[15]

　　復旦大學則遷入北碚對岸的黃桷樹鎮。在黃桷樹的復旦大學，辦學條件異常艱苦，他們借廟宇為校舍，以煤房為學生宿舍，「那時候我們的學校在一個小鎮上，小鎮的後邊就是一座小山，那座山出產煤炭……我們教

14　梁實秋：〈北碚舊遊〉，《梁實秋集》第 338 頁，花城出版社 2008 年 4 月版。

15　梁實秋：〈北碚舊遊〉，《梁實秋集》第 339 頁。

授們，就分住在鎮上的民房裡、廟裡、花園裡。學生們在堆煤堆米的空房子裡，下雨的時節睡覺要撐傘，江裡漲了水，還得提防沖走了床鋪。教授們自己趕場，買菜、劈柴、擔水；同學很少找到一個衣褲整齊有鞋有襪的」[16]，復旦大學甚至還發生洪深教授因生活困難全家服毒自殺的事情，雖然這樣，「我們的校舍，散處於黃桷鎮的每一角落，到處是復旦，但沒有一處特別是復旦。這一點頗與舉世競稱的牛津劍橋，同其風味。」[17]

北碚和黃桷樹，原本不大的小鎮，清清靜靜的土地上，一下子來了那麼多人，教師、研究員、醫生、學生等，尤其是幾所學校的遷入，朗朗書聲響徹小鎮的天空，弦歌不絕如縷，一時文風昌盛，並深深地影響了後來者。

方令孺到北碚，住在辦公室三樓的一室，隔壁一室是梁實秋。由於是隔壁鄰居走動方便，有一天梁實秋到方令孺房間聊天，看見方令孺房中一隻竹架，上面全是中英文書籍，抗戰時期，這可是稀有現象。方令孺離開南京時，帶著一隻大箱子裝了很多她喜歡的書，到安慶時，她把箱子存在她祖父在安慶的藏書樓上，那麼這一書架的書大約是她到重慶之後陸續購買的吧。梁實秋檢出其中的一本英文小說，方令孺告訴他，這是一部非常動人的小說，梁實秋借來一口氣讀完，對小說大為欣賞，在抗戰艱難的日子裡，在夜間煤油燈的照明下，梁實秋一點點翻譯了這部小說，書名譯作《咆哮山莊》。這本書，後來楊苡翻譯時，書名譯成《呼嘯山莊》。梁實秋翻譯之後，趙清閣把這部小說改編為劇本《此恨綿綿》，由重慶的國立歌劇學校演出了。梁實秋的這個譯本，還收入趙清閣主編的《黃河文藝叢書》出版。

他們遷到北碚不久，1939年5月3日，重慶遭到了日機的轟炸。聽得這個消息，第二天，方令孺乘船赴重慶探望朋友，在船上與梁實秋相遇，他們立在船甲板上，一路欣賞嘉陵江小三峽的優美風光。可是，就是在5月4日這一天，幾十架日本轟炸機，又從不同方向竄入重慶市空，投下數

[16] 靳以：〈從個人到眾人〉，《靳以選集》第五卷第576頁。
[17] 吳南軒：〈入川後之本校〉，《復旦大學志》第179頁，復旦大學出版社1985年5月版。

不清的炸彈，重慶遭到了重創。在梁實秋和靳以筆下，有「五四大轟炸」詳細的描述，到處是熊熊大火，到處是哀號聲哭叫聲，滿世界的灰塵和煙霧，房子倒了，街道變了樣，但是經受過這種災難之後，心卻更堅強了：「於是我們，——這些幸而從殘酷的屠殺中活下來的人們，站定了腳步，堅實地，毫不恐懼地，送迎著敵人，而我們所有的，是一顆無比的，鋼鐵般的，堅硬的心。」[18]靳以那時，到復旦不久在菜園壩分校，他住在重慶市區。他在文中提到，他們是四個人在一起，兩男兩女，這其中是不是就有方令孺呢？我想可能性是很大的。

　　殘酷的戰爭，最能撼動一個人的心靈世界，對這次經歷，方令孺也許沒有寫下什麼文字，但是影響必定是深遠的，兩年後，一次她收到家裡來信，因敵兵進城，老家的房子被毀了好多，亭子間滿地是父親的殘書斷帖，回憶往昔，方令孺寫下〈憶江南〉一文：「我寫到這裡，心上湧起一陣泉水似的悲涼，想父親一生愛書如命，平時再也不許我們隨意翻動，這次竟如此糟蹋了！。父親所以不十分痛惜，是因為一般廣大的喪亡，比起個人的損失又算得什麼？可悲痛的有比這更大，更大的事，父親是明白的。」[19]父親是明白的，她自己也是明白的，國家、民族在遭受巨大的災難，個人的苦痛、不幸又算得什麼？〈憶江南〉發表在 1941 年 3 月 20 日的《抗戰文藝》第七卷第二、三合刊上，這篇文章和發表在《學燈》上的一組〈信〉一起，成為方令孺重慶時期的代表作。

　　不久，梁實秋和朋友吳景超、龔業雅合買了一棟坐落在山坡上的新建的房子，以龔業雅的名字來命名，為「雅舍」。方令孺則戲稱自己的住處為「俗舍」。俗舍的對面是趙清閣的居處，雅舍也就在斜對面不遠的地方。

　　學者徐仲年曾經對方令孺和她的居處作過細緻的描繪：

---

[18] 靳以：〈五月四日〉，《靳以選集》第 312 頁，四川人民出版社 1084 年 9 月版。

[19] 方令孺：〈憶江南〉，《方令孺散文選集》第 73 頁，上海文藝出版社 1982 年 8 月版。

她是入骨的女詩人，女性化的女子！……令孺一天到晚在雲端裡過
日子：我並不笑她糊塗，卻喜她超脫。她在北碚的房間，十足表示
女主人的個性：狹得像條弄堂，可是一塵不染；床頭放一茶几，几
上供著一尊硿佛，一隻白石小香爐微微焚起芸香；牆是半節白半節
米色，掛著兩張像，一張是屈原，一張是但丁，兩個倒楣的詩人！
我「擠」進房，佔據了她的惟一的靠背椅；她為我燃點一支安息香，
敬了我一小杯鐵觀音，退坐高及半膝的蒲團上，然後和我大談詩詞
中的「空靈」問題。從她那裡出來，洗去俗塵三斛，身心為之一新！
我很愛讀她的白話詩，我也愛讀她的小品文：字裡行間灑滿了銀灰
色的，卻又一縷縷透出淡青色的希望！[20]

真可謂俗舍不俗啊。

那時，女兒慶紋和男友每週都來北碚看望自己的母親。而平時的方令
孺，孤單影只，非常寂寞，趙清閣說她「詩人氣質很重，她既有胸襟豁達
的一面，也有點多愁善感，孤僻倨傲。她交往的人不多，常常獨自待在屋
裡沉思默想，好端端的會忽然落淚。」[21]有一年的春天，一個晚上，方令
孺坐在窗前看書，突然聽到子規的叫聲，她一陣欣喜，與子規絮絮地說
著話，「啊，你回來了嗎？我有一陣淡淡的歡欣，像輕煙似的，慢慢升
起……」[22]北碚的夜色下，多了一顆多愁善感的心。

五

不過，這時的方令孺還是較為活躍的。

[20] 徐仲年：〈一片冰心在玉壺〉，《旋磨蟻》第 348 頁，中華書局 1948 初版。
[21] 趙清閣：〈明月伴詩魂——憶念女詩人方令孺〉，《長相憶》第 19 頁，學林出版社 1999 年 1 月版。
[22] 方令孺：〈聽今年第一聲子規〉，《時事新報‧學燈》（渝版）第 175 期（1942 年 5 月 4 日）。

　　1939 年夏天，蔣碧薇、方令孺等人組成一個小小的旅行團前往縉雲山遊玩。縉雲山古木參天、風景優美。山上一座縉雲寺，古稱相思寺，寺外有相思崖，生有一種相思竹，于右任有詩云：「相思崖上相思寺，相思樹結相思子，相思鳥慣雙雙睡，相思竹自年年翠……」縉雲寺遊玩的人們是歡快的，一路之上留下很多照片，當晚他們借宿於山寺。一年之後，方令孺將她在縉雲山上的一張照片送給了靳以。

　　1939 年 9 月 10 日，由胡風、陳子展發起，魏猛克、王潔之籌備的「中華全國文藝界抗敵協會北碚聯誼會」在黃桷樹王家花園成立。那天到會的，除了已經提到的文藝理論家胡風、復旦中文系主任陳子展、雜文家魏猛克、電影劇作家王潔之等之外，還有新月派詩人方令孺、作家端木蕻良和蕭紅夫婦、復旦文學院院長兼外語系主任伍蠡甫、中文系教授靳以、外語系教授馬宗融、作家何容（老談）、作家老向（王向辰）、《文藝》月刊主編胡紹軒、通俗通物編刊社編輯方白和楊仁甫、攝影家劇作家林谷和阜東（老向夫人）等 17 人。這是北碚區文藝界的盛會，會上大家歡快地交談。會後，大家一起合影留念，拍攝地點就在王家花園，王林谷攝影。照片上共十六人，蕭紅穿著碎花旗袍，蕭紅的邊上是靳以，方令孺就站在蕭紅後面。當時蕭紅和端木蕻良生活在一起，端木執教於復旦，他倆就住在復旦宿舍秉莊、靳以家的樓下。

　　當時在復旦校園，也有很多文藝組織，其中有抗戰文藝習作會，會長方璞德是方令孺的侄兒。抗戰文藝習作會研究文學、討論時事，聘請胡風、方令孺、靳以等教授為習作會顧問，也時常請一些校外知名作家、戲劇家如老舍、洪深、曹禺等來校作報告。

　　　　我記得在一個中秋的夜晚，明月皎潔，晚風徐徐，抗戰文藝習作會
　　　的會員燃起一堆篝火，圍成一個大圓圈，席地而坐，展開討論。
　　　參加的客人還有文學院的幾位教授。討論的作品是《阿 Q 正傳》
　　　和《狂人日記》。討論的目的是想通過這兩篇文章更深入地瞭解中
　　　國舊社會的本質和與此相連的國民黨統治的特點，以及中國的前途
　　　和出路。參加這次討論會的還有兩個女作家：年紀較大的是一位和

我們朝夕相處的教我們近代小說和文學，被我們這批流亡學生當作
母親一樣愛戴的方令孺老師。另一位比較年輕，大約 30 多歲，外
表樸素而文靜，沉默寡言，頭上梳著瀏海髮型，坐在我們中間並不
引人注意，但是從她的作品看，她卻充滿了革命的激情。她就是寫
《生死場》的作者肖紅。[23]

　　復旦校園之外，還很多文藝團體，其中有林毅組織的「火焰山文藝
社」，他們舉辦文藝創作講座，創辦了《火焰山抗戰文藝壁報》，壁報半月
出刊一次，張貼在體育場邊上一塊三峽區區署的佈告牌上。壁報得到在北
碚的知名作家如老舍、胡風、靳以、蕭紅、方令孺等人的支持。

　　愛好文學的舒蕪關注著九姑方令孺的動態，他看到報紙上經常有九姑
參加文藝活動的消息，很為她高興。後來，有一次舒蕪到北碚會朋友，順
便也見了九姑，他很高興地對方令孺說常看到她參加文藝活動的消息，但
方令孺對此比較反感，她不愛聽「文藝活動」這個詞，但是談到田間的詩，
她卻很讚美，還引聞一多的話說田間的詩是「鼓聲的詩」。這讓舒蕪很驚
訝，新月派詩人應該不會欣賞田間吧，難道九姑莫非是受了聞一多的影響？

　　事實上，方令孺受到的影響是多方面的。

　　在復旦大學，除了靳以、孫寒冰等，方令孺又結識了一批朋友，如馬
宗融、陳子展、洪深等，這些進步的民主教授團結在一起，同情、支持學
校裡的民主鬥爭，成為復旦一股堅強的力量。

　　而家族對方令孺的影響也許來得更直接、更有力。

　　1939 年，侄兒方璞德重新回到復旦就讀，並且擔任重慶北碚三峽實驗
區中心縣委的常委、復旦大學地下黨的支部書記、抗戰習作會負責人。因
為方璞德頻繁的活動，他的地下黨身份被暴露，1940 年，他復旦未讀完去
了延安。離開北碚前，方令孺給他改名楊永直，要求他如青松翠柏，永遠
挺直而立，不屈不撓。多年後楊永直回憶：

---

[23]　苑茵：〈憶黃桷鎮和肖紅〉，《新民晚報》1983 年 8 月 19 日。

1945 年，舒蕪（後排左）在四川

　　那時，我們時常在嘉陵江畔散步，在北溫泉游泳，在她居住的小竹
樓裡，聽她朗讀高爾基的《母親》和普希金的詩歌，以及陸遊的「詠
梅」，李義山的「留得殘荷聽雨聲……」。我常向她宣傳國內外及反
法西斯戰爭形勢，我黨抗日的方針、政策。十月革命和紅軍的故事，
青年們對延安的嚮往，復旦進步力量與國民黨頑固勢力的鬥爭。差
不多有一年之久，每個週末，他們都是在一塊度過的。[24]

　　可以說，親友對方令孺的影響非常大。早在美國留學時，方令孺一個
堂姐的女兒虞芝佩就影響了她，虞是方氏家屬中的第一個共產主義者，美
國共產黨員，受之影響，方令孺在美國開始尋求人格上自由和獨立。不過，
抗戰前，方令孺最多只是一個自由知識分子，固然追求人格的獨立，但是
政治風雲未必會關注，看她的散文〈信〉前幾函所關心的，大抵是個人的
情感和命運。抗戰開始後，她的小女兒陳慶絢，改名蕭文，和她的一個

24　楊永直：〈我的九姑方令孺〉，《上海灘》1988 年第 8 期。

侄兒方琦德一起到新四軍根據地參加革
命。大女兒陳慶紋跟隨她到重慶，成為地
下黨員，根據英文名的諧音，改名李伯
悌，一度特務要抓她，方令孺把她送到復
旦校長章益家裡保護起來，後來她任《時
代》雜誌駐中國重慶記者，向國外報道中
國抗戰的消息。侄兒方何璧，改名何均，
抗戰期間重慶大學沒念完和方璞德一起
去了延安，後來成為朱德的秘書。侄兒
方復，抗戰期間入西南聯大，也是地下
黨。因為身邊人的影響，方令孺的思想
開始有了改變，她在〈信〉中說：

> 我只要毀滅我自己，不留一絲固
> 有的原素存在，然後再生，成
> 為一個原始的，剛強有力的人，
> 不帶過往的渣滓，對於一切所

方令孺（左）與女兒李伯悌（右）一家

謂高雅，神韻，幽深，縹緲，華麗和名貴等等，都不會嘗味和醉
心，那樣才可以創造一個新的世界，新的人生；沒有矛盾，沒有
思想上的交錯，沒有顧慮，沒有懷疑的陰影；才是一個真實的人，
才能站起來象……一座摩天的峰頂。[25]

其實我心裡確實是快樂的。我確是覺得大時代給我心有一種新的悸
動，新的顫慄，新的要求。過去幾年止水似的生活，到此完全給推
倒，翻動。現在再也不容許我停頓，悠閒，和沉迷在古藝神的懷
抱裡。

……

---

[25] 方令孺：〈信〉，《方令孺散文選集》第 16 頁。

個人在這個時候算什麼？把成千上萬的人的生命和自己比起來，到底算得什麼！成千上萬的人在火裡燒，水裡爬，壓在石頭底下，瓦礫堆中，喘他最後一口求生的氣。那時候，他會像平時吃飽了飯坐在沙發上的人們所感覺到的一點漠然的空虛，一點情感上的苦痛，要求一點溫暖的火在冬天的夜裡？還有那份離別的傷懷，和想望一個人的時候的焦慮，可又能覺得？不，他們再也不會，這些感覺和那千萬人最大的苦痛比起來，實在太渺小了。渺小得像一粒小火花，在茫茫黑夜的平原上。[26]

但她的思想還是比較矛盾的，趙清閣這樣說她：

> 溫文爾雅的九姑，潔身自好；卻富有正義感，常因不滿現實，對時弊有所批評。為了當時我主編《彈花文藝》，遭遇種種困難的打擊；而我不屈服，堅持戰鬥。她雖誇我勇敢，但又歎我太迂。她認為辦刊物、寫文章，是難能戰勝黑暗勢力的，只因她徒自招些痛苦。她似乎有著無可奈何的心情。這期間她已經由不參加政治而關注政治了，主要表現在她的愛國主義思想，她呼籲和平、民主，反對獨裁統治。她的進步逐漸明朗化，這與革命形勢發展的影響有關係。[27]

從對待《彈花》這件事上，可以看出，她的矛盾是很深的。一方面，她寫文章抒發自己的感情，另一方面，她又覺得，若是以此作為武器，是很無力的。在另一封〈信〉裡，她也表達了這樣的思緒：

> 人一生的遭遇，真像俄國庫普林一篇〈晚間的來客〉裡所說拈鬮一樣，一些意料之外的事，會無端的闖進生命裡來，一個人就會受很

26　方令孺：〈信〉，《方令孺散文選集》第 17 頁。
27　趙清閣：〈明月伴詩魂──憶念女詩人方令孺〉，《長相憶》第 20 頁。

大的影響……剛強的人說命運是由自己造成的，我大概不夠剛強，所以有點相信這闖進來的「晚間的來客」。[28]

她生活中親友發生的那些事，這時就像這「晚間的來客」，一個個地闖進她的生命來，讓她從一個不大關心政治的人，而關注起時政來了。方令孺和其他教授們一起，領導了復旦大學校內的抗戰文藝習作會，有一份當時國民黨的秘密文件就說這件事：

北碚復旦大學中共分子活動甚力，在該校各種文化團體中均有其分子深入，且有因此而操縱其組織作中共活動之工具者。茲將其分述於左。（一）抗戰文藝之習作會。……其實際領導人物有該校教授（左傾文藝之作家）方令孺（女）、章靳以、胡風、馬宗融，及該校職員（中共分子）賈開荃、楊豈深、汪衡、吳道存等。……請查明參考為荷。[29]

北碚時期的方令孺，還有很多傾向進步的表現。當時復旦大學規定，學生註冊上課需有兩位教授簽字當保護人，當進步青年司徒漢帶著畫家哥哥司徒喬的介紹信找到她，請求她做他的讀書保護人時，她豪爽地答應了。

以後在北碚，還發生了幾起重大的政治事件，1945 年 7 月的「覆舟事件」（復旦校船超載在江中翻沉，三青團骨幹對進步學生見死不救）和 1946 年 3 月的「谷風事件」（毆打進步學生和洪深教授）中，方令孺總是支持進步學生的抗議活動，以至引起國民黨當局特務的高度注意。

1950 年 12 月，當方令孺回顧往事，談到那段日子時，她有太多的感慨：

28　方令孺：〈信〉，《方令孺散文選集》第 21 頁。
29　抗戰時期國民黨內部「密抄件」（軍委會辦公廳代電，辦四渝三字第 9062 號），轉引自瞿超〈隱微的新月──方令孺教授傳論〉，《名師名流》第 628 頁。

當日本帝國主義來侵略我們的時候，眼看著蔣介石沒有抗日的誠
心，我的女兒們，和我的侄兒侄女們，是氣憤極了，青年人有眼光，
有熱血，不能容忍，他們就行動起來了，自動的參加革命組織，一
個個就從我身邊走出去。我沒有說什麼，因為我一樣的和他們敵愾
同仇。我知道他們那樣做是對的。我們默默會心，並且我擁護他們，
掩護他們，幫助他們達到目的。在那種時候，和國民黨反動派作尖
銳的鬥爭的時候，情形是艱苦的而且非常危險，這是諸位所曉得
的。諸位以為我那時心裡就一點不急不愁嗎？不是的，我那時候所
過的恐怖悽惶的日月，現在說也說不完，但是，我堅強的把他們的
意志當作我自己的意志，也就是說，我的意志，就是他們的意志。
我覺得那樣做是對的。[30]

六

　　和侄兒的親情暫時斷開了，但友情還在。蔣碧薇住在黃桷樹，每天渡
過嘉陵江來北碚的編委會工作。中午的時候，她的傭人送來午餐，方令孺
則在編委會包餐，兩個人就一起在方令孺的房間吃飯。傍晚下班後，方令
孺總要把蔣碧薇送到江邊，那時已是薄暮時分，兩人走過一道長長的沙
灘，把蔣碧薇送上了船，方令孺這才揮手告別。在一起時，方令孺總是勸
蔣碧薇多寫文章。孫寒冰對她倆有個對照式的評論，他說：「方令孺猶如
清溪涓流，蔣碧薇則似高山巨瀑。」[31]雖然性格相差很大，卻不妨礙她倆
成為朋友。

　　1940 年 3 月 28 日，星期四。竺可楨從重慶到北碚，正好陳源也在北
碚，於是他們一起到教科書編委會，會晤方令孺和蔣碧薇。竺可楨眼裡的
方令孺，不見近五年，已胖了許多。這麼說，他們大概在南京時見過的。

[30]　方令孺：〈母親的話〉，《方令孺散文選集》第 88-89 頁，上海文藝出版社 1982
　　　年 8 月版。
[31]　蔣碧薇：《蔣碧薇回憶錄──我與徐悲鴻》第 181 頁。

第二天，竺可楨與陳源等人一起又到教科書編委會，看過方令孺之後，一起到厚德福吃飯。厚德福是梁實秋的親戚開的，最早開在北平，當年梁實秋他們到青島後厚德福也在青島開了分店，現在又在重慶開了店，後來大轟炸中此店被炸毀。這次是老向作東，除了這些人外，還有老向夫人阜東、趙太侔及其夫人俞珊、許心武等人。

餐後，因為陳源要去復旦訪友，於是一起到了對岸。先到東陽鎮參觀復旦農場及在建的宿舍，接著又到了黃桷鎮參觀教室等，還去了蔣碧薇的住處喝咖啡。傍晚時分，竺可楨、陳源、方令孺等人一起回到北碚。

這個時期，方令孺和蔣碧薇早成了密友，有朋友遠方來，她倆一起陪伴，沒有朋友來訪時，她倆就是最好的朋友。

直到 1940 年 5 月底，黃桷樹復旦大學遭到大轟炸之後，蔣碧薇辭去復旦教職和編委會工作，回到重慶，她們才又分開。

方令孺的好朋友孫寒冰就是在那次大轟炸中犧牲的。那天是 1940 年 5 月 27 日，靳以說他，在第三次敵機經過的時候，他還站在王家花園後山上用望遠鏡瞭望。又據梁實秋〈回憶抗戰時期〉中描述，後來，孫寒冰回到王家花園和何浩若下象棋，這時炸彈下來了，一聲巨響，何浩若伏到桌子底下，孫寒冰往屋外跑，才出門就被一塊飛起的石頭砸死。

在這之前，有一次渡江，孫寒冰對朋友說：「人生原來有三件大事：結婚、生孩子，再有就是死了。我們已完成了兩件，不知道什麼時候完成第三件。」[32]大家認為這話不吉利，可過不了幾天，第三件事就來了。

失去好友的方令孺，懷著悲憤的心情，一掃新月時期的婉約、朦朧，寫下長詩〈悼念寒冰〉：

> 是誰毀了他，把他的
> 生命猛然吹熄！
> 當我看見他：

---

[32] 靳以：〈孫寒冰先生〉，《靳以選集》第 328 頁。

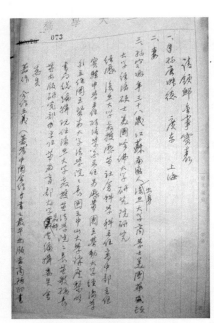

復旦大學歷史檔案中記載的
悼念孫寒冰事項

僵冷地橫陳在面前，
晦澀的兩眼向著天空，
我覺得這不是寒冰，
卻是千百萬人的
骨肉親戚朋友，被日寇
殺戮的象徵。
這象徵要永鑴在人的心上，
像一座石碑的尊嚴。[33]

這首詩發表在 1940 年 12 月 9 日的香港《大公報》文藝副刊。因為敵機的轟炸，孫寒冰三十七歲活潑潑的生命嘎然而止，「記得多少年前，我們同在一個遠遠的地方」、「十七年我和他的友誼」[34]，方令孺細細地回味著他們十七年的友情，她想起，在異國他鄉，有一個黃昏，孫寒冰來敲她家的門，邀她一起去看他剛買的兩包書，他倆走過一片樹林，這時滿地是落葉，景色迷人。情誼深深地凝聚在她心中，當然哀悼不單因為他們是好友，還因為他有一顆主張正義的心。

七

經過這次教訓，凡是有警報來，他們開始認認真真地躲空襲了。緊急警報一響，大家陸續入洞，有人帶著小竹凳，有人攜著水瓶，有人提著飯盒，有些人手裡還少不得一把芭蕉扇。編委會有兩個防空洞，趙清閣住處

---

[33] 方令孺〈悼念寒冰〉，《方令孺散文選集》第 137 頁。
[34] 方令孺〈悼念寒冰〉，《方令孺散文選集》第 137 頁。

附近中山路背後的山坡上，有一個利用岩石鑿成的防空洞，洞內滲水，非常潮濕，待久了精神不爽，感覺氣悶窒息。趙清閣因為她身體不太好，有時不願進洞，而坐在洞外看書，這是方令孺不允許的，她總會把趙清閣拉進洞內，並且生氣地責備趙，因為孫寒冰就是不進防空洞犧牲的。但她縱是責備，在趙清閣看來，也顯得那麼和藹可親。

好在洞裡的世界還是頗有趣的，大家常聊天解悶，梁實秋詼諧幽默，愛說笑話，常會讓方令孺孩子似地縱聲大笑。而一旦聽到日機投彈的聲音，俞珊便會撲到孩子們身上保護，有一次，連趙清閣也一起被拉進了她的懷抱，悶了好一陣子。如果時間久了感覺空氣不暢，大家拿起芭蕉扇向同一方向扇風，以助空氣的流通，而且效果不錯。

梁實秋他們簡陋的雅舍總是高朋滿座、賓客如雲，趙清閣、方令孺也是雅舍的常客。雅舍門前有很大的梨樹兩棵，開花時節白色的梨花如皚皚瑞雪，詩意盎然，趙、方兩人常在晚飯後散步，每次站在坡下，總要佇立仰首觀賞一陣，有時在欣賞過梨花之後，走進雅舍小坐，與主人歡談。

抗戰中，生活是極其艱苦的，桌上大抵是白菜豆腐。有一天，方令孺興致勃勃地邀請梁實秋和龔業雅到她那裡吃飯。入室一陣香氣撲鼻，炭火上，一隻瓦罐已經煨了五、六小時之久。煨的是一大塊有肥有瘦的鮮肉，不加一滴水，只加料酒醬油，嚴蓋鍋蓋不令透氣。大概是東坡肉的燒法，風味絕佳。這一餐大家吃得盡興。艱苦的日子裡，還有噴香的東坡肉調劑生活，實在是天大的美事。

有一回，冰心來北碚，朋友們歡聚於雅舍，飯後，冰心在梁實秋的冊頁薄上題字，恭維了主人幾句，說，花有色香味，人有才情趣，人像一朵花才好，朋友中，實秋最像一朵花。還沒寫完，有人不服，於是冰心語下急轉，又寫道，實秋雖是一朵雞冠花，培植尚未成功，仍須努力。

過一些日子，方令孺到雅舍，看到冰心的題詞，她不知就裡，提筆也寫下幾句話：

余與實秋同客北碚將近二載，藉其詼諧每獲笑樂，因此深知實秋「雖外似倜儻而宅心忠厚」者也。實秋住雅舍，余住俗舍，二舍遙遙相望。雅舍門前有梨花數株，開時行人稱羨。冰心女士比實秋為雞冠花，余則擬其為梨花，以其淡泊風流有類孟東野。惟梨花命薄，而實秋實福人耳。

庚辰冬夜　令孺記[35]

　　1940 年的冬天，在北碚的方令孺感慨地寫下這些話。不知孟郊如何風流，但雅舍主人之風采，方令孺是真真實實地感受到了，而這命薄命富，是否有對自己身世的顧影自憐呢，是否還有點「晚間的來客」的味道？

八

　　陳慶紋隨母親方令孺來到重慶後，先在重慶的中學讀書，後來進入在樂山的武漢大學外文系。她自小隨父母生活在美國，回國後又到南京教會辦的匯文中學讀書，對英語有著頗深的造詣，1939 年新年，武漢大學外文系演出莎士比亞名劇《皆大歡喜》，陳慶紋扮演女神，她那純正的發音、流暢的語言，讓人為之傾倒。陳慶紋進武大後擔任樂山中心縣委宣傳部長，武大女生黨支部書記。

　　1941 年 3 月，陳慶紋從武漢大學轉到西南聯大外文系，在二年級借讀，成了吳宓的學生。當吳宓得知陳慶紋就是方令孺長女 Betty 時，真有些意外了。

　　吳宓第一次見到陳慶紋是在 3 月 8 日，下午他上《人文》及《歐文史》課時，他只簡單地記錄了「女生陳慶紋加入」[36]幾個字，再沒有什麼過多的表示，後來一次也這樣，感覺平平，但當吳宓得知陳慶紋為方令孺長女

35　梁實秋〈方令孺其人〉，《梁實秋懷人叢錄》第 229 頁。
36　《吳宓日記》第八冊第 50 頁，三聯書店 1998 年 3 月版。

時，感情馬上就起了變化，眼睛所見也不一樣了，1941 年 3 月 19 日日記：
「下午 1-2 上《歐文史》課。畢，新來女生陳慶紋自陳為方令孺長女 Betty，
在聯大外文系二年級借讀。宓觀其人雅淡秀美，且確貌似令孺。乃與同步
回舍。詢悉孺等近況，並約晤。」[37]這還不夠，第二天，吳宓就有了心思，
他想把陳慶紋介紹給李賦寧：「偕寧至校，秘告寧以介紹慶紋與寧之意。
1-2 上《歐文史》課。寧旁聽，與紋略談。」[38]吳宓讓同校老師李賦寧來旁
聽自己的課，藉以與陳慶紋熟悉。

　　這以後，吳宓與陳慶紋的交往多了，一次他借來《英詩選讀》給陳慶
紋，有幾次他們一起聚餐，一次，他把自己和陳逵的贈答詩讓陳慶紋給方
令孺看，另有一次，吳宓想讓陳慶紋一起搭飯同一人家，被人家冷言拒絕，
他心裡非常不痛快，幸好陳慶紋並不知曉此事。這年的端午節，吳宓與朋
友是約了陳慶紋和她的好友一起過的。吳宓樂於與陳慶紋在一起，他還替
陳慶紋向武漢大學寫了轉學西南聯大的報告，並且託朱光潛出力，他碰到
李賦寧、沈從文等，也喜歡和他們談論方令孺陳慶紋母女。有一次，吳宓
拿出方令孺的詩文給李賦寧看。1941 年 7 月 12 日和 14 日，吳宓寫了對方
令孺詩文的英文評論 *Appreciation of Mme 方令孺's Recent Writings*[39]，後來
這篇評論文章他讓慶紋轉給她的母親。

　　在不到半年的時間中，吳宓與陳慶紋保持著較多的聯繫，不過，陳慶
紋在西南聯大的時間只一個學期，1941 年 7 月 18 日，吳宓接到陳慶紋函，
得知她和朋友到了外地。這之後有一年半的時間，《吳宓日記》中見不到
陳慶紋的記錄，直到 1942 年 12 月 14 日，吳宓在學校看到《創作月刊》
四五合期上方令孺的文章〈聽到孩子到臨的歡欣〉，知道陳慶紋嫁後，於
1942 年 4 月生下一女，「孺欲以後橘名之，稱為伊之第三代化身。宓則更
念 Walter Savage Landor 之 *Three Roses* 之詩矣。」[40]Waltre Savage Landor

---

[37] 《吳宓日記》第八冊第 56-57 頁。
[38] 《吳宓日記》第八冊第 57 頁。
[39] 〈方令孺女士近作評贊〉。
[40] 《吳宓日記》第八冊第 426 頁。

是沃爾特・薩維奇・蘭多，*Three Roses* 是他的詩〈三朵玫瑰〉，吳宓以蘭多之詩表達了他對方令孺一家三代玫瑰的喜愛之情。

　　一年之後，《吳宓日記》再次出現方令孺母女，1943 年 12 月 16 日，吳宓到雲南大學訪胡光煒：「煒又述孺孤苦情形。三女 Sappho 已死滬上。二女已嫁，夫婦在皖為游擊隊。長女紋婿李明（？）聯大畢業，任銀行職，甚足自贍。孺則甚憔悴云云。」[41]

　　在重慶的方令孺，始終也是吳宓關注的對象。

九

　　溫塘峽畔的縉雲山景色宜人，山上有縉雲寺，寺中名僧太虛和尚辦了一所佛學院，「學生都是小和尚，除了講授佛經外，還教些一般課讀，充實學生的文化知識。教師都是老和尚，具有一定文化水準，思想相當文明開通，有點出家在家的精神風貌。他們常請遊客中的名流給佛學院的學生講演，他們風趣地把這說成是化緣，他們不要求佈施金銀錢財，只要求佈施些文化知識。」[42]有一次，郭沫若、趙清閣等一行到縉雲寺，受邀即興演講，宣傳抗戰救國，之後，和尚招待他們一頓素食。縉雲寺住持是法舫和尚，喜愛文藝，特別歡迎文人，還常常同文人們合影留念。

　　1942 年仲夏，老作家林語堂住在縉雲寺避暑、寫小說。有一天他請幾個文藝界朋友上山素餐，有老舍、趙清閣、方令孺、梁實秋等，還邀了法舫作陪。法舫和大家一起談笑風生，林語堂笑稱他為現代新僧人，如果脫去袈裟，不會相信他是和尚，因為他沒有一般僧人的習氣，開口「彌陀」，舉手「合十」。法舫則對人說，心即是佛，他在心裡為國家民族的災難祈禱。雖然他不可能從軍抗戰，卻絕不會當漢奸，也不會逃到外國去。在趙清閣看來，他似乎比林語堂愛國。有人認為太虛是「政治和尚」，但趙清

---

[41]　《吳宓日記》第九冊第 164 頁。
[42]　趙清閣：〈流水沉渣〉，《旅伴》1982 年第 9 期。

閣知道法舫確是關心國家大事，有正義感。不過，這樣的和尚，在當時那個社會裡，是不被理解的，因此他默默地悄然離開了縉雲寺，據說是到海南島修行去了。

　　文人的交往確實是一筆財富，一種精神的安慰。

　　1942 年 11 月 2 日，中央文化運動委員會在重慶開第三屆全體委員大會，方令孺和蔣碧薇一起參加了，當時蔣碧薇在四川省立教育學院任教。會上，她倆見到了久未謀面的老朋友、中央大學教授徐仲年。傍晚大會閉幕，三個人一起走出會場，步行到臨江門臨江路中法比瑞文化協會進晚餐。方令孺感慨地對徐仲年說：

　　　「現今仲年的臉上也蒙著抑鬱了！」
　　　「當今之世，誰還有笑容呢？」蔣碧薇接著道。
　　　「笑容的人也許還有，可不是我、你、她！」[43]

　　三個人一起笑了。

　　1940 年代後期，徐仲年寫文章說起這些舊事，還說，方令孺多愁善感，容易哭泣。過去復旦有三傑：孫寒冰、章益、溫崇信。溫崇信當訓導長時，上面要調他去當行政專員，方令孺勸阻不住，縱聲大哭。溫崇信被感動了，一時也抽咽起來。這時難為了在一旁的徐仲年，他不想哭，又不敢笑，直到好半天才「淚」過天晴，不過溫崇信後來還是走了。孫寒冰遇難後，則不止方令孺一個人哭了。

＋

　　張充和來到重慶後，於 1943 年，她也到了北碚。蔣介石下令教育部建立禮樂館，幫助政府重新修訂禮樂——戰爭時期，很多人認為這是多餘的，卻正投張充和所好。

---

[43] 對話來自徐仲年：〈枉過一生蟻旋磨〉，《旋磨蟻》第 1 頁，中華書局 1948 年版。

在重慶復旦大學
教書時的靳以

靳以和張充和是多年的老朋友,他們相識於1930年代,當年張充和常到上海唱崑曲,靳以也常去蘇州聽張充和唱崑曲,來來往往中,兩人結下了深厚的友情。2009年5月,靳以的小女兒章小東採訪同在大洋彼岸的張充和,張充和談她及與靳以的往事。

張充和多才多藝,國立編譯館為勞軍曾組織過兩次文藝晚會,張充和應邀上臺表演,她的表演,得到大家一致的欣賞。她的行書娟秀飄逸,一如其人。她還彈得一手好琴,幽雅的琴聲,在方令孺是喜歡聽的。有一個晚上,趙清閣踏著月色去訪方令孺,屋裡沒有燈光,她以為方令孺不在,便要走。此時方令孺叫住了她,小聲地讓趙清閣坐下來聽琴,而方令孺自己則倚立窗前,出神地傾聽。清風送來琴聲古意,趙清閣大為驚訝,一個郊外小鎮,竟有雅人撫琴!方令孺告訴趙清閣,是張充和彈的琴。趙清閣想拉方令孺去看琴,方令孺卻說,只有聽琴,哪有看琴的?說得趙清閣有些慚愧。方令孺又說,聽琴最好偷聽才有意思呢。以後,趙清閣離開北碚回到重慶,而方令孺與靳以、張充和之間有了更多的交往。在章小東的訪談中,張充和仍津津樂道於當年這些故事,她回憶說:

> 抗戰開始了。我輾轉到了重慶附近的北碚,那時候你父親已經是復旦大學的教授了,隨著復旦內遷至北碚附近──嘉陵江對過的黃桷樹鎮。當時的黃桷樹鎮非常簡陋,連個街道也沒有,想要下館子吃飯,買個日常文化用品等,都要渡江到我這邊來。其實,我這邊也只有一家小館子,你父親來了,我們就一起去吃飯。我也常常過江去看望你父親和其他老朋友,他們自己都會做些拿手菜,做得很好,我就去蹭飯。有一天方令孺開玩笑地敲我竹槓說:「充和,你老來這裡吃我們的,下一次你要炒菜請客。」我想了想答

應了。過了幾天，我真的拎了幾個做好的小菜和一大堆牛肉到了黃桷樹。」[44]

　　生活是艱苦，友情帶來的快樂是長久的，活在友情裡的方令孺並不孤獨，更重要的是，友情生髮的光茫是燦爛的、迷人的。

　　受著長年桐城派的薰陶和多年西方文化的影響，方令孺除了寫詩和散文之外，還翻譯過一些外國文學作品，這些翻譯作品得到友情的關照。1943年 6 月，趙清閣受聘中西書局，赴成都主編「中西文藝叢書」，方令孺的譯文集《鐘》成了「中西文藝叢書」的一種。「中西文藝叢書」共四冊，即田漢的京劇劇本《武松》、陳瘦竹翻譯蕭伯納的話劇劇本《康蒂妲》、方令孺的譯作《鐘》、田禽翻譯佛羅朗山的《給有志於文藝青年》等。

　　方令孺的譯文集《鐘》收入小說《投宿》（〔英〕士梯文生）、《勝利的戀歌》（〔俄〕屠格涅夫）、《鐘》（〔蘇〕高爾基）等三篇；獨幕劇《室內》（〔比利時〕梅特林克）一篇；小說節譯《在一個遠遠的世界裡》（〔南非〕阿列夫·須萊納爾）一篇。方令孺的譯作主要完成於抗戰前，抗戰中能夠結成集子出版，對她個人來說無疑是幸運的。這是友情的回報，她也同樣以深情報答朋友。抗戰勝利後，趙清閣經濟拮据，為出川擺地攤，方令孺知道後，給趙清閣寄去一萬元資助款。她在信這樣寫道：

　　你有機會先到滬很好，希望我們可以在那兒相見，對於你這樣困苦的掙扎，我是懷念萬分。在前一函裡，我都說過。你這傲性，我是明白，今後你一定仍是這樣掙繫著過，我對你憐惜與佩服交融，只有對你又點頭，又搖頭。茲匯去一萬元（由中國銀行匯）給你，區區，只表示我一點意思，哂收下吧！到滬快來信，我必有信去。[45]

　　一萬元在當時不是一個大數目，可也不算少，但重要的，情義是無價的。

---

[44] 章小東：〈知音——歸去來辭〉，2009 年 7 月 24 日《文匯讀書週報》。
[45] 方令孺 1945 年 10 月 22 日致趙清閣信，《滄桑海往事——中國現代著名作家書信集錦》第 190 頁。

十一

以後的歲月裡，友情還會再次回報她，那是更大的幸運，緣於她與靳以和巴金的友情。

一度離開復旦的靳以，1944 年 1 月重返復旦大學。早在 1941 年，復旦大學已從私立學校改為公立學校，學校也已從黃桷樹鎮遷到不遠的東陽鎮夏壩，規範擴大了好多。當時各大學普遍條件艱苦，但夜晚的嘉陵江景色特別迷人，於是有「夏壩是天堂」的說法。

踏上夏壩的碼頭，上行近三十臺階，就是復旦大學牌坊式的校門，接著是一條長長的馬路，路的盡頭，北面是東陽鎮，南面是黃桷樹鎮。學校建造起登輝堂、相伯圖書館、寒冰館、博學齋、篤志齋等等，還有供教職員工居住的復旦新村。復旦新村面向滔滔的嘉陵江，靳以一家也住在那裡。

方令孺在復旦上課的那些天，中午，她總在靳以家休息。在靳以家，有為方令孺準備的專座──竹躺椅，那是靳以趕集時從農民手中買來的。竹躺椅放在靳以的小書桌傍，方令孺一來，就往躺椅上坐下，與靳以聊天。1944 年 3 月，靳以女兒章潔思（小名南南）出生時，因醫院在北碚，是方令孺每天送飯到醫院的，南南出生那晚，似乎有預感，也是方令孺攔住靳以讓他留下來的。安徽人叫外婆為「大大」，南南就以「大大」稱呼方令孺，親密之情如同一家人。方令孺每次到靳以家，總會送給南南小禮物，靳以笑稱為「老祖母作風」。

有一陣，他們約定每月聚餐一次，叫做北碚聚餐會，靳以回憶，這頓飯有時從早上吃到晚上，時常有遠道的朋友來參加。當然，不會是單純的吃飯，他們多半是為了交流意見。

1945 年 12 月，因為靳以的介紹，方令孺的散文集《信》由文化生活出版社出版，列入巴金主編的「文學叢刊」第七輯，盧焚《馬蘭》、巴金《龍‧虎‧狗》、曹禺《北京人》、李健吾《咀華二集》等名作亦同收入該

輯「文學叢刊」。文化生活出版社的「文學叢刊」十年間先後出版一百六十種，在中國現代文學史上佔有重要席位。

《信》全書共收有散文八篇，記有：〈信〉、〈你們都是傻子啊〉、〈琅玡山遊記〉、〈遊日雜記〉、〈南京的骨董迷〉、〈家〉、〈悼瑋德〉、〈憶江南〉。方令孺創作不多，作品卻很精美，顛沛流離的抗戰歲月中，她幸運地出版了散文集，命運實在厚待她。

後來，方令孺也遷到夏壩，1946 年的春天，在夏壩靳以家裡，方令孺認識了巴金。出版《信》時，巴金印象中的方令孺是一個苦悶、彷徨、善良的女詩人形象，可是等到見面時，方令孺給巴金的印象，教授代替了詩人。但那時，他們交談不多，不久，巴金離開重慶回到上海，1946 年 7 月，方令孺也隨復旦遷回上海。解放以後，他們熟悉了起來。以後，不在一處時，他們鴻雁往返，成為真摯的朋友。1981 年，懷著深情，巴金寫下〈懷念方令孺大姐〉一文。

歷史風雲變幻，個人之於時代，實在太渺小了，但是由於戰爭，一個個生命在經歷了磨難之後，變得豐富而更具內涵了。戰爭改變了知識分子的命運，方令孺不再是一個隻知埋首書齋和把玩硯石的新月詩人，重慶的天空，北碚的夜，嘉陵江奔騰的水，掀起了她心中的波濤，重慶時期的她，投入到了爭取民主鬥爭的行列中，實現了人生的轉變，成為一名著名的民主教授。

第十章　復旦教授（上海）

一

　　1945 年 8 月 15 日，日本宣佈無條件投降，八年抗戰結束了，很多戰時內遷大後方的機構及人員陸續回遷。復旦大學從 1945 年 10 月起著手遷返準備，教育部令復旦大學遷往無錫太湖邊大雷嘴，那裡面積廣闊，靠山面湖，環境優美。但校舍都要建起來，不能馬上完成，所以東歸計劃是先遷回江灣原來的復旦校址作為過渡，等無錫校舍建成後再遷入。不過後來因為內戰爆發，遷無錫的計劃沒有實行。

　　1946 年夏秋，復旦大學北碚三千師生及檔案、圖書、設備，歷經艱難曲折，終於到達上海。

　　方令孺到上海的時間，參照她同時代人的記錄，我們可以作個大致的推斷。

　　冀汸在他的《血色流年》中寫到，他和一些同學是 1946 年 6 月從北碚出發回上海的，至於抵滬的時間他沒寫。他到上海後，就去拜訪周谷誠、方令孺、靳以等教授，又去市區拜訪胡風。我們推算一下，冀汸從北碚到上海，除路上耽擱一些時日之外，抵滬的時間也就是 6、7 月份間。那麼方令孺應該是 1946 年 7 月前就已經到上海了。

　　方令孺除了教學之外，仍繼續參加文藝界的活動，而政治形勢非常惡劣。趙清閣高度評價這個時期的方令孺：「九姑到上海後比在重慶時精神振作，情緒也開朗了。除了執教復旦外，她還常參加一些文藝界的社會活動。抗日戰爭結束不久，國民黨反動派又發動國內戰爭。1946 年她的好友聞一多教授被暗殺，使她進一步認識了反動派窮凶極惡的本質，為之痛心疾首！接著上海陷入白色恐怖中，復旦師生發動了反內戰、反饑餓運

動；她積極地參加了，還激昂地演說；思想有著飛躍的進步。」[1] 聞一多於 1946 年 7 月在昆明被暗殺，得到這個消息，方令孺氣憤極了。她原本也可以為她的好友聞一多寫悼文的，但也許是過去雙方有過情感的糾結，她並沒有寫，只把悲憤向女友傾訴，然後埋在心頭了。回到上海之後，趙清閣對方令孺的瞭解更深了，因為她倆又可以像在北碚時一樣互相走動了。而趙清閣的這段文字，讓我們看到方令孺內心深處

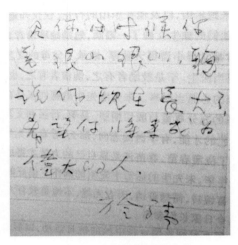

1946 年，方令孺給凌叔華女兒
陳小瀅的題詞

對聞一多的感情。自青島別後，方令孺沒有在自己的文章提過聞一多，事實上，無論過去在重慶（重慶時舒蕪認為她欣賞為田間的詩就是受聞一多的影響），現在在上海，還是以後在杭州（她要求裘樟松熟讀四位現代詩人的詩，其中就有聞一多），聞一多始終在她心裡，始終影響著她，我想，她也甘願接受這種影響吧。

　　沒有給好友寫悼文，方令孺卻給朋友的女兒題詞了。凌叔華 1946 年 11 月赴英前途經上海，在等輪船的日子裡住在靳以家，她喜歡請當時的友人給女兒陳小瀅題詞留言，1946 年 8 月 8 日，靳以給陳小瀅題詞。8 月 24 日，一群女作家相聚在趙清閣的家裡，在陳小瀅的紀念冊上寫下了很多話，可能也是這一天，可能是在前些天，方令孺給陳小瀅的留言本上題詞：「見你的時候，你還很小很小，聽說，你現在長大了，希望你將來成為偉大的人。」[2]

---

[1]　趙清閣：〈明月伴詩魂〉,《長相憶》第 21 頁，學林出版社 1999 年 1 月版。

[2]　〈方令孺留言〉,《散落的珍珠──小瀅的紀念冊》第 116 頁，百花文藝出版社 2008 年 1 月版。

方令孺一定想起，還在徐志摩遇難的時候，她在凌叔華家見過還在襁褓中的陳小瀅，後來凌叔華到武漢，她在南京，抗戰時凌叔華在樂山，她在北碚，這麼多年過去，陳小瀅是長大了，方令孺對她的祝願之心也一定非常真切。對於孩子，她都充滿了愛心。

二

1946 年秋，北碚復旦大學與復旦大學戰時留守上海的補習部合併，在江灣原校開學。

江灣復旦大學原來的校舍，在八一三戰爭中就遭到炮火的轟擊，後來被敵偽佔領，損毀很多，戰後學生又比戰前增加了不少，所以校舍非常緊張，住處有很多是借了附近的民居的。不過，在整個上海，在戰後這樣的大城市，要找間棲息的房子，那是何其的艱難。1947 年 5 月 25 日，方令孺在《大公報·星期文藝》上發表〈找房子〉一文，她陪著朋友照明找房子，心裡在想念著巴蜀的那間竹笆做的小屋，那小屋雖然小，卻很乾淨也很安靜。而朋友呢，哪裡可以找到她想要的這樣一間可以安息身心的小房，「照明在城裡跑了一個多月想找一間房，她不敢想要一座在草場的屋，像那些快樂的人們那份福氣；她只想一間房，正如像一個朋友所說，只要有一個狗洞，可以爬進去休息一下，也就快樂了！」[3]戰爭帶來的影響是巨大的。

當然，作為教授的方令孺是幸運的，她在復旦的徐匯村 13 號定居下來。

剛剛回到戰後的大上海，一切非常簡陋。當年冀汸在他的《血色流年》裡留下了復旦教授回到江灣的早期記錄，我不惜篇幅大段地引用過來，是覺得這些文字對於我們瞭解當時教授們的處境有很大的幫助，他這樣寫道：

---

[3] 方令孺：〈找房子〉，《方令孺散文選集》第 112-113 頁，百花文藝出版社 2004 年 8 月版。

我住的宿舍名叫「德莊」，離校本部約一華里左右，原是日軍佔領
期間為他們的單身職工建造的宿舍……

緊鄰「德莊」後面是一大片宿舍區，大約一半平房，一半兩層的樓
房；平房是日本式建築，樓房是西洋式建築，現在成了復旦教授們
的宿舍。休息了幾天，就去拜望老師們。先到系主任周谷城教授家。
他住的平房，除了廚房、浴室、衛生間，住人的只有一大間。這一
間，自然是臥室兼客廳、書房、餐廳了——真正的「多功能廳」！
小孩子犯了百日咳，咳起涕泗橫流，非常痛苦。天氣又熱，還沒有
一台電風扇，仍像在夏壩一樣，揮著蒲扇。周先生的得意之作是他
偶然發現了隱蔽的煤氣管道，自己用一跟橡皮管接出來，連著煤氣
灶，便可燒飯、炒菜了。「家家都能用煤氣嗎？」我問。「不，有的
找到了，有的還沒找到，只好用煤油爐。」這是日本人撤退時做的
手腳，抑或日本人撤退後同胞中的癟三們幹的缺德勾當，誰也說不
清，需要等專業人員來收拾。方令孺教授也住著一幢平房。她倒簡
單，一個人雇一個年齡相當的保姆，既是照顧生活，也是作伴。靳
以教授住的是一幢二層小樓房，每幢樓房都漆成奶黃色，樓上還有
小陽臺，外觀確實很漂亮。走進大門，左首是廚房和衛生間，正面
便是大廳。一張大「榻榻米」就占了三分之一的面積，上面隨意堆
放著許多書刊。靠近窗幔是一張大寫字臺，牆上釘著一幅尚未裝裱
的豐子愷畫：岩石縫裡長著一根綠色的小草。此外別無陳設，顯得
空蕩蕩。我說，這也好，寬敞。靳以先生站起來，拉開窗幔，再打
開落地玻璃門，就是戶外。整個樓下只有這麼一間可派用場的房
門。樓上呢？也是一間，作為臥室。一幢漂亮的小洋樓，竟是一座
虛張聲勢的貨色。靳以先生打算將「榻榻米」拆掉，把這間變成書
房兼客廳，讓它適合中國人的習慣。[4]

4　冀汸：《血色流年》第 80 頁，復旦大學出版社 2004 年 6 月版。

另外，蕭乾文章中也提到一些宿舍的場景：

> 輾轉搬了六次家後，我們終於住進了復旦大學的徐匯村，緊鄰是方
> 令孺。那是一幢日本式住房，小而精緻。地上雖鋪著榻榻米，我們
> 照樣擺床和桌椅。我尤其欣賞那方形浴桶。放足了水，插上電，不
> 一會兒就燒熱了。人坐進去。水可以漫到脖頸。[5]

冀汸文中提到的方令孺的保姆，名陳秀珍。陳秀珍是在這個時期和方令孺生活在一起的，她既是保姆，也是方令孺生活上的夥伴。陳秀珍老家也在南京娃娃橋，和南京方令孺家是近鄰，方令孺家有些什麼人她都非常熟悉，抗戰爆發後她隨方令孺的一個侄女逃到重慶，並且在過桐城時到過方令孺桐城的老家[6]。也是緣分吧，方令孺和陳秀珍在一起，相處得非常愉快，後來陳秀珍隨方令孺一起到了杭州，她陪伴晚年的方令孺走完其一生。

大致來說，教授們的居住環境還是比較理想的，雖然不實用，到底有了幾間乾淨的房間，再則與普通人希冀得到的小屋來說，甚至是奢侈的了。

1946 年冬，侄女方徨在被秘密護送下南調皖南，途經上海時，經當時的上海地下黨同意，她和愛人帶著僅三個月的長女去復旦看望九姑。九姑一見到方徨來了，驚喜不已，說小舜葆長大了，還結了婚，愛人英俊瀟灑，又有了可愛的女兒。那時的方徨對於電燈、洋房都不瞭解，也沒見過抽水馬桶，只覺得九姑住的房子真漂亮、真洋氣。

方令孺聽說方徨是要轉到皖南游擊區的，她又極不放心，臨走時再三囑咐，一直把方徨一家送出校門外。之後，方令孺寫了一封長信給她的長兄、方徨的父親方孝旭，把方徨夫婦大大地誇獎了一番。

隨著時間的推移，隨著條件的改善，方令孺又將自己追求高雅藝術的心思融入到美化居室中，方令孺的學生林非在他的文章中寫到了：

---

[5]　蕭乾：〈懷念上海〉，《新文學史料》1990 年第 4 期。
[6]　陳秀珍老人早年的這段經歷，筆者在南京採訪時，她自己講述的。

　　有一回，我寫了篇訴說自己母親悲苦命運的詩，她在批改的意見中間，說是有幾句寫得很動人，約我到她家裡去詳盡地交換意見。我走進她宿舍的小門，穿過短短的走廊，拐入一間矮矮的客廳，覺得真是個小巧玲瓏和異常高雅的地方。紅漆地板在陽光的映照下，閃閃爍爍地發亮。牆壁上掛著一幅絨毯，那碧綠的大樹和嫵媚的野花，立即把我領進了一片繽紛的世界。這世界並不在遙遠的他鄉，而就在窗外那一架紫藤花的前面，幾隻畫眉鳥正在草叢裡撲騰著翅膀，飛向楊樹的枝梢，一面還愉悅地鳴叫著。

　　我坐在沙發上，張望著茶几背後那尊玉石的雕像，分明是安徒生筆下那個海的女兒，一雙秀麗的明眸，立即使我想到方老師站在講壇上，眨著自己充滿神往的眼睛。

　　方老師拉開客廳背後日本式的木門，從臥室裡走了過來，剛在沙發上坐定，就專注地談論著我習作的詩了。她一再重複地表示，只要是抒發自己的真情實感，而且文字必須透出一種自然和明朗的美質，這樣一定能寫出好的作品來。[7]

　　這是一個非常別致優雅的空間，掛毯、雕像無不充滿了藝術的氣息，這是方令孺心靈世界的一部分。

　　2010 年 5 月，我有機會到復旦，在一個傍晚時分我去那裡尋訪。徐匯村日本式的平房還剩下兩幢，向居住在那裡人們打聽，有一位教授知道方令孺當時確實住在徐匯村，但並不知道確切的位置，那房子也許已經不復存在了。我挨著剩下的兩幢平房走，房子被掩在蔥郁的樹林中，一陣風吹過，簌簌有聲。我想，樹林必定也有記憶，如果他們能開口，他們一定會告訴我很多當年的往事，還有說不盡道不完的情懷。

---

[7]　林非：〈懷念方令孺老師〉，《話說知音》第 80 頁，文化藝術出版社 2002 年 11 月版。

　　方令孺在徐匯村的家，不斷招待她的朋友、學生的來訪，她自己也出去和朋友交往著。

　　在鄭振鐸的日記裡，1947 年 3 月 12 日這天，方令孺和大女兒陳慶紋訪鄭振鐸，邀請他晚上六時一起晚餐。1947 年 7 月 2 日，方令孺也去過鄭振鐸家。

　　1947 年 10 月 12 日，吳宓訪方令孺，談起舊時的友人。

　　舒蕪 1947 年來上海，賈植芳陪他到復旦見九姑，賈植芳自己則找冀汸等人一起談天。

　　1948 年 5 月 16 日，這是一個週日，鳳子與來中國學漢語的美國人沙博理結婚，此前十年，鳳子和孫毓棠結婚又分手，她因出演曹禺話劇《雷雨》中四鳳一舉成名，還成功地演出過《日出》中的陳白露。下午四點多，先在新房舉行結婚儀式，介紹人為譚寧邦，證婚人是鄭振鐸，好朋友方令孺、沉櫻、趙清閣等都在，婚宴設在美華酒店，二百多人出席。應眾人邀請，鄭振鐸發表了中美結婚的感想。那晚，蕭乾喝得不省人事。

　　1948 年 5 月 21 日晚上六點多，鄭振鐸在家請客吃飯，客人有鳳子夫婦、巴金夫婦、靳以、方令孺、沉櫻、陽翰笙等，喝酒聊天，非常熱鬧，一直到十點才散去。

　　可惜對這段時間的方令孺瞭解得不多，但從上面這些簡單的記載中可以知道，方令孺的交友還是比較廣的，靳以、趙清閣、沉櫻、鳳子等好朋友這時都在一起，在復旦還有她的一批學生，方令孺不算寂寞。

三

　　解放戰爭時期，方令孺的進步活動更加頻繁了。

　　1946 年 10 月 8 日，方令孺到上海八仙橋青年會參加「上海大學民主教授聯誼會」（簡稱「大教聯」），大教聯由聖約翰大學教授沈體蘭、復旦大學教授張志讓等發起組織，參加成立大會的還有曹未風、洪深、陳子展、周谷城、馬宗融、靳以等。

　　大教聯成立後的第一次鬥爭，是抗議美軍暴行。1946 年 12 月 24 日，北平發生美軍強姦北大女學生沈崇事件。消息傳出，輿論譁然，立即引起愛國學生和全國人民的無比憤怒，爆發了反美愛國運動。1947 年元旦，上海全市學生遊行示威，同一天，方令孺等 38 位復旦教授聯合簽名，抗議美軍暴行，這份聲援發表在 1 月 4 日的《文匯報》上。1 月 3 日，方令孺又和周谷城等教授聯名致函美國駐華大使司徒雷登。這兩次簽名，因筆劃最少，方令孺的名字都名列第一。

　　3 月 8 日，方令孺和在滬大學教共 66 人，在聯合發表的〈保障人權宣言〉上簽名，響應北平教授抗議國民黨當局非法逮捕進步人士的號召。

　　據方令孺的學生傅道慧在她的回憶文章中，提到那段時期方令孺參加的一系列進步活動：

> 1947 年 11 月 11 日，復旦同學為浙江大學自治會主席于子三被殺事件，舉行敲鐘、突擊罷課、校內遊行，募捐友援。事發後，校長章益要開除敲鐘的學生，令孺老師和章靳以等民主教授對章益施加壓力，章益被迫改開除為要學生認錯。當章益找該生談話時，該生按照中共復旦總支指示，就事論事地認錯，不涉及政治責任，說敲鐘打亂課堂秩序錯了，以後不再犯，交了一份簡單的檢查了事。

> 1947 年冬，在救饑救寒運動中，進步同學組織的第二大隊募得寒衣五萬多件，現金八千多元，國民黨對此不敢公開鎮壓。1948 年 2 月 9 日，教育部密函復旦校長章益，查辦第二大隊的李立中、梁啟東、陳浙、李漢煌、張家英、吳文新、呂佩英、朱佩玉、李敏、顧崇中、顧克儉、張譚耀、陳雯、陶承先、陳立策、陳先明等 17 人。又是令孺老師出面阻止。她說：「這些學生都是優秀學生，不能開除。」章益開除學生不成，便以惡劣手法，把 17 位成績優秀學生的主課成績，一律扣為 59.5 分。

1948 年 1 月，同濟大學「一二九」血案發生，當晚有大批學生被國民黨軍警逮捕，復旦大學學生張靖琳、沈貴吾、司徒漢等 24 人被捕。令孺老師知情後，立即同章靳以等教授找章益，要他去把學生保釋回來。一星期以後，由於社會輿論譴責，各方積極營救，同學們在獄中英勇鬥爭，國民黨當局只好答應釋放學生，章益去把他們保回。司徒漢回來以後，第一件事是去看望令孺老師，向她詳述運動經過及獄中鬥爭情況。令孺老師鼓勵他說：「你們幹得好，以後還要好好幹，上面（指學校當局）的事情，由我們來對付。」她就是這樣熱情地鼓勵和保護進步同學。

1949 年春，國民黨敗局已定，紛紛倡狂出逃，曾暗中策劃把復旦遷到臺灣，遭到師生拒絕。他們又逼章益校長去臺灣。這時「大教聯」的領導人李正文同志很重視對章益的爭取工作。中共復旦總支正領導全校師生應變，把爭取章益留下作為一項任務，派人去請方令孺、章靳以等民主教授去做章益的工作。這時章益也看到大勢已去，但留下又擔心過去鎮壓過學生運動，懼怕受罰，憂心重重，不知所措，思想上矛盾鬥爭很激烈。令孺老師幫他分析形勢，誠懇地勸他留下來和同學一起搞應變，保護好學校的圖書、儀器等設備，把復旦完整地交給人民政府，將功補過，這是唯一出路。黨總支又派學生會正副主席程極明、葉伯初與章益談判，開誠佈公，解除他的顧慮。這樣章益決定留下，和同學們一起做護校應變工作。[8]

　　我把這段話引在這裡，我們可以分析著接受。依方令孺的性格，她應該會參加進步活動，但似乎不會太出格，一則，當時的她只是眾多教

8　傅道慧：〈「創造一個新的世界、新的人生」──憶女作家、教授方令孺〉，《史林》2007 年增刊。

授中的一員，而且是民主人士，再則，女性的身份可能也會限制她的某些行動。

1949 年 4 月 10 日，馬宗融病逝滬上，朋友們為他舉行了隆重的追悼會，並且在第二天就單行印發了〈募集馬宗融先生子女教育基金啟〉，啟事稱：「馬宗融先生以本月 10 日病逝上海，享年五十八。噩耗傳來，凡在知好，同深悲悼！宗融先生一生獻身教育，從事譯著，溝通回教文化，貢獻良多。而其為人性情真率，仗義勇為，熱情盈溢，朋友皆敬而愛之。今忽於兵戈擾攘之中，和平將臨之際，溘焉長逝，凄然一棺，蕭條身後，子幼女弱，後死者能不興悲！」於是同人集議，為其子女建立教育基金。在啟事上簽名的有海峽兩岸文化界知名人士巴金、方令孺、陳子展、黎烈文、伍蠡甫、臺靜農、陳望道、蕭乾、周谷城、李健吾、陳白塵、吳朗西、辛笛、李青崖、靳以、梅林、陳西禾、趙清閣、趙家璧、任鈞、索非、姚蓬子等八十餘人。可惜因戰事紛起，沒能實行。他遺下的一對兒女，由巴金夫婦收養。

1949 年 4 月底，上海各大學被國民黨緊急解散，國民黨軍隊進入學校，復旦校園大大地遭難。1949 年 5 月 25 日，方令孺記錄下前一個夜晚的情景，當時她住在弄堂深處的一戶人家那裡，國民黨士兵橫衝直撞地進來了，整幢樓的人提心吊膽地。深夜裡，槍聲一陣緊一陣稀的，好不容易熬到天亮，解放軍來了，「我們心裡升起說不出的歡欣，就象看見我們久別的弟兄，久別的兒女，有一種像想擁抱似的，親切極了、快樂極了似的心情！」[9]我想這話確實表達了方令孺的內心真實的感受，方家有太多的人投身戰爭，所以看到解放軍就像看見親人一樣。

5 月 27 日，上海大部解放，復旦同學立即集合，配合人民解放軍，乘汽車進入復旦校園，復旦大學回到了人民的懷抱。

---

[9]　方令孺：〈解放前後的一夕〉，《方令孺散文選集》第 78 頁，上海文藝出版社 1982 年 8 月版。

四

上海解放了，方令孺是真心地欣喜地投入到新時期中，她的兩個女兒、她的那麼多的侄子侄女都投身激流，過去她常常為他們擔憂，現在再也不用為他們的安全擔心了，她心裡只有快活。她在〈一封家書〉中寫道：「這不是夢，是真真實實的好日子來了，我心裡的快活，是有生以來所沒有感到的，是這樣透明的快樂，沒有一點渣滓。」「解放軍到上海，真是表現了最好的精神，真是無人不贊，我說即使是魔鬼見了也要低頭慚愧，真是好極了，他們有一種對人們自然而然的感召，大家心裡都在鼓舞著要學好，要從新做人。他們實在好，沒有人不這樣想。」[10]她給當時遠在美國的張兆和寫信，表達了同樣的感情：「我很歡喜這個時代，在中國觸著熱烈的心，生命都覺得昂揚，飛舞，這是創造的快樂，創造是要從艱苦裡掙紮出來，才是有力有聲有光的生活。」[11]因為這樣的歡喜，她也會和學生一起扭秧歌。

這時，一個很重要的人物又來到她的身邊。1949 年 6、7 月間，楊永直回到上海，馬上去復旦大學看望他的九姑：

> 真是光陰似箭，倏忽之間幾年過去，南京解放了。我從延安，從山西太原前線回到我的故里，我母親已病故在四川，南京文德里舊家已經被日寇夷為平地，我尋找娃娃橋九姑舊跡，也是一片斷壁殘垣。1949 年 6、7 月間，我到了上海，探望九姑，聽說她仍在復旦大學執教。一天傍晚，我驅車趕到江灣復旦校園，那是我 1936 年就讀過的地方，校舍依然，前塵往事湧上心頭，我找到復旦教授宿

---

[10] 方令孺：〈一封家書〉，《方令孺散文選集》第 80 頁，上海文藝出版社 1982 年 8 月版。

[11] 方令孺 1949 年 5 月 20 日致靳以書信，章潔思〈寫到一張紙正反面上的兩封信〉，2010 年 12 月 17 日《文匯讀書週報》。

舍，停在一幢小院旁，高呼「九姑、九姑」，窗裡探出一個頭來，正是她！她一下怔住了，忽然像驚醒了似的，馬上高呼：「璞德、璞德，快進來！」說著直奔出來，我們在小屋門口熱烈擁抱了。她低聲而激動地說：「我等你等了八、九年了，我天天想你，我想你一定會來看我，但不知你是生是死啊！」

「我活著，我活著，南京、上海剛解放，我不就來看你了嗎？」感情漸漸地平靜下來後，我才走進她的起居室，房子真小，像日本的小木屋，仍然四壁皆書，皆畫，但比起娃娃橋已經顯得窮多了。

我也仔細打量著久別的九姑，她雖已年近五十，但眉頭、眼角神韻依然，顯得更端莊了。她有一種難以描繪的美。

她讓我坐下，仔細地端詳著我，見我一身灰布軍裝，腰束皮帶，腳打綁腿，頭帶無帽徽的軍帽，她笑道，你黑了，瘦了，但很英武。「璞德，你能參加這樣的好隊伍，真是我們方家的光榮。」接著她又問，「你現在幹什麼？」

「辦報紙。」我作了簡單的回答。

「好啊，璞德，你祖父、曾祖父都是文人，都是桐城派的。方家人搞文，這大概與血緣有些關係吧。」她得意地笑了起來，臉上現出了光彩。

這天，她高興得像孩子，喝了一小杯葡萄酒，她彈起五弦琴，低聲吟唱起來：「沒有共產黨，就沒有新中國……」歌聲飄揚在小屋子裡，金石皆鳴。[12]

楊永直的離開和回來，都極具戲劇性，場面非常溫馨，情景非常感人。後來方令孺加入中國共產黨，一方面與她本人長期以來的激進思想有關，

---

[12] 楊永直：〈我的九姑方令孺〉，《上海灘》1988 年第 8 期。

也應該與楊永直有很大的關係，楊永直後來任上海市委宣傳部部長，方令孺的入黨介紹人石西民任上海市委書記處書記。

五

新中國成立之後，方令孺的活動更加頻繁了。她得到過無數極高的榮譽，也寫過一系列的讚美文章，這些都出自她內心的喜愛。

1949 年 7 月，方令孺出席北京召開的第一次中華全國文學藝術工作者代表大會（簡稱「文代會」），學習〈延安文藝座談會上的講話〉。在「文代會」上，她第一次見到毛主席。會後，毛主席等中央領導同志還專門接見到會的女作家，並合影留念。方令孺坐在劉少奇和朱德同志中間，她很珍貴地保存著這張照片，後來在「文革」中也不願毀掉。1950 年 4 月，她到上海郊區參加土改，後來，又參觀了官廳水庫、佛子嶺水庫、梅山水庫，從中瞭解了很多，感受了很多，這一系列的場景深深地觸動了她的內心世界。

1950 年 6 月 25 日，朝鮮戰爭爆發。隨著中國人民志願軍的入朝作戰，全中國範圍內開展起了抗美援朝、保家衛國的運動，方令孺的〈我所見到的「美國生活方式」〉創作於那個時候，發表於 1950 年 12 月 15 日的《人民日報》上。

1950 年 12 月 1 日，中央人民政府革命軍事委員會、政務院發出招收青年學生、工人參加各種軍事幹校的聯合決定，號召年輕人學習軍事技術、鞏固國防。各界人民反響強烈，上海的工人、農民、學生、教師、幹

左起：七姑、八姑、九姑、孫探微（七姑的大女兒）

部紛紛報名參軍參幹上前線，醫務工作者志願參加抗美援朝醫療手術隊，鐵路員工、汽車司機一批批奔赴前線參加戰地服務。復旦兩位司機參加抗美援朝的運輸工作，她熱情地參加歡送他們的儀式，給他們戴大紅花，他們走後，還去關心他們的家屬。方令孺的養子剛滿 17 歲，他對方令孺說他要響應祖國的號召，參加幹校學習。方令孺的心裡非常矛盾，她並不反對子女獨立地工作生活，她讚賞有志氣的孩子，她的兩個女兒都是這麼獨立地投身到時代的激流中，但這個孩子畢竟未成年還在讀書，所以方令孺對他說：你太小而且身長不夠。當時她的養子沒有說什麼，但過了兩天，他從學校來信說：「我身長正好五尺，有資格，我決心報名參加幹校，響應祖國的號召。」[13]

看著養子這樣的堅定，方令孺沒話說了。她覺得鼓勵兒子去幹校學習，掌握一門技術，是愛他本人也是愛祖國的一種方式。這些想法，都反映到方令孺〈母親的話〉這篇發言稿中，這是她的心裡話，她確實是這樣做的。

1951 年 7 月，方令孺參加老根據地訪問團華東分團工作，到山東沂蒙山區訪問。巴金是華東分團的副團長，同行中還有靳以。在這之前，方令孺雖然通過靳以認識了巴金，卻還不熟，但這次活動，有近兩個月的時間在一起，他們開始熟悉了起來，從這時起，巴金和靳以一樣，稱方令孺為「九姑」。我們從別人對巴金的描述中，可以知道一點訪問的情形：

> 1951 年 7 月 25 日，北方老根據地訪問團華東分團自上海搭乘京滬列車出發了。巴金、章靳以、方令孺等一批作家也參加了訪問團。巴金而且是副團長。我們在車上熟悉起來，巴金是喜歡說笑的，他那口敦厚的四川話使人感到親切。他留心沿路的新事物，他經常拿著小筆記本記錄它們，在餐車裡也是一樣。一邊記，一邊思考，有時一邊記一邊還和同伴們談話。

---

[13] 方令孺：〈母親的話〉，《方令孺散文選集》第 89 頁，上海文藝出版社 1982 年 8 月版。

同年 8 月初，我們的分團——沂蒙山區分團到了山東的濰坊市，剛巧碰上雨季，我們不能繼續前進，只好先待下來。我們曾利用這個時機，到市內參觀了一些古跡，巴金對於此道興趣也是很濃的。有些東西他也作了記錄。記得是 8 月 5 日那天，我們同車從濰坊出發到沂水。在途中安邱境內的馬耳山前遇到了大雷雨，因為汽車要駛過月河，人多，載量重，大家便爭著下車，巴金是最先下車的。

那天午後到了莒縣，縣長親自到車站來迎接我們。我們都住在莒縣小學裡，歇下來以後，巴金就忙著自己動手掛蚊帳。從這些小地方也可以看出巴金的為人，毫不驕矜，決不擺什麼架子。過幾天，我們徒步到了沂水專署，曾舉行了幾次烈士家屬和榮譽軍人家屬座談會。巴金、章靳以、方令孺等均親自接待。巴金也謙遜而誠懇地給老大爺們倒水、點火，並且向他們細緻地提出了許多問題。[14]

8 月底，華東分團又折回揚州，揚州市人民政府曾為訪問團舉行了一次晚會，揚州實驗劇團演出了《紅娘》。這次，他們還一起遊玩了瘦西湖，大家興致極高。在平山堂裡，巴金對湖中的五龍亭盛讚不止。可是有件事難住了巴金，一批在瘦西湖玩的中學生包圍著他，要他講幾句話，他臉紅了，只是笑，最後十分客氣地說：沒有什麼好說的呀。同學們最後沒有難為他。

談到這時期的方令孺，後來巴金也有回憶：「我還記得我們在山東鄉下訪問時，她和一位女同志住在農民家裡，旁邊放著一副空棺材，她也能愉快地住幾天。」[15]訪問那時，巴金對方令孺的過去還不瞭解，也不知道她富太太出身，若當時知道她的過去，可能對她在空棺材邊上住幾天會生出很多感慨吧。

這次訪問，他們先後到過山東濰坊、沂水、莒縣以及蘇北的揚州和鹽城。在美麗如畫的建陽城，方令孺記下了一個故事：抗日戰爭時期，敵人

---

[14] 賀笛笙：〈憶作家巴金〉，1954 年 7 月 1 日香港《大公報》。
[15] 巴金：〈懷念方令孺大姐〉，《方令孺散文選集》第 1 頁，上海文藝出版社 1982 年 8 月版。

1952 年 10 月，赴朝慰問團華東分團全休人員出國前在瀋陽北陵合影。

侵佔了這座城市，但又提心吊膽地在他們的據點周圍挖起濠溝，四面圍著鐵絲網，戰士們白天隱在濠溝蘆葦的水裡，嘴裡銜著蘆管伸出水面呼吸，夜晚襲擊敵人。戰士們用這種辦法，把敵人嚇得膽戰心驚。

六

　　1952 年秋，方令孺參加第二屆赴朝慰問團華東分團工作。慰問團由陳同生率領，方令孺任副團長[16]，靳以任秘書長，共有八十三名成員，另外還有一個三十二人的文工團。正式成員來自各行各業的知名人士和代表人物，如著名演員金焰和趙丹，如作家孔羅蓀等。他們於 10 月 6 日跨過鴨綠江，冒著嚴寒，翻山越嶺，來到戰火紛飛的前線，進行為期四十多天的戰地訪問。

<hr />

[16] 見章潔思:〈小橋流水人家──記「新月派」女詩人方令孺〉,《曲終人未散‧靳以》第 120 頁，東方出版中心 2009 年 8 月版。

1952 年，第二屆赴朝慰問團華東分團出國前在瀋陽名勝北陵合影。
前排左起：趙丹、靳以、孔羅蓀。三排左三為方令孺

赴朝歸來青島火車站 1952／12／7（左：方令孺，右：靳以）

靳以在回國之後，記錄了這次慰問中的一些細節：

第一天晚上，我們是在午夜後一時才到達預定的宿地的，在撒著寒
冷的光輝的月光下，我們看到向我們奔來的白色的身影。她們和我
們握手，搶著拿過去我們的背包，頂在頭上，在山谷和田野間為我
們帶路。知道她們為了迎接我們已經在寒露中佇立了兩三小時，又

看到她們單薄的衣襯，我們也就立刻忘記了露濕的雙肩和帽頂，緊緊地隨著她們走向早為我們安排好了的溫暖的房屋。[17]

在靳以病逝之後，當時慰問團中同行的友人寫回憶文章也寫到了這個場景：「十六日晚我們渡過了鴨綠江，根據總團分配給華東分團的任務，慰問在朝鮮東海岸上作戰的中朝部隊與朝鮮人民。次夜，途中我們遇到美軍飛機幾次襲擊，到達志願軍 X 兵團司令部時，已是拂曉時分。而且是從汽車上下來，走了六、七裡山路才到達目的地的。」[18]

到達的時間有所出入，可能是靳以記錄的更準確一些，因為他是回來之後就寫下的，記憶應該還清楚，而後文是多年之後才寫的。

靳以又回憶，慰問團在某地開座談會的那一個清晨，敵機在安靜的山谷投下二十多個炸彈，還打了許多火箭炮和機關槍，一個婦女正在打水，一顆炸彈下來，頓時，四個孩子失去了他們的母親。會場上，一位老媽媽訴說敵人的罪行：她的兩個兒子都去參軍了，一次敵人投下炸彈，正炸中她家的房屋，炸死了她的兩個兒媳，炸死她的兩個孫女，一個孫子。她帶來從土裡挖出來的孫兒玩的銅鈴，希望英雄的志願軍們為苦難的朝鮮人民報仇。

戰火紛飛的前線隨時都有危險，在這之前，曾發生過慰問團成員在敵機空襲中犧牲的事件，所以回國後，陳同生開玩笑說：「當初帶這麼多非作戰人員去慰問作戰部隊，就像挑著兩框雞蛋上戰場一樣呵！」[19]

回國後，慰問團接受新的任務，到山東、江蘇、浙江、安徽、福建、上海等省市進行事蹟報告宣傳，時間長達四個月。「慰問團的工作直到 1953 年春天結束，所有人員才回原單位。從那時起，那些共同經歷過艱險的慰

---

17 靳以：〈和朝鮮人民在一起〉，《靳以選集》第五卷第 441 頁，四川人民出版社 1984 年 9 月版。

18 陳農菲：〈永遠不會過去〉，《百年靳以紀念集》第 270 頁，香港文匯出版社。

19 陳淮淮：〈晚筆的回憶〉，孔瑞、邊震遐編《羅蓀，播種的人》第 148-149 頁，社會科學文獻出版社 2005 年版。

問團員們星期天相約來我家聚會，常來的有孔羅蓀叔叔、章靳以叔叔和方令孺阿姨。」[20]從這以後，方令孺的朋友中，又多了陳同生、孔羅蓀等人。

從朝鮮回來後，靳以創作了〈祖國——我的母親〉的散文集，靳以的女兒章潔思（小名南南）回憶：「當其中〈聳天的白楊〉和〈十過重點封鎖區〉率先在報上刊載時，正巧父親的朋友孔羅蓀叔叔（現代作家）和『大大』方令孺坐在我家，他倆又是與父親同一期赴朝慰問團的團友。孔叔叔拿起報紙讓我大聲朗讀，我一邊讀一邊見他們三個激動不已的神情。五十年代的知識分子，他們和父親一樣，都富有多麼熱情、捍衛祖國、熱愛祖國的赤誠之心。回想那時情景，恍如就在眼前。如今他們三人（包括父親）均已作古，但那個蓬勃、明朗的下午，在長樂路蒲園家中書房內的一幕，至今栩栩如生留存在我的腦際。」[21]

這樣的經歷，對於文人來說是很特別的。多年之後，回憶在朝鮮的經歷，方令孺寫〈鳳凰在烈火中誕生〉的新詩。

七

1953 年 4 月，作為上海地區的婦女代表，方令孺參加了第二次全國婦女代表大會。九百多位來自全國各地的代表，翻越千山萬水來到首都北京，內蒙古的代表最特別，一路之上，她們坐牛車，騎駿馬，踏深雪，接著又坐火車，終於來到首都。她們坐在一起，聽鄧穎超的報告，暢談新中國成立四年來的工作。來自各個行業的姐妹們彼此交流著經驗，感人的故事不計其數。在大會閉幕的前三天的下午，毛主席和其他中央領導同志來到她們中間，看望她們。這註定是一個歡樂的春天。回來之後，方令孺激動地寫下〈像鮮花一樣的姊妹們〉。

---

[20] 陳淮淮：〈晚輩的回憶〉，孔瑞、邊震遐編《羅蓀，播種的人》第 148 頁。

[21] 南南：《從遠天的冰雪中走來——靳以紀傳》第 200 頁，山西人民出版社 2000 年 1 月版。

　　1953 年 6 月，方令孺參加在哥本哈根的世界婦女代表大會。5 月中旬，她們從北京坐火車出發，到滿洲裡改乘成蘇聯的火車。在蘇聯，她們每到一個車站，都有成百上千的蘇聯婦女和小孩子們給她們獻花，向她們招手。

　　經過波蘭首都華沙時，因火車停的時間不長，她們來不及下車，當地的婦女們就把大把大把的鮮花從車窗上獻給她們。接著經過民主德國，從邊境法蘭克福到東北海口羅斯多克，都受到熱烈的歡迎，而一路之上，最初是美麗的異國風光緊緊地吸引著方令孺：「首先吸引我的，是她美麗的國土：廣闊的草原，像鋪著巨大無比的綠毯子。草原上成群的牛羊，羊大得像小牛，牛大得像小象。遠遠的，作為草原屏障的，是無邊蓊郁的松林。不僅這樣，我還看看見許多廣大的麥田，其實不能說是田，因為沒有看見隴畝分畦，整片大地都種著大麥小麥，並且長得非常壯實。」[22]

　　在當時的東德住了三四天，也有機會參觀了柏林。戰爭的影響處處存在，有的房子完全倒塌，有的像刀切了似的只剩下一半，但在這一半的房屋，可以看到白紗在隨風飄揚，看見窗臺上木制的花箱裡，開著各種各樣的花。有一個俱樂部設在一座舊的伯爵宮堡裡，「走進去一看，以為是走進了一個歷史藝術博物館。屋頂上，牆壁上，和從地上豎起的燈檯上都雕刻著希臘神話的故事。殷紅的四壁間，羅列著高大的，石雕的希臘羅馬女神像。」[23]

　　火車經過的地方，只要有人，都會向她們歡呼、握手、送鮮花，鮮花成了一片海洋，以致連放行李的網架都掛滿了芍藥、丁香、玫瑰、紫羅蘭等。

　　在羅斯多克，亞洲代表和德國代表在這裡會合，然後坐船到丹麥。上船以前，還在海邊組織了舞會，大家這才高高興興地前往哥本哈根。

　　關於這次大會，傅道慧寫道：「1953 年，她代表中國婦女參加世界婦女大會，她向全世界愛好和平的姐妹們學習。由於她懂英語，便於和國際

---

[22]　方令孺：〈經過東德〉，《方令孺散文選集》第 147 頁，百花文藝出版社 2004 年 8 月版。

[23]　方令孺：〈經過東德〉，《方令孺散文選集》第 148 頁，百花文藝出版社 2004 年 8 月版。

婦女代表交流，讓她們更瞭解中國。好幾次因無翻譯在場，她自告奮勇地擔起翻譯的任務。當中國人民志願軍勝利的消息傳到會場，全場響起雷鳴般的歡呼，到處飛舞著中華人民共和國的國旗，繡著白鴿的小紅巾在會場上空拋撒。中國的代表也被與會的其他國代表高高地舉起，放在享有最高榮譽的座位上。她深深地感到祖國的偉大，同時也感到我國對世界和平所肩負的重任。」[24]

三年之後，方令孺還回憶起會場上埃及代表的情景：

> 她站在六十多個國家的旗幟的前面，宣告你們的覺醒。那一天她穿著黑色發亮的長袍，像黎明之前河水一樣肅穆而安詳。她說：「我是從尼羅河邊一個小村莊來的。從前我不知道世界有這麼大，世界上也有著和平幸福的人們。有一天，一個外來的客人來到我們的村莊，告訴我們許多事情，才知道和平、幸福必須由自己去爭取得來。從此我們婦女就有了解除自己苦難鎖鏈的決心，追求獲得自由、獨立、幸福的道路。當我被選為代表，來參加這大會的時候，我們全村婦女都拿出自己僅有的珍愛的耳環、手鐲、項鍊，讓我帶給大會，作為和平而鬥爭的獻禮。」她說著同時就把手鐲、戒指、胸飾脫下來，交給大會主席團。登時全會場轟起歡呼與鼓掌的聲音。我忽然覺得站在高臺上的埃及代表，顯出更莊嚴、樸素、純潔美麗的光輝。[25]

不過出國期間，還發生了一件事，他們幾個中國代表外出參觀，返回旅館時迷路了，方令孺囑咐大家不要慌張，仔細辨認，終於找到了住宿的旅館。

回來時，再次路過蘇聯，代表團還在莫斯科住了三、四天，參觀了列寧、斯大林的陵墓，方令孺還去莫斯科大劇院看了一場芭蕾舞。四年後，

[24] 傅道慧：〈「創造一個新的世界、新的人生」——憶女作家、教授方令孺〉。
[25] 方令孺：〈給尼羅河邊的姊妹們〉，《方令孺散文選集》第122頁，上海文藝出版社1982年8月版。

在上海市中蘇友好協會和《文匯報》聯合邀請各界知名人士參加「慶祝偉大的社會主義革命四十周年座談會」上，方令孺回憶了當時發生在蘇聯的一些故事：只要你一說中國，人們就會把你圍起來，就會受到歡迎；有一次，方令孺在莫斯科大劇院看芭蕾舞，她們坐在包廂裡，和邊上的兩個女孩交談，女孩一聽說她們是中國人，就高興得立刻拿出小本子來要求她們簽名，還熱情地把她們介紹給鄰座。散戲後，等方令孺她們走下戲院大廳的臺階，就看到這兩個女孩捧著大束紅百合花等在那裡；還有一次看歌劇，遇到了一位四十多歲的婦女，她聽說她們是中國人，就熱情地拿出列寧格勒的照片給她們看，又拿巧克力送給方令孺；在白俄羅斯車站遇到好多紅軍戰士，他們看到田華，一眼就認出她就是「白毛女」，於是馬上從書報亭買來白毛女的俄譯本請田華簽名，而一位婦女，則買來香水送給田華，表達了她內心的喜悅之情。想起這些，方令孺覺得，她對蘇聯人民感情，真是說也說不完。

這個時期的方令孺非常忙，各種各樣的會議非常多，大約她是喜歡忙碌的，忙，可以讓她忘記一個人的孤獨。1954年9月，作為人大代表，方令孺到北京參加第一屆全國人民代表大會，會前，周恩來總理還去方令孺房間看望了她，正好舒蕪的母親也去看方令孺，周總理一口一個「方大姐」，給舒蕪的母親留下很深的印象。

大女兒陳慶紋早就以李伯悌這個名字聞名。《今日中國》的前身是《中國建設》，1951年創刊之初，在周總理的親自過問下，李伯悌從新華社調到了《中國建設》雜誌社，參與了創刊工作，宋慶齡是該刊的負責人。應該是李伯悌的關係，周總理對方令孺才那麼熟悉。周總理對她瞭解很多，連她喜歡的菜，周總理都知道，他們幾次在一起吃飯，周總理把方令孺喜歡的菜放在她面前，這種溫情溫暖著方令孺，她也把總理喜歡的菜放到總理面前。

回來之後，復旦的代表作了傳達，方令孺用她詩一樣抒情的語言敘述著這次經歷，吳中傑回憶當時的情形以及方令孺的性格愛好：

復旦的四位代表開完人代會回來時，曾在登輝堂作過傳達。記得陳建功先生在介紹蘇聯代表團時，怎麼也說不清楚蘇聯部長會議主席的名字，布—布—布，布了好久，還是把布爾加寧說成布加爾寧，引得哄堂大笑。他長年沉浸在數學的世界裡，對現實社會過於隔膜。方先生則以抒情的語調描寫她們怎樣見到毛主席，抒發她對於大會的感受，處處洋溢著詩意。聽講者說：畢竟是中文系的教授，她是在寫詩。其實方先生在給我們講現代文學作品選時，也是抒情多於分析，而且講得非常激動。她的風格，還影響了一些女同學，她們發起言來，也是激動異常，被調皮的男生稱之為感動派詩人。而且還排定了感動詩派的一祖三宗名單。一祖，當然是方令孺先生了。

……

方先生好客，只要她一回上海，徐匯村她家的客廳裡就不斷來客人。有老師，有同學，有文科的，有理科的，還有外面來的作家。聽消息，談詩文，總是非常熱鬧。所以，她雖然獨居，倒也並不寂寞。聽說在美國時，她的客廳也就是一個文學沙龍。方先生對學生很好。我是她的課代表，後來她又是我的畢業論文指導老師，所以對我特別關照。她怕學生生活太清苦，常叫保姆燒一罐紅燒肉，叫我去吃。其實那時學生的伙食標準很高，我們已經吃得相當滿意了。但我那時畢竟年輕，正在長身體階段，胃口特好，每次去都把一罐紅燒肉吃得所剩無幾。方先生看我吃得起勁，也非常高興。[26]

再以後，方令孺寫了〈最歡樂的一天〉，記錄了 1954 年 9 月 15 日這一天早上在北京開會前的快樂心情：

天剛亮我就起床了。我的窗戶正朝著東方，天邊現出橘紅色的光，透過薄霧，渲染著城市的上空。在薄霧的朦朧裡，看見北京城裡密

---

[26] 吳中傑：〈復旦的新月〉，《海上學人漫記》第 72-74 頁，三聯書店 1999 年 3 月版。

密層層的樹影，樹影頭上隱約現出宮殿、鐘樓和一座座新造起的大樓．四周還沒有拆除的高聳的木架，像無數船桅靜靜地停在安穩的港灣裡一樣。我怎樣來形容那種天空的喜色呢？我想，就像一個人歡喜極了的時候漲紅的臉吧。霎時間，好像太陽在地平線下呼喚著雲彩，說：「出來吧！」倏然，金光燦爛的雲朵恣肆的散滿天空；太陽自己，由一彎紅線轉瞬就變成一面金光耀眼的大圓鏡，跳出來了……

我覺得這是我們得到解放後所有歡樂日子中最歡樂的一天早晨，是我新生命的更新的生命。我和祖國千千萬萬人民一樣，永遠脫離了痛苦，脫離了舊時代婦女只有流淚和吐血的生活，成為我們偉大國家和自己命運的主人，得到真正的民主權利。[27]

不過，需要辨別的是，為了適應形勢的需要，為了批判過去的封建家庭，方令孺在一些文章中，把自己的童年也描寫得很痛苦，筆者認為其實並不符合實情。應該說，她有一個幸福的童年，但婚姻確實帶給她痛苦的大半生。

八

形勢並不總是樂觀的。1955 年「胡風事件」發生。有一次方令孺在杭州，她見到當時也在杭州採訪的姪女方徨，談到胡風問題。方徨在〈痛悼三哥〉一文中寫到方令孺對這件事的態度，方徨文中的三哥是指堂兄舒蕪：

當時我在新華社浙江分社當記者，也參與過浙江反胡風運動的一些報道。我的家人當時對三哥交出信件的做法也表示不滿，對他此舉

27　方令孺：〈最歡樂的一天〉，《方令孺散文選集》第 112-113 頁，上海文藝出版社1982 年 8 月版。

1956 年方徨（前排右三）在浙江隨周恩來總理採訪，
那時的她見到也在杭州視察的方令孺

不能理解。我的九姑方令孺在杭州時見到我就說：「小管子[28]太不像話了，他怎能糊塗到這種地步。她還要我不要參加這方面的報道，說，政治太複雜，你不懂。[29]

2010 年 10 月 8 日我收到方徨先生給我的回信，她在信中回憶那次見面，再次提到方令孺的態度：

反胡風時，我正在浙江採訪，九姑以人大代表身份正在浙江考察，她問了我一些地方上反胡風的情況，我說了一些，我記得九姑對我說：「你少參與這方面的報導，政治太複雜了……」[30]

從這些事可以看出，在胡風事件中，在當時的形勢下，方令孺的態度是鮮明的，也是非常可貴的。

---

[28] 舒蕪本名方管。
[29] 方徨：〈痛悼三哥〉，《新文學史料》2010 年第 1 期。
[30] 方徨 2010 年＊月＊日致夢之儀信，未刊稿。

四姐妹，左起：七姑、六姑、八姑、九姑

忙碌還在繼續，有時候可能是身不由己了。

1955 年 8 月 1 日，方令孺參加全國文聯、全國作協主席團舉行的聯席會議。茅盾主持，周揚、劉白羽、老舍、巴金、王統照、宋雲彬等先後發言，最後郭沫若作總結性發言。會後陳望道、宋雲彬、方令孺、王統照一起想到文化俱樂部晚餐，可那天文化俱樂部休息，他們又折回北京飯店，簡單地吃了一份西餐[31]。這時候的他們誰也不會想到，兩三年之後，方令孺接替宋雲彬成為浙江省文聯主席。

在上海，方令孺等知識界代表還受到過毛澤東的接見，這是後來她同裘樟松說起過的：

> 先生還給我講起了五十年代毛主席在上海接見上海知識界代表時的情景。這一天，陳毅同志通知先生開會，先生遲到了，但先生沒有想到是毛主席親自接見。陳毅同志把先生向毛主席作了介紹，毛主席一邊親切地和先生握手，一邊笑著對先生說「桐城派的後代。」[32]

---

[31] 來自宋雲彬日記：《紅塵冷眼》第 390 頁，山西人民出版社 2002 年 3 月版。
[32] 裘樟松：〈不是親人，勝似親人──緬懷方令孺先生〉，《人物》1985 年第 2 期。

1956 年 6 月 18 日，方令孺和郭紹虞
等高級知識分子一起加入中國共主黨[33]，
這一年她六十歲。方徨曾給我的信中說，
他們方家在抗日戰爭中參加革命的達二
十三人。所以，從方令孺的自身經歷、心
路歷程和她的家族影響（反過來她也影響
了家族中的後輩）來看，她加入中國共產
黨並不是偶然的。

方令孺

1956 年夏，方令孺到過一個美麗的海
島避暑。

1956 年秋的一天，方令孺到杭州考
察，這一次她還去了紹興參觀魯迅故居。
他們七點鐘從杭州北山下乘車，中午到了
紹興城。參觀新台門魯迅故居，百草園和
三味書屋，回來之後，她字推句敲，反復斟酌，寫下散文〈在山陰道上〉，
這篇文章發表於 1957 年的《人民文學》上。

九

在復旦，方令孺的教學一向也是為學生所稱道，傅道慧於 1945 年考
入復旦，她寫道：

> 令孺老師是中文系教授，除教一年級的語文大課外，主要是開中文
> 系的專業課。專業課有人數限制，少則數人，多則二三十人，如她
> 開的《離騷》課，新聞系學生選讀的人很多，有的選不上也去旁聽。
> 她開的《現代小說選》，旁聽的人更多。她不僅講魯迅，郭沫若等

---

[33] 見《復旦大學百年紀事》第二編第 219 頁，復旦大學出版社。

1950 年復旦大學中文系全體師生合影

作家的作品，還講解放區的小說，如《小二黑結婚》、《王貴與李香香》等。無論大課小課，她備課、教課都很認真，講解詳細，分析深入，批改作業一絲不苟，深受學生們的歡迎和尊敬。新聞系一位同學曾說：「方老師講課很有感情，像曹禺上課一樣。」可見她的真情確實感染了同學們的純真心靈。

在專業小課上，她讓同學們提問題，進行討論，從中發現人才。有一次，在《文藝詩歌理論》課上，李漢煌提出的問題，頗有見地，令孺老師非常驚喜、賞識，認為他有水準，是個人才。她在中文系、新聞系、史地系都有一批喜愛的學生，但她對我們講得最多的是：在中文系學生裡，她最喜歡李漢煌、李白昆。這兩人都是中共復旦地下黨的黨員，也是中文系才華出眾的優秀學生。在新聞系，她最喜歡司徒漢，他是一位有指揮才能、善於組織業餘文藝活動的人才。[34]

---

[34] 傅道慧：〈「創造一個新的世界、新的人生」——憶女作家、教授方令孺〉。

　　林非是 1952 年到復旦的，他在一篇文章裡回憶起方令孺講課時的情形，有過極為生動的描述：

> 我永遠記得方令孺老師，莊嚴地站立在紫紅色的講臺上，開口說話的時候，就露出了和藹的笑容。那一雙晶亮的眼睛，射出了多麼熱烈的光芒。她正在評點一位同學的作文，稱讚他將自己乘坐火車時的見聞，描寫得如此的活靈活現，接著就欣喜地朗誦起其中的一段文字來。

> 我驚訝地張望著她，怎麼能夠將學生的一篇習作，記憶得這樣牢固呢？昨天的夜晚時分，她肯定是坐在燈光下，反復地閱讀和琢磨，辛苦地準備著講課的內容。為了提高大家寫作的水準，她竟會付出如此巨大的勞作！我又瞧了一眼左右的同學，發現他們跟我一樣露出驚訝的眼光。

> 方老師又開始評點另外一位同學的作文，指出他描繪自己祖父貧困和悲慘的生涯時，寫得有感情，有韻味，很能夠引起心靈的震盪。在方老師論說和分析的時候，我瞅見了她滾圓的眼睛裡，閃爍著晶瑩的淚光。她對待別人的命運，發出了一種感同身受的情愫，多麼具有同情心的老師啊！

> 我瞧著這位像母親一樣仁厚和慈祥的老師，感激她如此的關心我們，希望我們都學習好寫作的課程。為了達到這個目標，她長年累月地花費了多少心血啊！

> ……

> 那時候多少次在校園裡碰見她的時候，她總是笑眯眯地詢問我和幾位一起走路的同學，功課學習得怎麼樣，有什麼困難嗎？一直說到晚飯的鐘聲響了，我們才戀戀不捨地跟她告別，回頭向她揮手時，都訴說著她對於我們的關懷。

我還跟幾位喜歡寫作的同學，拿著各自剛寫成的文章，恭恭敬敬地走進她的客廳。她一面滿臉笑容地招呼我們，坐在矮小的沙發上，一面就拿起我們遞上的稿子，戴上金絲鑲邊的眼鏡，匆匆地閱讀起來，看完了一頁，就平整地攤放在桌子上。全部看完了之後，挨個兒地跟我們討論起來，指出哪裡寫得很好，哪裡還有毛病，詢問我們能否接受她的意見？

怎麼會不能夠接受呢？簡直是一種醍醐灌頂似的感覺！梁實秋在〈方令孺其人〉這篇散文中，敘述過方老師愛書如命的故事。正因為這樣的緣故，方老師才能夠成為一位誨人不倦的教授。這時，方老師瞧著我們歡天喜地的模樣，她走到廚房裡，端出了一盤橘子，要我們一邊品嚐，一邊說話。

因為太喜愛和欽佩方老師的緣故，我就在學校的圖書館裡，尋覓到了她的散文作品，和幾位同學輪番地閱讀起來，還嘗試著領會她清新蘊藉、親切睿智和洋溢著詩情畫意的藝術風格。等到聽完了劉大傑老師講授的中國古代文學史這門課程之後，我又瀏覽了大量有關的作品，有了這樣初步積累的知識，就敢於在同學中間發表自己的看法了，認為從歐陽修的〈醉翁亭記〉之後，在描摹滁州風景的散文作品中間，就要算方老師撰寫的〈琅琊山遊記〉，揮灑得最細膩和迷人了。

當然最使我懷念的，還是方老師那種孜孜不倦地教導學生和誠心誠意地愛護學生的高尚品格。從我大學畢業之後，她還始終關心我的工作，幾次晤面的時候，都詳盡地指點著我。直到她病逝前不久，我還收到過她探討散文創作的來信。[35]

在另一篇文章裡，林非還寫道：

---

[35] 林非：〈懷念方令孺老師〉，2007 年 9 月 11 日《人民日報》。

方令孺老師則以她對藝術創作的無比熱愛，異常陶醉和興奮地訴說
著文學創作的多少情趣與奧秘。她在講解許多精彩的名篇時，總是
反復地強調必須表達出真摯的情懷來，她表示自己最為欣賞的藝術
境界，應該是抒寫出自然、明朗和流暢的那種美質。她睜著滾圓的
眼珠，閃爍出一陣陣誠摯和動人的光芒，從中流露出了真誠、純潔
和灼熱的赤子之心。每當她講到十分得意和神往的地方，禁不住就
像吟詠詩歌似地朗誦起來，她那種抑揚頓挫和鏗鏘有力的話語，喚
醒了我潛藏在內心的審美情懷。[36]

　　從前面這些描述來看，方令孺感性多於理性的分析，並沒有什麼不
好，相反得到了很多學生的喜愛。但到了 1957 年，她的教學受到了責疑。
朱東潤在他的自傳中記錄了這樣一件事：

1957 年 2 月 8 日上午，中文系助理杜月村來了，他說中文系學生
有信到系，請求方令孺教授停開文學專題討論。方令孺清新的短文
我是看到的，但是她授課的方式有些別致。進了教室以後，她經常
把這天要討論的課題寫在黑板上，掇著一張杌子坐著，學生提出自
己的看法，一位完了，再是一位，如此者一位……一位……直到下
堂，方教授不作總結，不提出本人的論斷，只在黑板上寫出下次討
論的題目。真是無為而治。方教授下堂了，直待下次上課。學生震
懾於教授的令譽，不敢提意見，只得請求停開。[37]

　　從前面傅道慧的文章中可以知道，專業課上讓同學們提問題進行討論
也是方令孺很早就採用的教學方法，不過到 1957 年，提問題到了「無為
而治」的地步，恐怕真是個問題。也許年紀大了，激情消退了的緣故吧。
這樣的結果是，當時的系主任郭紹虞決定，暫停方令孺教授的課，由他自
己開中國文學批評史課。

---

[36] 林非：〈我的大學老師〉，《河北教育》2003 年第 1 期。
[37] 朱東潤：《朱東潤自傳》第 392 頁，人民文學出版社 2009 年 1 月版。

　　郭紹虞開中國文學批評史課非常隆重，他點了一位副教授和一位講師作為助教，安排最大的教室，並且安排了擴音器。方令孺也跟著在下面聽課，不過這時她的心情一定很不好。

十

　　1957 年 10 月 30 日，上海市中蘇友好協會和《文匯報》聯合邀請各界知名人士參加「慶祝偉大的社會主義革命四十周年座談會」，參加座談會的有方令孺、白楊、李玉茹、陳望道、蘇步青、靳以等十二人，後來他們的座談會發言發表在 1957 年 11 月的《文匯報》上。

　　活動還在參加，不過此時運動已是一個接一個了，一向信心堅定的方令孺這時有了迷惑。

　　1957 年反右運動期間，方令孺到北京參加會議。以前去北京，她常會抽時間看丁玲，還在丁玲家住過。但在這次全國婦聯召開的會上，丁玲是被批判的對象。丁玲也看到了方令孺，「我為她很不安了一陣。我深切瞭解她，她一定會非常非常的難過，可是這時她無法對我表示同情，也無法安慰我，分擔我的憂愁了。」[38]

　　吳中傑是聽到過方令孺對這次運動的看法的：

> 對於這場運動，方先生內心是很矛盾的。從理智上說，她要擁護，要緊跟，但在感情上，卻又很惶惑。她從北京回來後，一面傳達了文聯作協的反右情況，但私下裡卻對我歎氣，特別表現出對她侄兒舒蕪的關心：「唉，他逃過了 1955 年的劫難，沒有成為反革命，但終於逃不過 1957 年這場運動，還是被打成右派分子了。」[39]

---

[38] 丁玲：〈魍魎世界〉，《新文學史料》1987 年第 1 期。
[39] 吳中傑：〈復旦的新月〉，《海上學人漫記》第 74 頁。

在 1957 年的反右運動中，很多人遇到了麻煩，也是這場運動，令方令孺的生活發生了變化，她離開了她最喜歡的復旦來到杭州。事情源於那場反右運動，宋雲彬等人被罷職。冀汸文中提到：

> 浙江省文聯曾經兩度遭受砸爛，兩度一鍋端，第一次是 1957 年「反右運動」，從黨組書記、主席、副主席到一般幹部都打成了「右派」、「反黨集團」，成批地接受流放的命運，剩下幾個「左派」調到別的單位加官晉爵，省文聯機關也就不復存在了。大約一年後，認為省文聯這樣的機構還是不可或缺的，才從上海（當時算華東大區）調來方令孺、谷斯範、陳山、福庚等作家，重新恢復建制。[40]

方令孺是不願意離開復旦的，復旦有她最好的朋友，她的生活最需要朋友了！對復旦，她有割捨不下的感情。為了去不去杭州，她商量最多的人是靳以，靳以勸她安慰她。最後她還是服從了組織的安排，來到杭州，接替宋雲彬出任浙江省文聯主席。

年過花甲，方令孺居然又要開始她人生新的旅程，在美麗的杭州，命運又會以怎樣的姿態呈現呢？

---

[40] 冀汸：《血色流年》第 268 頁。

第十一章　寂寞白樂橋（杭州）

一

　　方令孺到杭州的時間，是 1957 年還是 1958 年，一向眾說紛紜，所以，這裡我們得先大致確定一下。

　　據宋雲彬 1958 年 4 月 5 日和 11 日的日記記載：「報載四日上午浙江省人民委員會常務會議，撤銷右派分子宋雲彬等八人行政職務。」「下午一時半，赴省協商會出席第二十五次常務會，決議停止楊思一、宋雲彬副主席職務，停止李壽恒等十二人常務委員會職務。」[1]

　　這麼說來，方令孺到杭州的時間應該在 1958 年 4 月宋雲彬去職之後，不可能是 1957 年了。

　　方令孺到杭州出任新一任的浙江省文聯主席，此時她已年過六十。她自己並不願意去杭州，雖然杭州有她的小女兒一家，但她更喜歡復旦。據靳以女兒章潔思回憶方令孺：「當初為了去不去杭州，你沒有少和父親商量。在復旦大學工作了那麼多年，對學校，對學生，對朋友，以至於對那棟住慣了的徐匯村的平房宿舍，你都有割捨不下的戀情。這是否又是你詩人氣質的一種表現呢？就是這份戀情，阻隔在你的心頭，令你憂心忡忡，舉棋不定。父親勸了你很久，也安慰了你很久。就這樣，你依依不捨地服從了組織的調動。」[2]

　　方令孺來到杭州，文聯把她安排在靈隱附近白樂橋 27 號的小院中，與方令孺住同一小院的，還有一起調來的谷斯範等人。

1　宋雲彬：《紅塵冷眼》第 460 頁，山西人民出版社 2002 年 3 月版
2　章潔思：〈小橋流水人家——記「新月派」女詩人方令孺〉，《曲終人未散·靳以》第 118 頁，東方出版中心 2009 年 8 月版。

　　白樂橋的夜是安靜的，白樂橋的夜更是寂寞的。來到杭州的方令孺很不適應這樣寂寞的生活，她的心情很為之抑鬱。

二

　　一個六十歲的老人，初到一個陌生的環境，她有著很多的不適應，何況她身邊沒有朋友。她最好的朋友在遠方，在上海。1959 年的春天，靳以從北京回來，寄給方令孺幾張毛主席的照片，並且寫信說：「送你幾張毛主席的相片，一定會給你更大的力量。」[3]靳以總是鼓勵她，幫助她，使她克服很多精神上的困難。

　　儘管常常有靳以的來信鼓勵著她，她在心裡更是期待著朋友們的光臨。從後來方令孺寫給巴金和蕭珊的信裡，我們可以讀出她對友情濃郁的思念來。

　　這時，真的有朋友來看她了。

　　1959 年 6 月，上海的一批作家，巴金、蕭珊、柯靈、唐弢、辛笛、魏金枝、羅洪、何公超等，前往新安江水電站訪問，去的時候，在路過杭州時停留了兩天，蕭珊和羅洪跑到白樂橋看望方令孺，後來羅洪回憶這次見面：

> 那次出發去新安江水電站工地，一行八人搭火車先到杭州，決定住兩個晚上，遊覽兩處地方，記得是去了玉泉觀魚和天竺。我和蕭珊抽時間到方令孺家去了一趟。當時她是浙江省文聯主席，但因身體不好，實際管事不多。她家在靈隱附近，環境幽靜。兩間明淨的居室，樸素淡雅，給人一種安靜舒適的感覺。蕭珊已經來過，我是初次到來，見這環境讚不絕口。主人突然想到了什麼，說是還有個好地方可以看看，便指向後邊，蕭珊也說，那邊更有意思。

---

[3]　方令孺〈青春常在──悼靳以〉，《方令孺散文選集》第 125 頁，上海文藝出版社 1982 年 8 月版。

原來後邊有幾級石級，往下通向一扇小門。小門一開，見一條滿滿的小溪，盛著潺潺流淌的溪水。溪水清澈極了，真有意思。比起屋後臨靠小河的江南人家，更有一種微妙的神秘感。方令孺的記憶力還相當好，她記得兩年前去上海時，曾與蕭珊一同到過我家，見到我家掛的一個橫幅，是姚鼐的行書，她當時就說很喜歡姚鼐的字，挺拔也很瀟灑。這一次她提起了，卻記不得是錄了誰的詩句。我說，是明代王世貞的〈雙梅影〉。她點頭笑了。她是安徽人，是桐城派散文名家方苞的後裔[4]，姚鼐也是桐城派。方令孺的散文寫得很出色，也是一個名家。

因為時間緊，我們待得時間不多，就告辭了。結果這次見面成永別，她於 1976 年 9 月逝世。再過一個月，就能看到「四人幫」倒臺，十年動亂結束了。[5]

有朋友的日子是快活的，但朋友們的來訪總是非常短暫。

也許是因為長久的孤獨和寂寞，方令孺病了，她住進了有著療養性質的浙江醫院。1959 年 7 月，方令孺從浙江醫院發出目前發現的她在杭州寫給巴金的第一封信：

巴金同志：

昨天收到你寄給我的兩本書，高爾基《回憶錄選》和《巴金選集》，這都是我愛讀的書，昨天一收到就看了大半夜，十分謝謝您。

從新安江回去後你和蕭珊和所有同來的同志們身體可好？在新安江收穫一定很多，我很悔沒有跟你們一道去。我在醫院住久了反而覺得軟弱起來，近來心裡不太能耐下去了。預備最近到莫干山去度過這酷熱的夏天，以後就要跑跑了。

---

[4]　此處說法有誤，見第一章。
[5]　朱雯、羅洪：〈燈下憶舊〉，《往事如煙》，上海古籍出版社，1999 年 10 月版。

　　希望很快看見你們來浙江的作品，昨晚看你以前寫的〈蘇堤〉還是很親切，只是今天駕船人的心理狀態是大不同了。你寫下那時候的情狀留在今天看看很有意義。因而我特別感到文學作品反映時代的精神而且是非常重要的。

　　致念蕭珊和孩子們和同志們

敬禮

令孺　七月十六日[6]

　　從這封信裡可以看出，方令孺住院已很久了，也可能巴金他們來杭州時她就已經住院，只不過在蕭珊和羅洪去白樂橋時方令孺臨時回了家，再從後面的一些信可以知道，那些時候她住院有一住幾個月的習慣，到山裡避暑，也是一去幾個月。我想這實在是因為醫院和山裡都比家裡熱鬧多了。獨身而年老的她太需要熱鬧了。

　　1959 年 11 月，她的好朋友靳以逝世。得到這個消息，方令孺跑到上海大哭一場。可以說，這時候，靳以是她最好的朋友，失去了最好的朋友，心裡的傷痛一定是外人所不能體會的。懷著沉痛的心情，她寫下〈青春常在——悼靳以〉一文。

　　好朋友靳以的逝世，讓原本孤獨的方令孺更加孤獨。有一天，她的復旦學生吳中傑去看她，記錄了她當時的心境：

　　　　六〇年代初，我到杭州去看望方先生。她住在靈隱附近的一幢小別墅裡，背後是青山，四周有小溪圍繞，風景非常優美。但是方先生心情很不好，她感到寂寞。她說，她在杭州地生人不熟，這裡又遠離市區，少有人來，簡直是住在墳墓裡，非常難過。她懷念復旦的生活，想回復旦去。但是她不知道，五七年以後，復旦也已人事全非，風氣大變了，同事師生之間頗多顧忌，不再能像以前那樣密切

6　方令孺 1959 年 7 月 16 日致巴金信，《寫給巴金》第 5 頁，大象出版社 2008 年 4 月版。

地來往，輕鬆地交談了。當然，作為一個黨員，她還是必須服從組
織決定。但是，她對我說，她這個新黨員，別人還是把她作為黨內
的統戰對象看待的。文聯的事有黨組書記作主，她很少過問。這時，
她大概已不寫新詩了，她給我看她近年所寫的一些舊詩，詩中反映
了她的寂寞心情。[7]

1960 年 4 月 11 日，她動身去了安徽，因為安徽省長邀請她去，她自
己也想借旅行看她的病。等到安徽回來之後，她對蕭珊說，「我買了畫冊，
買了宣紙想學畫。」[8]

有閒情畫畫，可見她所謂的病實在不算什麼病。那麼她得的到底是什
麼病呢？

1960 年 5 月中下旬，方令孺到上海去看她的病，那時候巴金在杭州，
為全國第三次文代會準備發言稿。蕭珊去醫院看方令孺，然後給巴金寫
信，說她見到的方令孺：

> 那一天我剛巧去看九姑，她現在除了她的病，什麼都不感興趣。那
> 天我還遇到杭州文聯的女同志，據她告訴我，醫生說九姑患的是憂
> 鬱症和幼稚病，也就是精神分裂的初期。一去看她，她就不讓我走，
> 那天我到九點鐘才回家吃飯。昨天又去看她，楊永直已給她定好東
> 湖招待所的房間，她一再說要我去接她出醫院，完全像一個孩子！[9]

孤獨和寂寞給方令孺帶來了滿腹的憂鬱，她甚至可能有些孩子般的情
緒化了。都說是老小孩，方令孺真的已到了這個地步了，讓人同情又讓人
感到悲哀。

---

[7] 吳中傑：〈復旦的新月──記余上沅和方令孺先生〉，《海上學人漫記》三聯書店
1999 年 3 月版。

[8] 方令孺 1960 年 4 月 13 日致巴金信，《寫給巴金》第 6 頁。

[9] 蕭珊 1960 年 5 月 24 日致巴金信，《蕭珊文存》第 129 頁，上海人民出版社 2009
年 3 月版。

三

　　大約在 1960 年 7 月初，方令孺往莫干山避暑，她在山上大約住了四個月。這四個月裡，她看書、做手工、散步、學畫山水，留戀著莫干山的清麗。

　　7 月上旬，她收到巴金給她的寄到杭州文聯的書《讚歌集》，於是她高興地寫信：

> 您給我的《讚歌集》從城裡轉到山上來了，我用兩天時間把它看完。我感到溫暖，得到鼓舞。這些篇章都是從火熱的心裡流露出來的，是從對祖國對社會主義事業，對共產主義風格與集體主義精神的英雄人民真摯的愛的感情裡流露出來，是從感到偉大幸福的心情裡流露出來，非常感動人。
>
> 山中讀你這本書又讀其他反映我們時代的書，使我也忘記寂寞，感到生活在偉大集體之中是幸福的。[10]

　　從一個知識分子來說，讀書會忘記寂寞，讀書也始終是快樂的，何況還是朋友的書，讀書的快樂會更多些。

　　7 月中旬，北京召開第三次文代會[11]，方令孺在山上天天看報讀文件，關注著文代會的情況。

　　9 月初，桂花開了，「山上極靜，這時桂花盛開，芬芳之氣，到處洋溢，可惜就是太寂寞一點。」[12]因為寂寞，她盼望著朋友的來信：「您們的信來，真是極大的喜慰。我好像回過蘊珍同志的信，我並且因為蘊珍不來信而感

---

[10] 方令孺 1960 年 7 月 13 日致巴金信，《寫給巴金》第 6 頁。

[11] 所參加的會議名稱，來自周立民編著《巴金手冊》第 107 頁，廣西師範大學出版社 2004 年 3 月版。

[12] 方令孺 1960 年 9 月 18 日致巴金、蕭珊信，《寫給巴金》第 7 頁。

到惆悵。我收到蘊珍同志寄到北山街的信。好了，今後我希望您們常有信來。」[13]

這時方令孺在白樂橋的房子，有人借住，她要等一陣子人家搬到新房子去後才回去。無聊的時候，她給巴金女兒李小林結書包，她說花樣是跟山上的一位護士學的。正像現在流行的一句話，她這哪裡是結書包，她結的是寂寞。

直到 11 月的時候，方令孺才從莫干山回杭州，她一回到杭州，就住進了浙江醫院。在山上的時候，睡眠一直不好，回來之後，睡眠好多了，但還不穩定。

12 月的一天，言行來看她，行前，方令孺將她結好的書包交言行帶到上海轉給蕭珊。

方令孺在浙江醫院一住就是幾個月，第二年的春天很快就在她的筆尖來臨：

> 我的身體和精神都逐漸好起來。下山以後就住在浙江醫院（一名西山醫院），這裡主要是治療性質的醫院，但多都是慢性病的病人，因此又等於是療養院。環境很好，遠山近林、溪泉汩汩，有花圃，有植物園台榭幽池，都足以供人徘徊賞玩，所以我在這裡一住就住了許多月。不久我要出去了，天已暖，杭州春（紙已盡請看後面）天是美麗的，我仍住靈隱路白樂橋 27 號，雖然冷靜一點，但那裡風景空氣確是好，不捨得搬。你們春天可來玩？很盼，很盼！小林、小棠定又長大不少。我現在常和孩子們一道玩。我又恢復了過去的興致。我得了許多畫冊，研究畫。就是睡眠還不大好，人家說這是老年人的通病，因此有時頭有些暈，總的說是好得多了，你看我這信不是也寫得有些饒舌的樣子麼？[14]

---

[13] 方令孺 1960 年 9 月 18 日致巴金、蕭珊信，《寫給巴金》第 7 頁。
[14] 方令孺 1961 年 3 月 2 日致蕭珊信，未刊稿。

　　從她「我又恢復了過去的興致」這話來看，似乎心情有了很大的改觀，也許也是春天的緣故吧！

　　杭州的春天是美麗的，朋友們來杭州遊玩，也來看方令孺。有一天羅蓀來了，他們玩了一天，走了很多路，還上了六和塔，回來之後她覺得累了，睡了三天之後，精神又恢復了。

　　還有靳以的女兒章潔思，她於 1961 年 4 月到杭州，也許就是和羅蓀他們一起來的。她回憶：

> 我住在花港，隨同關愛我的父親好友一起。那些日子的大清早，當許多人還沉睡夢鄉，大大已來喚我到花港四處溜達。大大把我帶到園裡，對我說：「你聽，清晨的鳥兒叫得多麼好聽，它們正在互相談話呢。」當看見葉兒花朵盛滿晶瑩的露珠，在初升的陽光下閃閃發光，你又對我說：「那些還在睡覺的人多不值呀，他們錯過了如此良辰美景。」記得那天，我們踱進長長的竹廊，我們在竹廊兩邊長長的竹椅上坐下。於是，你又指著廊上的一個個方框讓我朝外看。你說：「這些方框就是天然的鏡框，每一個方框所框成的風景，就是一幅最美的油畫。而且，你只要稍稍變換一下角度，又有一幅新的油畫出現。那麼多美麗的油畫蜂擁在你的面前，多美呀！」我們就這樣，沐浴在清晨大自然的陽光中，沐浴著花香溫煦的風，欣賞著眼前一幅幅層出不窮的美景。記得羅丹有一句名言：「美是到處都有的。對於我們的眼睛，不是缺少美，而是確實發現。」正是大大，用她那善於發現美的眼睛，把我的眼睛，引向美的世界。[15]

　　章潔思的這篇文章，在稱呼上有點亂，她文中的「大大」、「你」、「她」都是指方令孺，這篇文章，也曾以〈「清溪涓流」〉之題名收入《散落的珍珠──小瀅的紀念冊》，只是文章有些改動。

---

[15] 章潔思：〈小橋流水人家──記「新月派」女詩人方令孺〉，《曲終人未散·靳以》第 118 頁，東方出版中心 2009 年 8 月版。

章潔思來杭州住花港，那時方令孺還在浙江醫院，她到花港非常方便。她倆也到白樂橋方令孺的家，喝茶、聊天……

峻青也到了杭州，並且告訴方令孺，不久巴金也要來杭州，聽到這個消息她高興極了，她期待著。

到了 5 月份，方令孺還在浙江醫院，有一天，她房裡的「仙人捶」開花了，很像仙人掌的花但要小一些，他們全三病區的人都來看，還有三四個照相機在邊上拍照，真是好不熱鬧。方令孺四點半起來寫生，她覺得這樣的生活有趣極了。

1961 年 6 月 17 日，端午節，巴金和任幹在杭州，他倆到方令孺家過節，他們在書房喝茶，又去靈隱喝茶，下午六點回到方令孺家裡吃晚飯，飯後廊下談天喝茶，看園中大樹，巴金讚賞這棵樹特別高大，但看來很年輕。他們在樹下一坐就是兩三個小時。另一天下午，他們三人又在靈隱寺前飛來峰下的涼亭裡坐了一個下午。朋友們的陸續到來，他們隨意而溫馨的話語，讓方令孺的生活真的開始有所改變了。1961 年的春天，方令孺在杭州的憂鬱心緒開始有所改變。

大約這一年，周恩來和陳毅到杭州，方令孺等人受邀前往一聚，想來這時的她該是非常愉快的：

> 後來在三年困難時期，大約是 1961 年，周總理和陳毅一起來到杭州，就住在杭州飯店，提出要請政協的高級知識分子座談和吃便飯，提了馬一浮、邵裴子、方令孺等，人數不多，大約三五人。邵裴子是第一批留美歸國學生，當過浙大校長，很有學問，是省政協委員，還是省人民政府委員。方令孺是省文聯主席，總理比較熟，親自點名請她來的。[16]

16　余紀一：〈回憶第一屆浙江省政協的誕生〉，《人民政協紀事》（上）第 132 頁，中國文史出版社，2004 年版。

四

　　1961 年的夏天，在方令孺看來是她過得最好的一個夏天。這個夏天，她和很多朋友一起在黃山避暑，他們中有巴金、任幹、杜宣、秦怡等，後來蕭珊帶著小林和小棠也來了，這就更讓方令孺感到熱鬧和愉快了。巴金夫婦、杜宣、任乾等住在紫雲樓，方令孺住在黃山賓館，兩處相隔不遠，每隔幾天，方令孺會到巴金夫婦住的紫雲樓去。蕭珊也會帶著孩子去看她，有一天，蕭珊的日記作了一點記錄：「上午帶孩子們到賓館去看方九姑，小林陪她彈月琴，人老了，簡直跟孩子一樣，一直抱怨峻青不陪她玩。」[17]

　　在黃山的日子裡，方令孺又重新恢復了對舊體詩的熱情，寫了多首，其中有一首較長的七古，是在獅子林看日出後寫的，描繪的是整個日出的美麗景觀。她還寫了〈登觀瀑樓望天都峰〉、〈文殊院觀落日〉、〈贈秦怡〉等舊體詩。

　　在黃山住了一陣，巴金和蕭珊先回去了，過了一些天，秦怡和杜宣又要走了，方令孺覺得自己真像黃山上的送客松，總在送客。在秦怡和杜宣走的前一天，她又給巴金、蕭珊寫信：

> 蕭珊、巴金同志：
>
> 　　我忽然想，文殊院前的送客松多麼可憐，老是送客，送了一千多年了，難怪它樣子是那樣蒼老！我現在也有些像那一棵可憐的送客松！
>
> 　　今年夏天是我過得最好的一個夏天，但是離別的黯然情懷也特別感到。幸喜你來信最後重複的話大慰我心，不能禁止的（地）由衷的（地）說一句謝謝你。親愛的蕭珊，我確是有一種幸福感，因為我有這麼多好友。
>
> 　　明天秦怡和杜老宣又要走了，剛才杜老宣在我桌上留了一首詩，題目是「留別九姑、任幹同志」，詩曰：

---

[17]　蕭珊 1961 年 8 月 26 日日記，《蕭珊文存》第 59 頁，上海人民出版社 2009 年 3 月版。

「惆悵明朝又遠行

舉杯無語共微吟

今夜同看山上月（其實並沒有月亮）

明年再踏六橋春」

幸虧說明年再踏六橋春，否則我讀了要哭出來了！

自從你們走後，秦怡、任老幹、杜老宣天天陪我玩，我們上了一次虎頭巖，在洞裡（也就是虎口裡）坐了好半天，又下去看井，投了幾個石子到井裡，只看見汩汩水珠冒上來，想必這井很深。秦怡真是有趣，每晚對我們講故事、笑話、旅行見聞，可豐富呢。我有時一個人，想到她說的笑話，我就自己大笑起來，這次機會以後，她會留下許多好玩的故事夠我想的。（特別是教會我唱洪湖水）（更特別，叫我想的是她這個人）

我們都稱讚你的信和你的為人（不是說謊），我們說你的信寫得語言簡練而含意豐厚，我們說這就像你為人的風格。

昨晚我們吃了一隻石耳燉雞湯，這次廚師夫特別多加石耳，而且是全雞，味道濃厚，我們四個人吃了一隻雞和一鍋湯，反來引起我嘗，恨不得天天有得吃。

我還有一個留在腦子裡不能忘的印象，而且也使我常常一個人笑起來，就是李小棠。他那些靈活滑稽的表演真是可愛。小林的細聲細氣的歌聲，也是常在我心裡迴旋。總之今年夏天是我歷年來最歡樂的一個夏天。我一定保重身體安心休養，一個人活著而又健康，多麼好！

我想不久我們又可相見。杜老宣說，等他的戲演出時，一定打電話給我，請我去看。此刻是夜裡一點鐘，杜、任，十一點多鐘回紫雲樓，我回房改了改我白天畫的畫。隨後就寫這信。我們雖然都分開，隔遠，但是許多事都使我們更接近。我很快樂！

祝健康

令孺　1961.9.14 一點鐘

> 我們有了幾個別名：我，黃山老母。秦怡，翠微公主，杜宣，紫雲
> 道人。任幹沒有別名，我叫他採藥童子[18]。

對於方令孺來說，有朋友的生活有著無限的樂趣，她是離不開朋友的。

又過了幾天，黃山上來了一位新西蘭作家名叫愛黎，很意外地陪同這
位作家的是方令孺的一個外甥女，這樣，他們也在一起玩了幾天。

浙江省文聯也來了幾位，秘書長唐向春和他的弟弟、金近，還有美術
學院的陳隴等，這樣正好，他們幾個人可以一起回杭州了。

時間已經到了 1961 年 10 月上旬了，一直在發憤寫作的任幹也走了，
方令孺送別任幹，她真的成了最後的送客松。因為下雨，接方令孺他們的
車要遲幾天，於是他們又享受了黃山的秋景。直到 11 底，她才回到杭州
的家裡。

回到杭州後，秦怡又來看過她。

方令孺終於快樂了一些，讀書彈月琴，看戲看電影，身體也好了，心
情也愉快了一點。她給蕭珊寫信，心情變了不少：

> 這時候是夜晚十點半鐘，在上海還是很早呢，但是在這裡卻靜得像
> 一切都秉（摒）住呼吸一樣，悄悄地，一動也不動。沒有蟲聲也沒
> 有鳥聲連慣常叫得脆嫩的小貓頭鷹的聲音也沒有了。有天晚上還聽
> 見牆外夜裡出來的野羊叫，今晚也沒出來。因為窗子關著，窗外的
> 小溪嗚咽的聲音也沒有聽見，真靜啊，我覺得真舒服！我現在完全
> 習慣這環境了，很喜歡我的家，一天東摸摸西看看，一點也不覺得
> 寂寞。我心裡飽餐著很多溫暖的友情，它滋養著我，使我思想豐富，
> 寬闊，遠大，高尚，反正一切好字眼都可以用上。你看，我多快
> 活。[19]

在同一天，她給巴金的信則說了一些工作上的事：

---

[18]　方令孺 1961 年 9 月 14 日致巴金、蕭珊信，《寫給巴金》第 9-10 頁。
[19]　方令孺 1961 年 11 月 29 日致蕭珊信，未刊稿。

黃山回來已一個月零十天。好像已經多少日子了。回來以後總有點
事要做。聽了幾次省委的大報告，聽了很有益，省委對於文聯工作
有些安排，把陳隴葉克都調到作協來，預備另找一座房子，成立一
個領導機構，先把作協辦好，然後逐漸把各協工作領導起來。但我
看願望是願望，人力上還困難。陳隴現在住在醫院，俞仲武也在醫
院，葉克多病不大能工作，你看，事情是不大好做的。我已不像以
前那樣急，宣傳部商部長也教我不要急，能做出多少事就做多少。
我也就寬心等待，反正什麼事一個人總做不起來，大家合作才成，
等著吧。現在也有些活動，例如開過幾個會研究工作，陸續的（地）
開些各種創作座談會等等。我自己不個個會參加。林默涵同志來，
也叫我多休息，可是教（叫）我要多寫詩。我不急，有詩興的時候
就寫寫。我很想把我有些日記中所記的短小筆記，和感懷整理出
來，我自己看看，有些也像個散文詩的樣子。巴金同志，你那樣勤
懇創作的精神感動了我，我也覺得一天到晚不寫點東西就有些慚愧
似的。但是又不像你那樣堅定用功。不過還是不要急，永遠保持心
情舒暢，就是保養的好辦法。[20]

因為心情有了改觀，方令孺關注的重心也轉移到工作中來了。

五

身體好了，心情略有舒展，方令孺出遊的興致徒然增強。1961 年的年
底，她非常想在這個冬天到廣東去，一則想看看南國風光，再則廣州有她
的弟弟方孝嶽在中山大學，姐弟倆多年沒見，她說怪想念的。

趁全國人大代表出去視察的機會，本來方令孺報名去廣東了，可後來
上面又說去不了，她是很失望的。當時方令孺還約了巴金一起去，巴金也

---

[20] 方令孺 1961 年 11 月 29 日致巴金信，《寫給巴金》第 11-12 頁。

有這個想法。1962 年 1 月初，有個叫吳偉的人到海南島後，來信描述海島迷離的風光，等到下次報名時，方令孺仍決定報名到廣東，又從浙江省人委辦公室得知巴金也要到廣東，她太高興了。

從巴金給沙汀的信中可以知道巴金、方令孺等一行的具體行程：

> 我是上月十四日來廣州，十六日到海南島，在海南島和湛江市走了一轉，花了兩個多星期，二月一日回到廣州，蕭珊帶著孩子在前一天到了這裡。廣州的朋友約她來過春節，我也想在這裡歡送茅、夏[21]二公出國，便留下來了。除夕我們全家和方令孺到冰心房間和冰心、君健、杜宣三位談到十二點，大家都很想念你……前幾天我們全家和方令孺同去從化住了兩天，一位姓鍾的服務員還講起你呢。[22]

巴金還回憶過那次出遊，更深地認識了方令孺，也由此談到她的為人：

> 第二年年初我們五六個人從廣州到海南島參觀，坐一部旅行車在全島繞了一周，九姑也在裡面。接著她又和我全家在廣州過春節，看花市，她很興奮地寫詩詞歌頌當時的見聞。
>
> 我還記得，我們在海口市招待所裡等待回湛江的飛機，已經等了兩天，大家感到不耐煩，晚飯後閒談中她談起了自己的身世，談了一個多鐘頭。想不到她的生活道路上有那樣多的荊棘，她既困難又堅決地衝出了舊家庭的樊籠，拋棄了富家少奶奶的豪華生活，追求知識，自食其力，要做到她自己所說的那樣「創造一個新的世界，新的人生」，做「一個真實的人」。那些堅持鬥爭的日子！倘使得不到自由，她就會病死在家中。她沒有屈服，終於離開了那個富裕的家。

21　指茅盾、夏衍。

22　巴金 1962 年 2 月 12 日致沙汀書信，《巴金書信集》第 309-310 頁，人民文學出版社 1991 年 8 月版。

她談得很樸素，就像在談很遠、很遠的事情，的確是多年前的事了，但是她還不能沒有激動，她說不久前在一次學習會上她談了自己的過去，會後一位同事告訴她，以前總以為她是一帆風順、養尊處優的舊知識分子，現在才知道她也經歷過艱巨的鬥爭，對她有了更多的理解了。我說的確是這樣，我從前也聽見人說，她孤獨、清高，愛穿一身黑衣服，一個人關在屋子裡，不然就孤單地在院子裡走來走去。她笑了。她那樣的人在舊社會怎麼不被人誤解呢？她哪裡是喜歡孤獨？她那顆熱烈的心多麼需要人間的溫暖。[23]

　　她需要人間的溫暖。在靳以辭世後，這個時期的巴金已經成為方令孺心靈上的朋友。巴金確實比別人更理解方令孺，更懂得她的內心，她不願承受一個人的寂寞，她孤單的人生太需要人間的溫暖了，而不理解她的人，才以為她愛孤獨。這是心靈之交的朋友與普通朋友的差別。不是說人生得一知己足矣，在這個世上，有人懂她理解她，方令孺是可以欣慰了。

　　還有蕭珊的日記，也記錄了那些天的情形：

　　我們到廣州五天了。火車將達廣州車站時，心裡倒有點不安，萬一巴先生不在，我們將往何處去？羊城賓館會不會接待我們？但一到車站，王匡同志在（招）手，非常感動。晚上他愛人田蔚同志來看我們，也給我一個和藹可親的印象。

　　第二天就是二月一日了，上午接待室告訴我老巴可以回來了，要我們儘早吃午飯。一點四十分我帶孩子們在飛機場接到老巴、方九姑，高興極了。孩子們各挽老巴的手，回賓館後，老巴打開他的寶藏，椰子殼、貝殼等。大談海南島之豐富。可是時間關係無法去海南島了。希望以後有機會能親眼見見熱帶景物，在海邊拾拾貝殼。

23 巴金〈懷念方令孺大姐〉，《方令孺散文選集》第 6 頁，上海文藝出版社 1982 年 8 月版。

二日上午和董老（浙江水產學院副院長）一起去文化公園看水產，
文化公園有人用萬壽菊在紮花塔，立滿了春意。

下午去黃花崗、紅花崗看烈士陵墓，又到動物園。晚上蕭獲來訪。

三日上午去出口商品陳列館。

下午在家休息，陳洪有來，一直坐到六時餘，四時許老巴去機場接
茅盾、夏公、杜老宣去了。晚上，我帶小林去紅線女家，她在家休
息，稍坐片刻即回。杜老宣來了，他即將去開羅，想不到又在廣州
遇到一起過年，真巧合！

（四日）

下午看花市，人山人海，廣州市民愛花。每人從花市出來，手執一
花，面露笑容，真所謂拈花微笑。我們購金橘一盆，盆上有成熟肥
大金橘十餘個，金燦燦充滿喜吉之意。臨回來時又設法買到三枝塑
膠花，粉紅、白色相間嬌嫩可愛。人居客中都忘記過年之事，看廣
州市民熱鬧情況，想起今天是除夕了。

今天是我和老巴結婚後第一次帶孩子們在外面過年。[24]

　　從巴金的書信和蕭珊的日記裡可以知道，巴金、方令孺他們在 1962
年 1 月 14 日到達廣州，16 日到海南島，之後去了湛江，1 月 31 日這天，
蕭珊帶了孩子也到了廣州，2 月 1 日，巴金、方令孺等回到廣州，2 月 3
日，茅盾、夏衍、杜宣到廣州。2 月 4 日是除夕，下午他們去逛花市。一
年後方令孺給蕭珊寫信，回憶那個除夕，那情景似乎還在眼前：「回想在
廣州的日子，回想那年大除夕你給我的一把花，你的深長的情意，是那樣

---

[24]　蕭珊 1962 年 2 月 4 日日記，《蕭珊文存》第 62 頁。

永久，那樣感動人。我怎樣說呢！」[25]方令孺的心裡總是保存著這些溫暖的回憶，為此，她還寫了一首詞〈除夕在廣州觀花〉作紀念。正是這些溫暖的記憶，久久地點亮了方令孺心中的友情之燈，她的一生就是活在友情的光芒裡。

除夕的夜晚，巴金全家、方令孺、杜宣、葉君健等在冰心房間聊天，一直聊到十二點。

之後，巴金全家和方令孺又去了從化洗溫泉。蕭珊後來還到過新會，參觀了「小鳥天堂」的島，這個地方依巴金的一篇散文而命名。

六

方令孺這次和巴金全家在廣州過春節之後，1962 年 3 月，她到北京，與巴金等一起參加全國人大二屆三次會議[26]。

從北京回來之後，仍是開會、學習，也許是來回奔波了一些日子，她感覺累了，她給蕭珊寫信，覺得很疲倦，很想休息休息，可是她覺得這時已不是休養的時候，要參加學習，要經常開會。不過，說到她的園子，她的興趣也來了：

> 杭州此刻正是一片綠海，我園子裡也是這樣。今年櫻桃結得不多，大半讓小綠鳥吃了，我搶收了半籃子，真好吃。我正在培養月季，新買了一棵墨紅的像絲絨一樣的月季正在開放。另外有一種像大紅絲絨一樣的薔薇也正在開，香得醉人，桃子只結了幾個，杏子一個沒有，梅子不少。我非常贊成你種果樹。你有個花匠來替你弄弄多好。我前天到植物園約一個花師傅來替我整理園林，約好星期日來，可沒有來。希望我的園子有一天也像你們園子一樣有「修養」。自從聽說小棠要寫信給我，羨慕我園子裡的水果，我就天天跑到樹

[25] 方令孺 1964 年 2 月 16 日致蕭珊書信，未刊稿。
[26] 所參加的會議名稱，來自周立民編著《巴金手冊》第 110 頁。

下看，我說果子啊，你快給我結出果子來，我好帶給小棠吃。我相
信果樹會聽話，明年一定結得很多。去年杏子、櫻桃就結得不少，
聽說果樹是一年結得多一年結得少。現在是晚上十點多鐘，我一面
寫信一面聽上海台廣播一個蘇聯的戲劇。[27]

她的心裡總想著朋友，哪怕像小棠這樣的小朋友。

1962 年夏，方令孺還去了黃山避暑，還是住在黃山賓館三樓一年前
曾經住過的那間房間。也許是沒有知心朋友吧，她感覺興致不如從前了。
不過在黃山，她見到了菡子，另外嚴鳳英也來黃山演戲，這多少帶給她
熱鬧。

1962 年秋，復旦大學蘇步青教授講學於浙江大學後，特往白樂橋
訪問方令孺，並作〈訪友〉詩，詩曰：「故人詩舍隔雲洲，來扣開關小
徑幽，侵座香樟清鳥語，繞牆塞潤曲泉流。」像仙境雲霧一般，寫得情
趣盎然。方令孺則寫〈燈火〉和〈採茶〉，同樣充滿了深厚的生活氣息，
詩云：

燈火

九裡松前白樂橋，
棕榆修竹傍溪嬌。
紅樓燈火相望暖，
會罷歸來笑語豪。

採茶

群兒嬉戲小溪旁，
溪水潺潺春意長。

---

[27] 方令孺 1962 年 5 月 9 日致蕭珊書信，未刊稿。

薄履單衫青竹簍，

輕風吹送綠茶香。[28]

　　這三首舊體詩以〈詠白樂橋〉為名，同時發表於 1962 年 10 月 21 日的《浙江日報》上。從方令孺詠白樂橋的兩首詩來看，方令孺似乎已經融入了這個新環境，春意綿長、溪水潺潺、暖風輕送、茶香笑語，整個是一派迷離的田園風光，充滿了濃郁的人間煙火味。甚至她也確實採過茶：「有一天早上我出去散步，在茶叢中和一群中學生一道採茶，這工作看似容易可不簡單，我採了兩把腰就酸了。但得到一種勞動的愉快。」[29]

　　1962 年的下半年，巴金和蕭珊又到杭州。11 月 29 日，他們一到杭州火車站，方令孺就和幾個朋友在月臺上接他們了。第二天，他們一起到九溪十八澗、虎跑玩，還一起去東坡戲院看了梅葆玖演的《鳳還巢》。第三天，他們又同去西泠印社、靈隱，然後到白樂橋方令孺家吃晚飯，隔壁的谷斯範也來一起聊天。再一天，方令孺陪巴金他們乘船遊三潭印月，下午時分送巴金、蕭珊到車站回上海。這時起，巴金到杭州，為的是看朋友：

> 六十年代中從六〇年到六六年我每年都到杭州，但是我已經沒有登山的興趣了。我也無心尋找故人的腳跡，頭一年我常常一個人租船遊湖，或者泡一杯茶在湖濱坐一兩個小時，在西湖我開始感到了寂寞。後來的幾年我就拉蕭珊同去，有時還有二三朋友同行，不再是美麗的風景吸引著我，我們只是為了報答一位朋友的友情。一連幾年都是方令孺大姐在杭州車站迎接我們，過四五天仍然是她在月臺上揮手送我們回上海。每年清明前後不去杭州，我總感覺得好像缺少了什麼。同方令孺大姐在一起，我們也只是談一些彼此的近況，去幾處走不厭的地方（例如靈隱、虎跑或者九溪吧），喝兩杯用泉水沏的清茶。談談、走走、坐坐，過得十分平淡，現在回想

---

[28]　《方令孺散文選集》第 152 頁，上海文藝出版社 1982 年 8 月版

[29]　方令孺 1965 年 5 月 12 日致巴金、蕭珊書信，《寫給巴金》第 26 頁。

起來，也沒有什麼值得提說的事情，但是我確實感到了友情的溫暖。[30]

次年春天。1963 年 3 月 30 日，方令孺出發往北京，參加文聯第三次全委會第二次擴大會議[31]，這次會議巴金自然也一起參加的。

這次他們相聚的時間比較長，四月在北京，除了開會，也常常和朋友見面吃飯等，這些人中有曹禺、羅蓀、老舍、陽翰笙、李健吾、周而復、沙汀、唐彌、張鴻等，五月頭回到上海，方令孺等也在上海停了一程，接著巴金、蕭珊、沙汀、劉白羽、蕭蕪等一起前往杭州。到了杭州車站，方令孺、俞仲武、唐向青一起來接站，巴金他們住在杭州飯店。

接下來的幾天，又是各處遊玩，龍井、九溪十八澗、岳墳、三潭印月、靈隱、虎跑、花港觀魚等。

1963 年的夏天，可能是因為文聯跟著開展五反運動，方令孺大概沒有去山上避暑。

她和朋友的聯繫不斷，巴金還經常寄書給她。1963 年 9 月，方令孺收到巴金寄來的書，她為此書作了詳細地描寫：「肝膽顏色的封面，裡面一層樸素雅致的絹衣，正像作者自己一樣樸質而熱情，更好的是肝膽照人。我首先玩味這裝飾和插圖，我覺得這裡插圖也配得好，簡易而達意，我非常喜歡，首先讀了代序。總是這樣永不衰竭的熱情，總是這樣感動人！」[32]方令孺沒提書名，這年的 8 月，巴金出版了訪日散文集《傾訴不盡的感情》，《巴金全集》之日記卷記載，9 月 15 日巴金收到百花文藝出版社寄來的《傾訴不盡的感情》特精裝本二冊，準備送給九姑和李束為，第二天封好給他倆的書，巴金讓自己的妹妹代寄。那麼方令孺說的就是這本書了。

1963 年秋，那是一個金色飛舞的季節，卞之琳在杭州玩了兩天。這天正是舊曆八月十八觀潮的日子，他們上得一個城隍山（吳山）來，山上人

---

[30] 巴金：〈懷念方令孺大姐〉，《方令孺散文選集》第 2 頁，上海文藝出版社 1982 年 8 月版。

[31] 所參加的會議名稱，來自周立民編著《巴金手冊》第 111 頁。

[32] 方令孺 1963 年 9 月 20 日致巴金、蕭珊書信，《寫給巴金》第 14 頁。

多極了，這是方令孺到杭州來第一次看到這麼多遊人。他們坐在山石上遠看錢塘江，看一線潮水。還在一起吃了兩次魚頭豆腐，樓外樓的魚頭新鮮美味，一盤足有大臉盆那樣大，她和卞之琳、陳學昭三個人拼命的吃，都吃不完。看看，吃得多開心多有味呵！

又有了人大代表視察的機會了。這次方令孺報名去廣西，大概她又約了巴金同去廣西。10 月 23 日，巴金等計劃經杭州赴衡陽轉南寧，到杭州後方令孺上車。當車到株洲的時候，周而復來電話要巴金即刻回上海再轉北京，參加中國作家訪日代表團。臨別之際，為怕一個人路上寂寞，巴金送給方令孺一隻小小的半導體收音機，這小小的收音機，成了方令孺寂寞生活中的不可缺少的夥伴。方令孺的行程大致是：南寧──柳州──桂林──陽朔──長沙──武漢──北京。在桂林她碰到沈從文、李霽野等人，非常高興，這樣方令孺就和他們一起到長沙，再同到武漢，又一起到北京。這一次，也許路上遇到沈從文等人，她的興致非常高，雖然行程很長，也不覺得累。

這次在北京，《光明日報》的黎丁來看過方令孺，方令孺跟他說起硯臺山的詩，黎丁還陪方令孺和馮沅君到過國子監舊書庫。後來，黎丁寫下關於方令孺硯臺山的文字，發表在 1964 年 7 月 7 日的臺灣《聯合報》（據方令孺說是香港《文匯報》，可能是她搞錯了）上，當時在臺灣的梁實秋從《聯合報》「幕前冷語」裡看到這段消息，立即引起了他的關注，因為寫的是他的老同事老朋友方令孺：

> 方令孺皤然白髮，早不執教復旦，在那血氣方剛的紅色路上漫步，現任浙江作者協會主席，忙於文學藝術的聯繫工作。

> 老來多夢，夢裡河山是她私人嗜好的最高發展，跑到硯臺山中找好硯去了，因此夢中得句，寫在第二天的默憶中：「詩思滿江國，濤聲夜色寒，何當沽美酒，共醉硯臺山。」[33]

---

[33] 梁實秋：〈酒中八仙──記青島舊遊〉，《雅舍憶舊》第 87 頁，天津教育出版社 2006 年 6 月版。

梁實秋不清楚方令孺硯臺山尋硯是真是幻，想起青島往事，他覺得方令孺想念朋友是真切的，尤其是青島的那些朋友。

<h1 style="text-align:center">七</h1>

這次方令孺從北京回家後沒回白樂橋的家，而是住在杭州保俶路 70 號的女兒肖文家。

1964 年 1 月，方令孺和陳山、唐向青等到上海參加華東話劇會演觀摩。1 月 10 日到上海，巴金、蕭珊去接站，然後送方令孺到錦江飯店。這些天，除了會演觀摩，又是朋友相會一場。羅蓀、杜宣、鳳子、秦怡、陶肅瓊、張映、張穎、徐平羽等，一幫老朋友和新朋友。巴金還托辛笛買了美多牌八管收音機送給方令孺，這樣方令孺在上海又過了十八天快樂的生活。

方令孺回杭州的當晚，女兒蕭文和保姆秀珍把她接到了白樂橋。有三個月沒在家住了，得好好收拾。

春天是個美麗的季節，朋友們又來看她了。這一次來的朋友更多，因為還要一起到新安江參觀，來了六人，有巴金、蕭珊、杜宣、羅蓀、薑彬、蘆芒等，他們於 1964 年 4 月 9 日抵杭，方令孺和唐向青去接站，然後把他們送到杭州飯店。下午又到靈隱喝茶、白樂橋方令孺家坐上一陣，第二天還是差不多這些地方，蘇堤、花港觀魚、岳廟、柳浪聞鶯等，不過這次與方令孺一起的，還有她的外甥女虞芝佩。

4 月 11 日，上海來的六個人，加上方令孺和虞芝佩，另外浙江省文聯又派了張賢采，這樣他們九人前往新安江參觀。

早上八點一刻出發。出發的時候下起了大雨，到桐廬時雨停了，在那裡吃了中飯。下午三點到達新安江招待所。

12 日，小雨還在下。他們到大壩水庫碼頭，乘船去淳安，那裡的書記、縣長接待了他們，並介紹了情況，然後遊了一程。13 日、14 日繼續。15 日八點多返杭，路過桐廬的桐君山時，上山觀賞富春江風光。回到杭州，巴金他們還住在杭州飯店。16 日下午，巴金等一行才返回上海。

對於千島湖的風光，蕭珊在給女兒李小林的信中留下了一點記錄：

水庫上水準如鏡，四周環山（現在因水庫水位高，約 105 公尺，山變成島嶼了），歸途中看見漁帆點點，青山、綠水、白帆、山上紅花斑斑，真是好看。這次出去幾乎天天下雨，幸而從水庫回來時天放晴，才看到湖水清澈，倒影如圖。昨天回杭時，遇到暖流，汗流如注，我已穿襯衣。我真願意你跟我們同在，你一定可以學寫一篇抒情散文了。離開淳安縣，杜叔叔留詩一首，我把詩錄給你看看：

斜風細雨把山花，一望空濛意更奢，
山勢已徒人竟轉，新城排嶺好安家。[34]

這一次在一起，巴金鼓勵方令孺寫寫她的過去，方令孺似乎也有了這樣的決心，她說：「我一定聽巴金同志的話，把我過去的事一點一滴的（地）寫下來。事實我有許多有趣的事好寫，也有些可悲的事好寫，我第一是懶，第二對自己沒信心，所以就算了；還有，怕提起當年的事。」[35]有了決心，但真正動筆可能還是有難度的，關於她的過去，估計方令孺沒有正式寫過。

1964 年那個春天，領導對方令孺的工作安排更是簡單明瞭：「我近來的工作是：林淡秋[36]同志召開了一個會議，談談編雜誌的事，安排一些工作，他對我很寬，不叫我做具體工作，有事出出面而已。」[37]

「有事出出面而已」，雖然方令孺也喜歡忙，希望融入當時那個火熱的時代中，但別人並不希望她忙，並不願意她忙。

---

[34] 蕭珊 1964 年 4 月 16 日致李小林書信，《蕭珊文存》第 188 頁。
[35] 方令孺 1964 年 4 月 24 日致巴金、蕭珊書信，《寫給巴金》第 16-17 頁。
[36] 時任中共浙江省委宣傳部副部長。
[37] 方令孺 1964 年 4 月 24 日致巴金、蕭珊書信，《寫給巴金》第 17 頁。

　　關於方令孺這個時期的心態，周立民曾有過精闢的分析：「方令孺不斷學習，急於融進那個熱火朝天的時代，然而卻總是融不進去，這種徒勞加重了她內心的焦慮；被拋在時代潮流的外邊，反過來又不斷地加重著她的孤寂。」[38]

　　朋友仍來訪，1964 年 4 月，白楊來杭州，方令孺請白楊在靈隱天外天吃小籠包餃，還吃一大盤新鮮油爆蝦，又到白樂橋家裡喝好茶。

　　她也仍外出。5 月 27 日，到嘉興一帶，先到平湖，看社會主義教育展覽，參觀莫氏莊園，再到嘉興游南湖，還上了一大代表開會的畫舫。同行者不少，文聯四人、杭大教授四人、美術學院一人。

　　這年的夏天，方令孺上了莫干山，她住在莫干山療養院八十九號，房子背靠山坡，面對的是開闊的山下原野。住處左右前後都是高大的梧桐、修竹，有寬闊的迴欄，非常蔭涼。

　　不過，1964 年還是有點不同的，「8 月 10 號下晚，杭州開了個萬人大會，支持越南，反對美帝，我也下山參加了，會後還參加遊行示威。」[39] 這樣大的年紀，會後還參加示威遊行，可見這個活動聲勢浩大，場面壯觀。

　　這年年底的時候，情況也有所不同：「浙江省文聯現在也沒有什麼人在家了，除老弱病人以外都到鄉下去了，連春節也沒聽說有假期。林淡秋同志也帶隊下鄉去了，方琦德也下鄉去了，而且都蹲典（點），聽說要一年半。」[40] 上山下鄉的熱潮來了，連作家都下鄉，文聯沒什麼人，後來《東海》雜誌也停辦了。

　　12 月上旬，方令孺因為身體欠佳住進了浙江醫院，那些天天氣好，她常從醫院出來到植物園散步。

　　12 月 16 日，方令孺出發經上海往北京，到 1965 年 1 月初，方令孺在北京參加第三屆全國人代會第一次會議，當然又是一場朋友間的歡聚。她

[38]　周立民：〈「你們將同春天一道來臨」〉，《萬象》2007 年第 4 期。

[39]　方令孺 1964 年 8 月 26 日致巴金書信，《寫給巴金》第 21 頁。

[40]　方令孺 1964 年 12 月 10 日致蕭珊書信，未刊稿。

回到杭州，就給蕭珊寫信，期待著春天再相見：「現在就盼著春天來，你們將同春天一道來臨，再好好聚一聚。」⁴¹她見朋友的心情是這樣地熱切！因為寂寞始終陪伴著她。

　　1965 年的春天，方令孺又感覺身體很不好，她又住進了浙江醫院，檢查肝功能、心電圖都是好的，就是人缺少精神，睡眠不好，心裡難過。聽說巴金、蕭珊要來，這一次，她既歡喜，又擔憂，歡喜又能見到好朋友，擔憂這次不能一起好好玩。

　　不過，等到巴金、蕭珊真的到了杭州，儘管那天下著大雨，方令孺還是去接站了。這次巴金夫婦在杭州住了四天，遊玩的差不多是幾個經常去的地方，花港觀魚、平湖秋月、靈隱等，第三天去了植物園，蕭珊說植物園是這次遊玩最精彩的地方，因為她這麼一說，方令孺對植物園也特別有感情。

　　4 月下旬，丁西林夫婦來杭州休養，幾乎天天來看方令孺，但方令孺的身體還不是很好，她沒有陪丁西林夫婦遊玩。丁西林夫婦是方令孺卅幾年的朋友，以前她到上海總是住到他們家裡去，他們還借錢給方令孺長女李伯悌治病。丁西林身體很好，七十二歲了，北高峰、玉皇山、城隍山都上得去，他的夫人六十五歲也一樣活動，可方令孺這些天身體很差，她一累就發熱，熱度一高就是卅八度。身體好一點的時候，她去買了兩株月季，一黃一紅，是蕭珊想要的兩種，她托丁西林夫人帶給蕭珊。

　　陳慶紋身體不好，出現冠狀動脈硬化現象，到上海中山醫院治療，她為之憂慮。

　　儘管人已老，儘管身體不好，但並不影響方令孺的志向，她說：「我們正處在全世界革命大風暴時期，我多想做風暴中的海燕啊！你們會懂得我的心情。」⁴²不過呢，志向歸志向，真的要成為海燕，大約已是很難了。

⁴¹ 方令孺 1965 年 1 月 10 日致蕭珊書信，未刊稿。
⁴² 方令孺 1965 年 5 月 12 日致巴金、蕭珊書信，《寫給巴金》第 26 頁。

方令孺（右）和長女李伯悌在西湖邊

　　65 年的初夏，趙清閣在肝病後到杭州，幾十年的老友相見，她們漫無邊際地閒談，從屋裡談到屋外，從白樂橋談到白堤，她倆挽手散步，也坐在秋瑾墓前的長椅上小憩。回去之後，趙清閣為方令孺畫了一幀冊頁小品〈九姑讀書圖〉，畫面之上，飛來峰下，白樂橋旁，小溪流泉環抱的庭院，九姑坐在窗前讀書。下一年，方令孺看到趙清閣的這幅畫，很喜歡，她高興地說，畫得真像我，我的生活就是這樣。其後方令孺為這幅冊頁配了鏡框，掛在床頭朝夕相對。這樣的情景，很讓人聯想到「閒門向山路，深柳讀書堂」的意境，似有人間神仙的味道。

　　寂寞和對朋友的想念始終伴隨著她：「我無時不在想念你們，怎麼會不想到呢，生活上在身邊處處看見你留下的紀念品，聽收音，讀書啊，吃茶用的杯子啊，所以當我睡在床上就想還沒回蕭珊信著急。」[43]「這時候正是下晚，滿耳滴滴答答的雨聲和溪聲，無盡寂寞的黃昏啊……[44]「我園

---

[43]　方令孺 1965 年 5 月 12 日致巴金、蕭珊書信，《寫給巴金》第 26 頁。
[44]　方令孺 1965 年 5 月 13 日致蕭珊書信，未刊稿。

中五棵桂花都開過了，開時我想念你們。」[45]「你年青體壯，飛來飛去，當我仰望天空，看見急飛的小鳥，我就想著你……我這裡確實太清靜了，我的客人就是信。」[46]

1966 年的春節，為了慶祝七十大壽，方令孺來到上海，朋友們為她祝壽。還在 1965 年 3 月 2 日，細心的巴金買來了收音機準備送給方令孺慶祝她的七十壽辰。

方令孺的生日在除夕之前，農曆十二月廿八。1966 年 1 月 19 日，秀珍陪伴方令孺來到上海，這天正是農曆十二月廿八，她的生日，也是除夕前的一天。侄兒楊永直還有秘書、養女陳慶曼、巴金夫婦等都來北火車站接方令孺。列車十點多到站，方令孺和陳慶曼坐了楊永直的車先去東湖招待所，秀珍隨巴金夫婦同到外文書店取書，接著到東湖招待所。晚上，親友們歡聚在一起，巴金夫婦、陳同生夫婦、杜宣夫婦、羅蓀夫婦、楊永直夫婦，大家同慶九姑生日。巴金夫婦和羅蓀夫婦請吃飯，飯後又到方令孺房間坐了一會，十點多才散去。有朋友的日子最快樂，有朋友的生日也最難忘。巴金還興奮地說，十年之後去西湖慶祝九姑的八十歲生日。

1 月 20 日是除夕，巴金夫婦、羅蓀、杜宣送方令孺到陶肅瓊家，雖然靳以不在了，方令孺還常常去他家坐上很久。章潔思回憶：

> 父親去世後，你常來上海過年，除夕飯以後，你總要來我家坐上很久，不忍離去。雖然那時家中已「今非昔比」，房間縮小，客廳用布幔隔開。雖然有人為你安排豪華的旅舍，有華美的宴席和身居高位的朋友在等你；但你卻在我家的圓桌邊，喝著茶，聊著天，真情地告訴我們，你就是喜歡我家的氣氛，那是一種家庭的溫暖。也正是那麼一個夜晚，你對我們說，你到北京開會，特意跑到清華大學，去看望剛失去父親的我的哥哥。你想對他說幾句安慰的話，然話到

---

[45] 方令孺 1965 年 9 月 29 日致蕭珊書信，未刊稿。
[46] 方令孺 1965 年 12 月 3 日致蕭珊書信，未刊稿。

嘴邊，卻說不出來。你又想給這個樸素的大學生一點錢；可錢攥在
手裡，又不知該如何拿出來。你面對摯友的孩子，承受著對逝者徹
心的懷念及傷痛。你就這樣，充滿孩子氣真誠地對我們說呀說呀，
圓圓大大的兩眼蓄滿淚水。[47]

　　對朋友始終充滿了最真摯的感情，這是方令孺性格中最大的特點。

　　這次在上海，方令孺住了將近二十天，這段日子方令孺做的最多的事
是訪友。有一天，她去見趙清閣。趙清閣家的牆上掛著一幅剛畫好的雪霽
圖，上面題了趙清閣寫的〈浪淘沙〉詠雪詞句。方令孺佇立在畫前欣賞了
一陣，說很喜歡這詩的意境，也喜歡畫上白皚皚的景色，趙清閣連忙說，
一定要把這幅畫裱好送給她，作為祝賀她七十壽誕的賀禮。

　　此外，朋友中，柯靈夫婦、朱雯夫婦等也都訪過了，有一天還去閔
行參觀萬噸水壓機操作，另一天遊南翔古漪園，形勢不再像以前那麼輕
鬆了，上海的作家開始學習姚文元的〈評新編歷史劇《海瑞罷官》〉。巴
金每個週六下午都要去文藝會堂參加學習會，方令孺也主動要求參加學
習會，她笑著說來取經，回去也搞同樣的學習。巴金看出她的緊張來。
直到 2 月 7 日，方令孺才依依不捨告別上海的親友，回到杭州寂寞的
家中。

　　1966 年的春天，巴金夫婦沒有再到杭州，4 月中旬，方令孺又到北京
開會，從北京回杭州路過上海，仍在上海住了三四天。形勢已不容樂觀，
郭沫若已表示他的著作應當全部燒毀，巴金也在學習會上承認他寫的全是
毒草……巴金又在北站送別方令孺，誰也不會想到，這是最後的送別，風
雨就在眼前，他們已無緣再相見。

　　大約兩個月之後，巴金作為中國代表團副團長參加亞非作家「湖上大
聯歡」，從北京到武漢再到杭州，分三路參觀的亞非作家在杭州會合。他

47　章潔思：〈小橋流水人家──記「新月派」女詩人方令孺〉，《曲終人未散‧靳以》
　　第 116 頁，東方出版中心 2009 年 8 月版。

以為能夠見到方令孺和文聯其他一些熟人的，誰知他被告知這些人都有問題，都不能出來。

回到上海不久，巴金也受到了圍攻，抄家，強迫勞動……

八

「文革」十年，也是方令孺生命的最後十年，她被誣為「周揚文藝黑線的骨幹分子」、「反革命修正分子」，被抄家、遊鬥，接受勞動改造、罰掃地，進「牛棚」，後轉往浙江省文化系統「鬥批改幹校」。

這時她的住房也減少了，方令孺晚年的學生裘樟松先生在給筆者的信中說：

> 文革後，省文聯副主席俞仲武（名字可能寫錯）搬進院內，大大的一部分房子讓給他家住，大大只留下一間書房，一間餐房，書房是大大住的，她常常睡在沙發上。餐房既是會客室，也是秀珍阿姨的臥房，房內有一張小床。書房是一房間的書，書都放在紅木書櫥內，沒有寫字桌，只有沙發等簡單家俱。餐房有寫字桌，大大讀報看書都在寫字桌上。大大與俞家相處也很好，正因為大大與他們都相處好，因此，這些人家對我也很客氣，很熟。[48]

就是在幹校，方令孺初識裘樟松等文學後輩青年，他們之間結下了深厚的友誼，進而成了忘年交。和裘樟松的相識交往，是方令孺晚年生活中的一件樂事，友情撫慰著她的心靈，她寂寞的生活有了根本的改變。

他們交往於 1969 年的冬天。那時候，裘樟松被借調到省鬥批改幹校工作，與方令孺住同一樓，又在同一小組學習。有一天早晨，裘樟松在走廊裡讀英語，方令孺過來糾正他的發音。從此以後，裘樟松經常求教於方令孺，方令孺也總是有問必答。

---

[48] 裘樟松：2006 年 12 月 30 日，致夢之儀書信，未刊稿。

　　在幹校，比方令孺小一點的是許欽文。方令孺和許欽文都年逾古稀，是幹校年齡最大的兩個人，但他們都不服老，大家見他倆這樣，就幽默地稱他們為「小方」、「小許」。方令孺對「小方」這個稱呼很喜歡，覺得自己又年輕了許多。以後他給裘樟松寫信，落款常常自署「小方」，有時寫成「曉方」，有時乾脆就一個「曉」字。

　　1970年元旦，方令孺和裘樟松合寫慶祝元旦的新詩，發表在幹校的刊物上。幾個月之後，裘樟松奉命回原單位工作，方令孺給他寫信，邀請他來她家玩。從此裘樟松成了方令孺家的常客，直到方令孺逝世前的六年中的假日，裘樟松幾乎都在方令孺家中度過。「初時，我們約定每週互通一信，聚首一次，後來，先生乾脆給我買了公共汽車的月票，這樣，每週聚首的次數增加了。」[49]

　　方令孺在1971年退休之後，更是以幫助文學青年為己任，她為他們制定了詳細的學習計劃，還送給裘樟松一部朱東潤主編的《中國歷代文學作品選》作為學習課本，又送給他一部范文瀾主編的《中國通史》和翦伯贊的《中國史綱要》，囑他珍惜時間，認真閱讀。後來，她還要求裘樟松反復閱讀四位詩人的詩作：柳亞子和田漢的舊體詩、聞一多和艾青的新詩，並要求他寫出讀書筆記。並且，方令孺還介紹裘樟松認識詞學家夏承燾。

　　方令孺在輔導之外，自己喜歡看小說，《復活》、《獵人筆記》、《紅與黑》、《子夜》、《紅岩》等都是她愛看的小說，過去，她每年還會讀一部英文長篇小說，「文革」開始後才停止閱讀。

　　1972年中秋節，那是一個情趣盎然的夜晚，方令孺與裘樟松等三人相約到「平湖秋月」賞月，不料當夜有雨，但三人都未爽約。方令孺還攜浙東名釀一瓶，南海佳味一盒，以助雅興。此夜雖無明月，但西湖一片煙雨中，自有情趣在。酒過數巡，方令孺教起了詩。寫詩她主張先古風，再絕句、律詩，最後長短句，她這樣對裘樟松說：「我近來雖溫詩事，然出筆陳濫，意境蕭索，恨不能如你之朝氣迎人，希望你努力為之，多示佳作，洗我暮氣。」[50]

---

[49] 裘樟松：〈不是親人，勝似親人──緬懷方令孺先生〉，《人物》1985年第2期。

[50] 轉引自裘樟松：〈不是親人，勝似親人──緬懷方令孺先生〉，《人物》1985年第2期。

九

　　曹禺是方令孺的外甥女婿，一次曹禺的小女兒萬歡來杭州，裘樟松陪她遊玩了杭州，還陪她去紹興遊玩。萬歡回去之後，曹禺寫來信並表示感謝。

　　有一天，方令孺到冠西家作客，按事前的約定專門來聽音樂的。從于冠西的回憶文章裡，我們對方令孺又多了一些瞭解：

> 已故的散文作家方令孺同志，是一位歐洲古典音樂的欣賞者。在那燦爛的群星中，她特別喜愛貝多芬、莫扎特和蕭邦的作品。對於亨德爾和巴赫的作品，甚至包括像〈彌撒亞〉這樣的作品，她也歡喜發表一些見解。這大約和她早年留學德國[51]時所受的歐洲文化薰陶不無關係。十年動亂以後的一個秋日，她到我家作客，這是按事前的約會專門來聽音樂的。

> 豔麗的秋陽，透過通向陽臺的門窗，照得室內的光線既柔和又明亮。空氣中時有時無地飄逸著庭院中桂花的甜香。這時，屋子裡正輕輕地回蕩著莫扎特的〈G大調弦樂小夜曲〉的優美旋律。她側著佈滿銀絲的頭，凝視著被我們擦得一塵不染的地板，靜靜地聆聽著。過了一會兒，她忽然自言自語地輕聲讚歎著：「多麼潔淨，多麼清澈，多麼朝氣蓬勃，多麼光明。」起初，我以為她只是對樂曲的讚美，沒有打斷她對音樂的欣賞。待到第二樂章結束以後，她的臉慢慢轉向了我，用她那濃重的安徽口音深沉地說：「『文化大革命』不停的勞動對人也有好處，使人更愛潔淨了，更愛朝氣蓬勃的生活了。莫扎特的樂曲，你的屋子，不也是一個證明嗎！

---

[51] 應是留學美國。

「經歷可以改變一個人的心境。長年被罰掃地，使我養成了一個習慣：眼睛裡容不得半點污穢。牆腳邊的一團廢紙，馬路上的幾片落葉，我都覺得十分礙眼，很想用掃帚去把它掃淨。不掃乾淨，它像是留在了我的頭腦裡一樣，很不舒服。不知你有沒有類似的感受？」

過了一些日子，在一個星期天的傍晚，在靈隱白樂橋她的住所附近的松林裡，我又遇到了她。她正在那條幽靜的林蔭小徑上散步。那時，她還沒有使用手杖。她一個人緩緩地踱著，又不時彎下腰去，撿起樹上偶爾落下來的松果和枯枝，輕輕地放在路邊的草叢裡。正要隱沒到天竺群峰背後去的夕陽，透過稀疏的樹幹，給這位老人在地上照出了一條長長的影子。

這一次相遇，我們談的是關於這條使人流連的松林小徑，關於道路，關於人怎樣開拓了道路，以及關於人生本身的道路等等。她的年齡幾乎比我大半倍，但我覺得她的心境一點也不像她的垂暮之年。她這位出身「書香門第」的舊時代的叛逆者，一生所追求的，正像那天在我家裡作客時所說的，是大地的「潔淨」，心靈的「清澈」，生活的「朝氣蓬勃」和世界的「光明」。[52]

1972 年 11 月，方令孺上北京看望長女李伯悌一家，這次住的時間很長，一直到第二年春末李伯悌出國訪問，這才回來。她剛到北京，就給裘樟松和另一位朋友寫信：「我每次看見新鮮事物都想到你們，也許是自己已在暮年了，對於世界，對於你們特別依念。」[53]

方令孺愛看小說，在北京依然不改這個習慣，這期間對《葉爾紹夫兄弟》印象最深。閑來無事，她給裘樟松寫信，也說起了這部小說。

1973 年初，丁西林夫人李逸逝世，方令孺又給裘樟松寫信，流露出悲傷之情。

---

[52] 冠西：〈明淨的心〉，1981 年 11 月 13 日《人民日報》。
[53] 裘樟松：〈不是親人，勝似親人——緬懷方令孺先生〉，《人物》1985 年第 2 期。

1973 年 5 月，趙清閣到杭州訪老友，因為方令孺在北京，她們沒有見到。在北京，方令孺與裘樟松時時保持著聯繫：

樟松：

　　下午發出給你的信，說收到你和鐵榮同志的信，心裡非常高興。鐵榮同志的信是廿七號在你和女方見面以後寫的，說看來情況還好，更令我心慰（欣慰）。發信以後我就沿著寬闊的大路散步到商場，買點日用品回家，又在信箱裡看到你廿六號給我的信，心裡非常感動。你收到我前兩封信，怕我急，才急忙又給我信，真是好啊！這是在你們見面前夕寫的，不日必又有詳信來了。

　　我正在看一本書，名《人世間》，是蘇聯作家謝苗‧巴巴耶夫斯基著。是新作品，寫於 1962-1967。寫一位州委書記晚年的遭遇，反映蘇修叛徒集團統治下，較為正直的老幹部的苦悶。本書裡也揭露了一些蘇修社會的罪惡。但缺點是作者沒有看見罪惡的根源是蘇修社會制度，也沒有看到蘊藏在廣大的人民群眾中的革命力量。書中的主人公看不到罪惡的根源，但存幻想，因而苦悶終生！你說少新給你借的是什麼好看的書？我在這裡想託人借幾本古典文學（西洋的），但還沒借到。《少年近衛軍》是好的，我家裡有。

　　我住在一間朝東南的小房間，有暖氣，有陽光，很溫暖。我天天晚上看書要看到深夜。也歡喜在這時候寫信和你談談，就像你在旁陪伴一樣！我們的連（聯）繫就是信——像放風箏的線，線若斷了就分散了！所以你要把線抓緊，不要教它斷啊！

1973.3.2 晚十二時[54]

北京回來之後，1973 夏，小妹方令完來看她，老姐妹相見，歡喜一場，但妹妹走後的日子方令孺很不習慣，她寫道：

---

[54] 方令孺 1973 年 3 月 2 日致裘樟松書信，未刊稿。

早晨做完家事就覺得不大舒服，睡下，漸漸好些。總是覺得小妹還
在這裡，心裡總是覺得一會就一道出去散步，總之在將醒未醒之
間，心裡老是覺得她仍在這裡，一定要在大醒之後，才想起她是走
了，心裡總是鬱鬱不歡。下午又睡。小漕約四點多鐘來，很親切，
說晚飯後到溪邊去，就到廚房幫秀珍拿飯菜來。今天沒有預備他
來，晚飯就添了炒雞蛋，他吃得很香。

飯後到溪邊去洗臉，小漕搬個大石頭很平的，坐溪邊洗腳，幾個女
孩在溪邊洗碗，洗衣，天真爛漫，在十一二與九歲之間。近八點回
家，小漕回去。前天忘記寫一件事即是小裴與其表兄張樹成陪我上
飛來峰上的翠微亭。這個亭子是在宋朝建的，後毀去，清朝重建。
亭址已七百多年。這是一個可紀念的登臨，因追記於此。

今天小妹來信，已經平安抵鎮江，在一邊煮飯一邊寫信給我，信寫
得意濃情重，小漕說如果不是看見了小姨大大（64），看這信幾認
為是極年輕的姑娘寫的。[55]

小漕是蕭文的兒子方漕。和年輕人在一起，她心情總是很好。裴樟松
經常幫忙幹點家務，方令孺的日記時有記載：

樟松一早就來了，替我擦地板，買煤球，在廚房炒菜，興趣很好，
說勞動以後覺得舒服。下午有點鬱鬱不樂，常歎氣。晚上和他攜小
凳到靈隱草坪去坐著乘涼背唐詩又背誦毛主席詞。九時回去。[56]

方令孺還在不停地寫信，1973 年 8 月 17 日這一個下午，她寫了六封
信，分別給李珂木、宗白華、李後樹、方令完、孫探微、方徨。宗白華是
她的姨侄，李後樹是李伯悌的女兒，方令完是妹妹，孫探微是姐姐方令英
的女兒，方徨是哥哥方孝旭的女兒，只不知李珂木是誰。

55　方令孺，1973 年 8 月 11 日日記，未刊稿。
56　方令孺，1973 年 8 月 16 日日記，未刊稿。

　　方令孺始終是寂寞的。有一年，方徨到浙江採訪，她去看望九姑，九姑留她午飯，幾次對方徨說，要是你在杭州多好啊，由此，方徨深刻地感受到九姑的憂鬱和寂寞。方徨臨走時，九姑拉著她流覽自己的藏書。方徨告訴九姑，這些書她也有，而且大都看過了。方令孺高興極了，她多麼希望小舜葆——她的這個侄女能留在她身邊啊，可是方徨走了。

　　1973 年 8 月下旬，秀珍不慎跌傷，回南京靜養，由附近村裡的王阿姨來替工。

　　1974 年以後，方令孺患了嚴重了白內障，給愛好讀書的她帶來極大的不便，這是她晚年最苦惱的事，她不得不請人讀書讀報。有一天，一位老人為她朗誦了唐詩，她即成詩一首，贈送給這位老者以示感激之情：「謝君為我誦詩篇，古情友誼萬世傳。且喜吟聲剛且健，桑榆晚霞勝朝暄。」

　　1974 年巴金的女婿祝鴻生到杭州工作，後來巴金的女兒李小林也到了杭州，他們夫婦去看望過方令孺，給這個寂寞的老太太帶去了一點溫暖和安慰。

　　1975 年 5 月，北京大學宗白華教授來杭看望他的九姨方令孺，據裘樟松回憶，他是個幽默的人，他說哲學上的時間和空間難以解決，時間既是物質的，這種物質什麼時候產生的，什麼時候滅亡，這個問題難以說清楚。空間到底有多大，也難以說清。在杭期間，宗白華還拜訪了被稱作「一代詞宗」的夏承燾，夏承燾問了他有關郭沫若的近況及有關《三葉集》的問題。

　　1976 年 1 月周總理逝世。「文革」期間，李伯悌被造反派關起來打成重傷，是周總理多次保護了她，才倖免於難。周總理的逝世，讓方令孺特別難過。為了安慰方令孺，那些天裘樟松天天去方令孺家，他並填詞〈滿江紅〉一闋，當方令孺讀到「縱然是，早春新綠，倏為秋色」時，老淚縱橫，泣不成聲。

　　雖在文革中，和裘樟松等一些她信得過青年說起老朋友來，她常為馮雪峰錯劃右派之事鳴不平，她記掛著巴金夫婦，惦念著丁玲，關注著丁西林……

　　1976 年 9 月 30 日，方令孺因病逝世。關於她臨終之際的細節，裘樟松先生在給筆者的信中寫到了：

方令孺

脈搏停止跳動後，蕭文阿姨說沒有辦法了，我堅持要打強心針，結果無用。她是患感冒引起肺炎導致綜合症病逝的，當時的庸醫把她當肝癌來查，結果錯過治療時機，鑄成大錯。[57]

方令孺離開了她熱愛著的寂寞世界。

晚年的方令孺，雅趣廣泛，彈月琴，畫國畫，朗誦詩詞，唱英文歌，愛看戲劇，又愛聽松聲，這一切緣於她對生活的熱愛。尋求自由、熱愛文藝、喜歡熱鬧、重視友情、珍愛生命，這是方令孺一生中的幾個重要元素。她曾經許多次對蕭珊說過這樣的話：「一個人活著而又健康，多麼好！」[58]「我一定聽你們話把身體養好，一個人活著實在是有味。」[59]因為熱愛，才有這麼多愛好，才會戰勝寂寞心生快樂。

方令孺致巴金書信手迹

方令孺（中）與裘樟松（右）等在杭州

[57]　裘樟松，2006 年 12 月 5 日，致夢之儀書信，未刊稿。
[58]　方令孺 1961 年 9 月 14 日致巴金、蕭珊書信，《寫給巴金》第 10 頁。
[59]　方令孺 1961 年 9 月 29 日致巴金、蕭珊書信，《寫給巴金》第 10 頁。

尾　聲

　　2005 年 10 月 17 日晚，巴金先生逝世。一位朋友發來短信，因為早早地關機，我是在第二天才看到這個消息的，那時我正坐在一輛公交車上前往嘉興參加一個會議。中午時分，我買了一張去杭州的車票，前往白樂橋尋訪方令孺故居。

　　金桂丹桂飄著陣陣清香，這裏曾經是方令孺的世界。當年應老友的邀請，巴金等很多朋友都來過這裏，看望年邁而不失童趣的方令孺，桂花樹下，留下了他們熱烈的話語。白樂橋下清澈悠長的泉水，見證了他們真誠的交往。世間很多值得珍藏的東西，在方令孺的生命中，友情的分量占得太重，真誠的情誼永不消失於她的心中。

　　那天傍晚時分，我從杭州返回家中，還是在公交車上，我接到巴金侄孫李斧兄的短信：晚夜我們都在他身邊；他很平靜地走了。剎那間，淚水盈滿了眼眶。那個時代的人物，終於一個個地遠去了，方令孺早早地離開了這個令她冷暖交織的人間，巴金也告別了這個不平靜的世界。一切俱遠矣。

　　唯願他們在天堂歡聚，並且永遠快樂！

尋找方令孺——代跋

2005 年，我從文字裏認識方令孺。從那以後的六年裏，我的讀書生活與方令孺發生了很大的關係。我一邊讀她，一邊各處尋訪她。

到的第一站是她的家鄉桐城，時間在 2006 年的春節，我們全家到安徽遊歷了一程，桐城是其中的一站。想起來，至今有說不出的喜悅，我居然找到了她的舊居，勺園中的九間樓。我最早只知道我們嘉興有個勺園，後來知道北京也有個勺園，再後來才知，原來桐城也有一處，而且這個勺園曾是方令孺的家，真想不到。

去桐城前，我希望能夠先行打聽到一點關於桐城勺園、關於九間樓的的消息，便在桐城網上詢問，但是我一無所獲。我們到了那裏，問了很多地方，連一張桐城的地圖也買不到，我真是失望。不過第二天，我還是高興起來，因為桐城有太多的人文景觀，一處一處地溜達，後來居然被我找到了勺園，找到了九間樓，簡直有些神奇！

接待我的是勺園新一代女主人方亞亞和她的外婆。外婆知道很多故事，但她的一口安徽話我聽不懂，亞亞就做我們的翻譯，我們才得以能夠交流。九間樓下，我們重溫往日的故事，儘管當時在冬日，記憶裏滿是溫暖和愉快。

很遺憾，當年我還不知道方令孺出生在安慶，否則我一定還會去安慶看看，尋找小南門一帶她家的故址，但我錯失了這個機會，從桐城出來，我們一家直上黃山。2010 年秋，單位組織到天柱山遊玩，汽車路過安慶，眼睜睜地看著古城從我眼前飛逝而過，心潮起伏。我是與安慶無緣吧，我進不了這個城。

接著是杭州。2005 年 10 月，在巴金先生逝世的第二天，我來到靈隱山下的白樂橋，尋找方令孺在杭州的故居。院內的建築已面目全非，桂花

樹下，幾乎找不到過去的痕跡了。但是小溪還在，潺潺的流水不會老去，她總在傾聽人間的聲音，感知人間的悲喜。

　　然後是南京。在 2007 年國慶日，還是全家一起出遊。在一個老人院找到方令孺當年的保姆陳秀珍老人，她在我去過之後不久便病逝了。娃娃橋方孺「高牆大院」的家已不復存在，成賢街文德里方瑋德故居也了無蹤跡，然後我走進了中央大學的故址，一些建築還在，它們與我無關，卻也一樣寄託了我某種複雜的感情。

　　最愉快的要數青島之旅。時間到了 2009 年的 5 月，我約了遠在丹東的早年好友一起。朋友因事耽擱，我一個走遍了青島的名人故居，自然也包括方令孺在中國海洋大學的故居。青島帶給我的喜悅真是太多太多。在沒有見到青島之前，我想像不出這個城市的風貌，等到見到了，喜悅與驚訝共存。原來一個城市可以這樣美，可以美到這般極致，生活在青島的人真是太幸福了！我戀戀不捨地告別青島，從離開那時起，我就想著有機會再去感受青島的美。

　　2010 年 5 月，因事到復旦，在一個傍晚時分，我去現在的復旦二舍、原來的徐匯村尋訪方令孺故址。我感受於周圍草木的蔥郁，夕陽西下的動感美景。

　　美國太遠，我大概去不了。雖心生嚮往，還是把念想留到心底吧。

　　一直想去重慶，計畫過好多次了。2010 年秋成都回來之時，突然想，我怎麼不去重慶看看呢？但已經來不及了，回程的機票早就買好，我只有等待以後的機會去重慶，去北碚，去北溫泉了。安慰自己，生活中有期待總是美麗的。

　　幸運的是，在多年的尋訪過程中，我還不斷地得到方令孺的親友學生的幫助和鼓勵。

　　大約 2006 年年初，我與方令孺晚年的學生裘樟松先生取得了聯繫。這之後，我們有過很多書信往來，他在對我回憶的同時，也寫下對其恩師方令孺的懷念文章。我還曾兩度去杭州他家拜訪他，從裘先生那裡，我又知道了很多方令孺的故事。

　　2010 年，我和方令孺的侄女方瑝先生也聯繫上了。每次，方瑝先生都會寫來聲情並茂的書信，有的長達十多頁紙，回想故土，她給我看她的《八十述懷》詩：「暮年最戀是懷鄉，十六離家老未還。薜蘿凌霄幾時夢，勺園花草斷人腸。紅綠江梅次第開，臘梅擁雪帶香來。凌寒四季春無限，為有詩吟天籟來。」並且每一次，方瑝先生在信中總是盛讚我對方令孺的研究。她現年 86 高齡，我被她的熱情感染著。我們也有過幾次電話聯繫，可惜她遠在北京，我想拜訪也不易。

　　這是我在現實中對方令孺的尋訪，而文字裏的尋找可能比現實中的尋訪更瑣碎也更豐富。我從 2005 年接觸方令孺以來，在幾位朋友的幫助和鼓勵下，幾年裏陸續搜集整理了有關她的很多資料。又因一個偶然的機會，2010 年元旦我開始了這本傳記的寫作，初稿完成於 2010 年 12 月初，接著我又用了一兩個月的時間來修改完善。這本傳記是差不多要結束了，但我知道，我的尋訪還沒有完成。每一次的尋訪，都是一次生動的方令孺故事的再現，在我看來，亦樂趣無限。

　　我願意繼續這樣的閱讀和尋找。以安靜的文字來堅韌自己的內心，用行走的足跡來充實自己的生活，讓陽光和春花來裝飾不完美的生命，給心靈一點純正的快樂，如此而已。

夢之儀

2011 年 1 月 20 日

方令孺年譜

夢之儀編撰

1897 年，1 歲

1897 年 1 月 30 日，農曆為光緒丙申年十二月二十八日，方令孺出生於安徽省安慶市小南門方宅。

按：方令孺的生年，她自己就有 1896 年和 1897 年兩種說法。方令孺生於農曆臘月廿八，按中曆仍在光緒丙申年，若按西曆算，實 1897 年年初。

方令孺，安徽桐城人。方令孺這一宗屬桐城魯谼方氏，其始祖方芒由當時所屬徽州的婺源走獵入桐城，定居於縣城西北十公里的魯谼山，因之得名。

祖父方宗誠（1818-1888），字存之，號柏堂，又號毛溪居士、病夫等，曾師從其族兄方東樹，是著名的桐城派作家、理學家，後曾任棗強縣知縣，歸隱後買宅安慶定居。

三伯父方守彝（1845-1924），字倫叔，號賁初，著有詩集《網舊聞齋調刁集》20 卷。方守彝雖是布衣，卻與吳汝綸、沈曾植、陳散原、鄭孝胥、羅振玉等人交往，彼此詩詞唱和，同氣相應。

父親方守敦（1865-1939），字常季，號槃君，著有詩集《凌寒吟稿》。三伯父和父親都是詩人，父親還是個書法家。

方令孺之上，有兩個哥哥，為方孝旭和方孝徹，還有三個姐姐，為方孝姞、方素娣和方令英。方孝旭長子方瑋德為新月派詩人。方孝徹長子方筠德，是話劇演員。方素娣的大女兒方瑞是劇作家曹禺的夫人，小女兒鄧宛生，是音樂家，其夫卓明理，是作曲家。

　　方令孺的弟弟方孝嶽也於 1897 年底出生於安慶。1897 年 12 月 15 日，方令孺的姨侄宗白華出生於安慶。方孝嶽、宗白華與方令孺的出生，因為中間相隔了一個春節，按傳統說法相差一歲。

1899 年，3 歲

　　由三伯父方守彝作主，將她許配給家在南京的陳平甫。陳氏祖籍安徽懷寧（安慶），銀行世家。以後陳家要求方令孺裹腳，遭到方令孺的反抗，小腳最終沒有完全裹成。

1900 年，4 歲

　　大約這一年，祖母去世。

1901 年，5 歲

　　開始讀書，由其姐抱在膝上口授。方令孺早期教育以家塾為主。據《桐城縣誌》記載，方令孺後來進入桐城女子師範學校學習。

1902 年，6 歲

　　夏至秋，父親方守敦隨吳汝綸到日本考察學制。

1903 年，7 歲

　　夏，父親再次赴日本，參觀明治博覽會。

　　大約這年，母親去世。以後父親續弦葛氏，生下弟弟方孝博、妹妹方令完。

　　這年，方守敦襄助吳汝綸創辦桐城中學堂。

1904 年，8 歲

父親與伯父方守彝遊歷狼山。

1906 年，10 歲

兄弟分家，安慶小南門的大院歸在方守彝名下，桐城老家的房子和安慶小二郎巷的小院則歸在方守敦名下。父親方守敦帶著全家從安慶遷回桐城勺園。

1908 年，12 歲

5 月 11 日（農曆四月十二日），侄兒方瑋德出生於桐城方家的勺園。

1910 年，14 歲

父親方守敦與伯父方守彝結伴出遊，先到蕪湖，然後入巢湖，在那裏，見到了方守彝的女兒幼蘭和女婿。下旬，到南京，拜訪了陳散原，陳散原送給方守彝一部刻的影宋本的黃庭堅詩集。在南京到過半山寺、三公祠、雞鳴寺、動物園等。10 月，到了常熟，登虞山，拜謁了仲雍墓、言子墓，遊了興福寺、清涼寺、報國寺等。接著到嘉興，沈曾植與吳受福陪著游南湖，在煙雨樓喝茶，還到了沈宅，下午又到寄園喝茶。

1913 年，17 歲

伯父方守彝從安慶遷居上海。

1914 年，18 歲

春，方守彝回到安慶，這期間，方令孺也來安慶，方守彝和侄女方令孺出東城門遊行田壘間。

1915 年，19 歲

　　春天，寓居安慶霄漢樓舊址的堂兄方孝深（家族中大排行老二）家的海棠花當樓盛開，他會集安慶的詩人們飲酒高會，並將自己的詩傳給遠方的親友，傳到桐城，方守敦寫了兩首回贈，方令孺也寫了一首，這就是舊體詩《和二兄海棠集詩》。

1916 年，20 歲

　　年初，剛滿十九足歲的方令孺嫁到南京娃娃橋，與懷寧人陳平甫結婚。方令孺較丈夫陳平甫尚年長一歲。陳平甫為南京大銀行家陳卓甫之子。

1918 年，22 歲

　　大女兒陳慶紋出生，英文名為 Betty（白蒂），後來改名李伯悌。曾任英文刊物《中國日報》副主編、《中國建設》副主編，深得宋慶齡、周恩來之賞識。

1919 年，23 歲

　　五四運動爆發了。在桐城的父親方守敦，也在為五四運動擂鼓，深秋，他寫下舊體詩《己未重九偕仲勉、光炯登迎江寺浮圖，兒孫三人隨侍》。

1920 年，24 歲

　　二女兒陳慶絢出生，陳慶絢後來改名蕭文。曾任浙江省教育廳廳長、中共浙江省顧問委員會委員等職。

　　這年，後來成為著名學者的徐中舒來到桐城方家做私塾先生，主要講授《左傳》，以後方令孺與之認識。

1921 年，25 歲

　　大約這年，方令孺回過一次桐城，離前次回桐城已有四年之久了。方瑋德歡喜異常，寫下舊體詩《喜九姑歸詩》。

1923 年，27 歲

　　8 月，方令孺與吳宓認識。吳宓國外留學回來之後，1921 年起在南京東南大學執教，他於 1922 年 1 月創辦了宣傳舊文化的《學衡》雜誌。《學衡》麾下集結了當時一批老學究，從 1923 年 5 月開始，方令孺的伯父方守彝、父親方守敦都開始有舊體詩陸續發表在上面，而且頻率很高。這年夏天，方守敦從桐城來到南京的女兒方令孺家，因為這個機會，在東南大學農場，吳宓拜會了方守敦，並且認識了方令孺。

　　10 月，方令孺的舊體詩《和二兄海棠巢詩》發表在 1923 年 10 月第 22 期的《學衡》上，這是現今發現方令孺最早發表的作品。

　　這年下半年，帶著 6 歲的長女陳慶紋，方令孺隨丈夫陳平甫一起，來到美國留學。方令孺進入了在西雅圖的華盛頓大學。在那裏認識了成為復旦大學同事的同學孫寒冰，並且結下了深厚的友情。孫寒冰介紹她讀易卜生名作《娜拉》之後，大受啟迪，決意棄絕附庸寄生之地位。

　　在美期間，她的第三個女兒 Sappho（薩孚）出生。

1926 年，30 歲

　　在西雅圖學習三年之後，孫寒冰碩士畢業，他進入在波士頓的哈佛大學繼續深造。這時，方令孺也離開了丈夫，她和外甥女虞芝佩在綺色佳生活過。虞芝佩是方氏家族中最早的共產黨人，是與美共有密切聯繫的中國留學生。虞芝佩對方令孺的影響非常大，她和孫寒冰一樣，鼓勵方令孺尋求獨立和自由。

　　大概是住在綺色佳的那年暑假，方令孺遊歷了紐約，此外，遊歷波士頓看望老朋友孫寒冰可能也在這段時間。不久，方令孺又在芝加哥生活了一段時間。

1927 年，31 歲

大約這年，方令孺帶著兩個女兒和虞芝佩到威斯康辛大學，在註冊的時候，她遇到了麻煩，美國規定，已婚的單身女人不能註冊入學，但美國另有一種風俗，未婚女子必須有已婚女子作監護人才可以註冊，於是方令孺以虞芝佩監護人的身份這才註冊入學。

在威士康辛大學不到兩年的讀書生涯裏，方令孺通過外甥女虞芝佩結識了一批中外進步同學，其中包括研究馬克思主義經濟學的美共和中共黨員。方令孺開始參加一些進步的活動，他們組織讀書會，每週聚會一次進行交流和討論，方令孺也鼓勵大女兒陳慶紋參加兒童讀書會。

方令孺開始了與新文學的接觸，她把徐志摩的詩〈去吧〉翻譯成英文，發表在《威大學生日報》上。這是現今知道的她與新文學發生關係的起始。

1928 年，32 歲

丈夫陳平甫要回國，並要帶走了兩個孩子，且中斷對她生活的接濟，方令孺念及孩子幼小，更因為經濟上沒法獨立，她也回國了。

這年 8 月，方瑋德中學畢業後來南京，9 月，考取中央大學外文系。方瑋德在南京，住在中央大學附近成賢街文德里三伯母家。

此時，宗白華在中央大學任哲學系教授。宗白華 1925 年夏從德國回國，不久與闊別五年的表妹虞芝秀結婚。1925 年 7 月，經《孽海花》作者曾樸介紹，宗白華開始在南京東南大學哲學院任教。1927 年 8 月，東南大學併入第四中山大學。1928 年 2 月，第四中山大學改名江蘇大學，5 月，又改名國立中央大學，宗白華任哲學系教授。

秋，聞一多離開中央大學，前往武漢大學出任文學院院長。

1929 年，33 歲

9 月起，徐志摩兼任中央大學外文系教授，每週來中央大學講課兩次，方瑋德成了徐志摩的學生。

大約下半年，方瑋德和陳夢家相識。

1930 年，34 歲

因為方瑋德的關係，這年 4 月底或 5 月初，方令孀和陳夢家認識。陳夢家於 1927 年 9 月在中學未畢業的情況下考入國立第四中山大學法律系，當時聞一多在第四中山大學任外文系主任，陳夢家很快成了聞一多器重的學生。1928 年初，入學不到一年的陳夢家，在《京報副刊‧文藝思潮》發表作品，1929 年 11 月，在《新月》第二卷第九號上，陳夢家以陳漫哉名發表了名詩〈一朵野花〉。

4 月，方瑋德首次在《新月》第三卷第二期上發表〈海上的聲音〉等四首詩。

5 月，方瑋德生病住院。

7、8 月間，陳夢家因父病回到上海，方瑋德因割治副丸炎再次住院，陳夢家和方令孀之間通了很多信。

陳夢家回到南京，方瑋德康復出院，約 9 月上旬，徐志摩應約來到方令孀家，這樣方令孀認識了徐志摩。

常任俠於 1928 年作為特別生進入中央大學，大約 1930 年上半年，他通過宗白華結識了方瑋德、方令孀、陳夢家等。

因為這些人——徐志摩、陳夢家、方瑋德、宗白華、六合田津生、還有方瑋德的同學兼老鄉常任俠等人的出入，娃娃橋方令孀家及文德裏方瑋德的住處，漸漸成了一個小文會組織。他們設想辦一個《詩刊》。

9 月 21 日，國立青島大學正式成立並開學，楊振聲為校長，聞一多任文學院院長兼國文系主任，梁實秋為外文系主任兼圖書館館長，張道藩任教務長，不久任浙江省教育廳廳長，教務長由趙太侔出任。經過鄧以蟄的推薦，方令孀來到國立青島大學擔任國文系講師，主要講授《昭明文選》。

11 月，約在這個月，方令孀創作新詩〈詩一首〉，這是目前發現的方令孀第一首新詩創作。

11 月，國立青島大學開除用假文憑報考的學生而引發第一次學潮。

12月，約在這個月，聞一多創作〈奇跡〉，為方令孺而作。陳夢家創作小說《不開花的春天》，裏面有方令孺的影子。

年底，方令孺和陳夢家的往來書信，以〈信〉為題發表在《新月》第三卷第三期上，在〈信〉的題目下，陳夢家寫了簡短的序文，正文用了〈你披了文黛的衣裳還能同彼得飛〉的題目。

大約這年，方令孺與中央大學教授胡懷琛、徐仲年等訂交。

1931 年，35 歲

1月，新月派詩人迎來了兩項重大的收穫：《夢家詩集》的初版和《詩刊》季刊的創刊。《詩刊》的創刊，普遍認為，這是後期新月派形成標誌。方令孺在 1931 年 1 月 20 日出版的《詩刊》創刊號上發表了新詩《詩一首》。

1月25日，因為翻譯莎士比亞事，胡適抵青島接洽事宜。到的當晚，楊振聲、聞一多、梁實秋、鄧仲純、秦素美、方令孺、陳季超、周鍾麒、蔣右滄、譚聲傳等在山東老餐館順興樓為他接風。在青島的三天，除了商量莎士比亞翻譯之事，還在青島大學作了「文學史上的山東」的演講。另外，胡適還特別和方令孺說起陳夢家的詩，表達了他的歡喜。

寒假，方令孺回到南京，向陳夢家轉達了胡適的話。很快胡適收到了陳夢家書信一封，希望得到胡博士的批評，於是胡適覆書陳夢家，這就是後來發表在《新月》第 3 卷第 5-6 合期上的〈評《夢家詩集》〉。

大約春夏間，聞一多作新詩〈我懂得〉和〈憑藉〉，同樣為方令孺而寫。大約這時，方令孺作新詩〈靈奇〉。

6月，《夢家詩集》再版，增加第五卷「留給文黛」，陳夢家筆下的「文黛」，特指方令孺。

暑假，聞一多妻子高孝貞即將分娩，聞一多送家眷回湖北。回來之後，聞一多住在學校第八校舍，即現在的一多樓。

7月，新詩〈石工〉載 1931 年 7 月 1 日出版的《創作》第 1 卷第 3 期。

7-8 月間，陳夢家完成《新月詩選》的編選，此書 9 月由新月書店在上海出版，是新月派的重要作品集。《新月詩選》收入方令孺新詩兩首，分別為〈詩一首〉和〈靈奇〉。陳夢家對方令孺的詩給予極高的評價：「令孺的〈詩一首〉

是一道清幽的生命的河的流響，她是有著如此樣嚴肅的神彩，這單純印象的素描，是一首不經見的佳作。」

8月29日，方令孺和陳夢家同遊鎮江登上焦山枕江閣，方令孺創作新詩〈枕江閣〉，後來發表在1932年7月《詩刊》季刊第四期，陳夢家寫詩〈焦山晚眺〉，發表在《新月》第三卷第十二期，後改名〈焦山〉收入《鐵馬集》。

8月，經徐志摩推薦，沈從文到國立青島大學任教，九妹岳萌隨他到青島讀書。在青島大學，方令孺和沈從文結下了很深的友誼。

大約秋天，方令孺作新詩〈幻想〉、〈任你〉、〈她像〉，後來發表在《詩刊》第四期上。正是青島的一年多時間，奠定了方令孺在詩壇的地位。

秋天，九一八事變爆發。平津學生南下請願，各地回應，青島大學學生也罷課，學生強佔火車開往南京，局勢非常混亂。聞一多站在學校的立場，覺得學生應以學業為重，決議開除肇事首要分子，遂遭到學生圍攻。這是國立青島大學建校後爆發的第二次學潮。

10月，新詩〈靈奇〉發表於1931年10月出版的《詩刊》第三期上。

11月10日，為避流言，方令孺離開國立青島大學，來到北平的姐姐家。

11月19日，徐志摩因飛機失事而意外身亡。

11月21日下午，方令孺、張奚若夫人楊景任、沈性仁等幾個女人聚集在凌叔華家裏哀悼徐志摩。

11月22日，方令孺寫下悼文〈志摩是人人的朋友〉。

12月，散文〈志摩是人人的朋友〉載1931年12月《新月》月刊第四卷第一期《志摩紀念號》專刊。

1932年，36歲

1月，陳夢家在編完老師徐志摩的遺著《雲遊》後，整理了自己1931年7月到1932年1月的詩稿，結集成《鐵馬集》。2月初，陳夢家和劉啟華、蔣方夜、盧壽相等幾位同學一起，從南京來到上海，走上前線。從軍前，陳夢家將剛剛結集的《鐵馬集》寄給了還在北平的方令孺保存。

上海「一‧二八」事變驟起，日軍暴行甚為猖獗。青島大學學生紛起抗議日軍暴行。時局益發動盪。

2月下旬，陳夢家從前線返回上海，3月，他應聞一多之邀到國立青島大學當助教，之後，方令孺把《鐵馬集》寄還了陳夢家。

6月，青島大學學生為反對學分淘汰制，第三次罷課。學生給了聞一多、梁實秋等人「新月派包辦青大」的罪名。更有甚者，他們打出了不可思議的批判標語是「驅逐不學無術的聞一多」。

1932年在北平的方令孺主要與吳宓有了較多的交往，時間很可能就在上半年。

夏，方瑋德中央大學畢業。因學潮，陳夢家和聞一多先後離開青島大學抵達北平。

7月，新詩〈枕江閣〉、〈幻想〉、〈任你〉、〈她像〉載1932年7月《詩刊》季刊第四期「志摩紀念號」上。

約9月底，方瑋德隨九姑方令孺一起到了北平。

10月7日，方令孺遇朱自清，並隨朱自清一起聽了他的演講。這次方令孺在北平住了十多天就回了南京，方瑋德則留了下來。

12月，方瑋德在一次朋友家的茶會上認識了黎憲初。

1933年，37歲

1月3日，榆關（山海關舊稱）失守，之後，方瑋德隨八姑回到南京。

4月，新詩〈全是風的錯〉載《文藝月刊》1933年4月第三卷第十號。

7月，方令孺和方瑋德一起到上海。這時在清華大學的吳宓南遊來到滬上，7月15日，盛成邀請大家一起到兆豐公園，同遊者還有曾覺之。

7月，儲安平上海光華大學畢業後來到南京，編輯《中央日報》副刊《中央公園》。在南京的方瑋德很快和儲安平成了朋友，詩文陸續發表在《中央公園》上。方令孺與儲安平也是這個時候熟悉起來的。

　　翻譯作品《詩人魏龍的投宿》（〔英〕史蒂文生）載 1933 年 7 月《文藝月刊》第四卷第一號。

　　8 月 25 日，方瑋德乘船前往廈門。

　　9 月，沈從文〈文學者的態度〉引發海派與京派之爭。

　　11 月，王思曾譯方令孺〈A POEM〉（〈詩一首〉），載 1933 年 11 月 30 日出版《南大半月刊》。

　　冬，方瑋德與謝冰瀅、謝文炳、郭莽西、遊介眉創辦了《燈塔》月刊，只出兩期。

　　大約在 1933 年下半年，方令孺得甲狀腺亢進動手術。

　　寒假，方瑋德生病住進鼓浪嶼的日本醫院，因治療不當，患上膀胱結核病。

1934 年，38 歲

　　1 月，陳夢家出版詩集《鐵馬集》，收入方令孺給陳夢家的一封舊信。

　　5 月，在北平的聞一多、葉公超、林徽因等人創辦了《學文》月刊。

　　7 月，新詩〈月夜在雞鳴寺〉載 1934 年 7 月《學文》月刊第一卷第三期。

　　暑假，方瑋德回到南京，8 月去上海治病一個月略有好轉，又在南京住了一周，9 月帶病北上與黎憲初訂婚。因為暑中脆弱的身體一路經受顛簸，他到了北平就病倒了。

　　10 月底，方令孺帶著大女兒陳慶紋拜訪丁玲。丁玲於 1933 年 5 月在上海被捕，接著被綁架到南京。1934 年 9 月，丁玲在南京生下女兒祖慧。10 月中旬，她出院後搬到中山大街向東拐的一條小街的一幢小樓上。此後，每過一兩個月，方令孺便去看望丁玲。

　　11 月，方令孺去杭州遊玩了一次，據她自己在文章中說，這之前，她還遊過太湖。

　　12 月 21 日，方瑋德入德國醫院，克裡大夫診斷為膀胱結核病，且斷言只有六個月的生命。瑋德大恐，入院一月即出院，住六姑家靜養。

1935 年，39 歲

1 月，翻譯的屠格涅夫的《愛之凱歌》（〔俄〕屠格涅夫），發表在 1935 年 1 月《文藝月刊》第七卷第一號上。

2 月初，在病榻上的方瑋德，在病情略有好轉的時候，翻譯了 H. Monroe 的兩首詩，名〈螢火蟲〉和〈兩條軌〉，這兩首詩成了瑋德的絕筆之作。

春節期間，瑋德忽發高熱，2 月 9 日入北平大學醫學院附屬醫院，高熱不退。

2 月，常任俠赴日本留學前，請方令孺寫介紹信，希望到日本後得到方令孺姐夫孫伯醇的照顧。常任俠 1931 年中央大學文學院結業，留校到中央大學附中任教。1935 年 3 月，他請假赴日本東京帝國大學進修學習。

4 月下旬，方令孺到北平看望病中的侄兒方瑋德。

5 月 9 日下午兩時，方瑋德不幸病逝。瑋德彌留之際，守候在他身邊的，有六姑、黎憲初，還有六姑家舊僕老喬三人。陳夢家在瑋德氣絕後趕到。

5 月 13 日，《中央日報・副刊》上發了加了黑框的〈方瑋德先生噩耗〉消息，內容是陳夢家寫給儲安平轉南京諸友的信，還有儲安平的覆信。

5 月 22 日，南京，儲安平主編的《中央日報・副刊》刊出「瑋德紀念專號」，其中有方令孺的新詩〈園中獨坐悼瑋德〉。

6 月 1 日，南京，王平陵編輯的《文藝月刊》刊出「紀念詩人方瑋德特輯」。方令孺發表了翻譯的比利時劇作家梅特林克的〈室內〉，她在附識中說，翻譯這個劇本是為了紀念瑋德。

6 月中旬，北平，瞿冰森主編的《北平晨報・學園》副刊連刊「瑋德紀念專刊」兩天，其中有方令孺寫的〈悼瑋德〉，之後專刊文章和其他未發表的詩文由北平晨報承印部出版了《瑋德紀念專刊》。

6 月 25 日，南京，土星筆會同人創辦的《詩帆》出版了《紀念瑋德特輯》。

方瑋德在北平病逝前不久，方令孺的第二個同胞哥哥方孝徹也在南京病逝。方令孺的長兄方孝旭親自趕去北平、南京，將兩人的棺木經鐵路、水路，

千里運到安慶，又抬了近百里才回到桐城。桐城老家給兩人合併開弔。方令孺給他的哥哥寫了輓聯。

夏天，常任俠暫時回國。秋天，他要回日本學習，方令孺在東京的姐姐則邀請她去日本看紅葉，她和常任俠相約，一起赴日。9 月 15 日，他們從上海出發，登上傑克遜總統號大船，前往日本。

11 月 10 日，天津《大公報·文藝》發表沈從文〈新詩的舊帳——並介紹《詩刊》〉，列舉的作者中有方令孺。

11 月 10 日，儲安平主編的《文學時代》在上海創刊，由邵洵美的時代圖書公司發行，方令孺翻譯的南非女作家阿烈夫·須萊納爾的小說節選《在一個遠遠的世界裏》在上面發表，其時方令孺還在日本。

冬天，丁玲得傷寒病，方令孺到醫院守護她。

大約這年，方令孺與竺可楨認識。

1936 年，40 歲

3 月，《瑋德詩文集》出版，方令孺散文〈悼瑋德〉作為該書代序。

4 月 1 日出版的《宇宙風》半月刊第 14 期上，發表方令孺日本遊記的上半部，題為〈去看日本的紅葉〉。

4 月 3-4 日，盛成和鄭堅夫婦邀請幾個人遊琅玡山，同遊者除了盛成夫婦和他們的兒子外，還有方令孺、丁玲、徐悲鴻。回來後方令孺寫下〈琅玡山遊記〉一文。

4 月 13 日，常任俠為孫伯醇的山水小冊頁寫了跋文〈孫伯醇先生山水小冊跋〉，當晚他拿去給方令孺看，此文深得方令孺的喜愛。

5 月 14 日，譚惕吾、方令孺去看丁玲，這一天是丁玲被綁架的三周年，丁玲對譚惕吾、方令孺說，這天是她的生日。

1936 年 7-9 月，馮雪峰的回信寄到方令孺家，同意丁玲離開南京的要求，並且約定了時間，派人到上海接站。後來丁玲轉道上海，成功前往陝北。丁玲到延安之後，抗戰之初，毛澤東對丁玲說他缺少一部《昭明文選》，丁玲便向方令孺要這部書，方令孺買來書寄給了丁玲。

9 月 30 日，中秋節的夜晚，方令孺獨自一人走出來，回來後寫下〈家〉一文，載 1936 年 11 月《論語》半月刊第一百期「家的專號」。

1937 年，41 歲

1 月，新詩〈夢中路〉載 1937 年 1 月 10 日出版的《新詩》第 1 卷第 4 期。

〈二十五年我的愛讀書〉載 1937 年 1 月《宇宙風》半月刊第 32 期，文章介紹三本書：（一）Virginia Woolf：A Room of One's Own（吳爾芙：〈一間自己的房子〉）（二）巴金譯：獄中記（三）秋園雜佩　明末陳貞慧（字定生）著。

散文〈南京的骨董迷〉載 1937 年第一卷第二期文摘，又載 1937 年 1 月《談風》半月刊第 6 期。

3 月 1 日出版的《宇宙風》半月刊第 36 期上，發表方令孺日本遊記的下半部，這時文章題目已改成〈遊日雜記〉。

3 月，新詩〈詩二章〉（分別為〈音樂〉和〈蒙德開羅民歌〉）載 1937 年 3 月 10 日出版的《新詩》第 1 卷第 6 期。

4 月 1 日的《青年界》復刊第 3 卷第 2 期發表了方令孺的〈一張書單〉，為青年朋友介紹她心目中的好書。

春天，閒居在家的方令孺開始作畫。

8 月，新詩〈聽雨〉載 1937 年《週報》第一卷第一期，又載 1937 年 8 月《文學雜誌》月刊第一卷第三期。

大約此時，陳平甫病逝滬上。陳平甫逝世前，舒蕪的母親馬宛君陪方令孺到上海看望陳，其經過，馬宛君後來幾次與方徨說起：方令孺伏在丈夫枕邊，一邊流淚說，我知道你心裡有我，我心裡有你。後來馬宛君幾次對方徨說，看來他們之間還是有感情的。陳平甫病逝後，他的妻子改嫁，他們生的一子一女在方令孺的婆婆去世後由方令孺撫養長大。

盧溝橋事變後，秋天，方令孺帶著大女兒陳慶紋和二女兒陳慶絢，重返故里安徽，她最小的女兒陳薩孚沒有隨她一起，抗戰期間不幸夭亡。

方令孺等先到安慶，雙胞胎姪兒方琦德和方珂德領導了安慶、桐城的抗戰救亡運動。

方令孺在訪問傷兵之後，11 月 20 日，她寫下〈古城的呻吟〉，此文後來發表在 1937 年 11 月 28 日漢口《大公報》副刊上。

冬，陳慶紋、陳慶絢也都加入了安慶學生抗敵後援會流動宣傳隊。之久，陳慶絢告別母親、姐姐，隨方琦德一起參加新四軍，以後他們結為夫婦。

接著方令孺又回到桐城老家，父親把她們母女三人安排在勻園的凌寒亭。姪女方徨那時才九、十歲，深得方令孺的喜愛，方令孺讓方徨陪她一起睡，並給方徨講故事。

弟弟方孝嶽一度回到老家桐城，不久南回。宗白華在回桐城後又去重慶。

1938 年，42 歲

2、3 月間，方令孺帶著大女兒陳慶紋到達重慶，租住在兩路口附近的山坡下，不遠的，是她的七嫂夏純一家，和夏純家同一樓層，門對門的，住著宗白華和他的母親。

迫於生計，方令孺到重慶不久就身兼數職。她去了國立戲劇學校任教，教國文課。戲劇學校在上清寺，離她居住的兩路口不遠。

4 月，方令孺又到復旦大學兼課，講授一年級國文。

大約在 7、8 月間，方令孺又兼一份工作，她到了國立編譯館，在這裏，她與蔣碧薇建立了深厚的友情。也是在國立編譯館，方令孺與過去在國立青島大學時的老同事梁實秋相遇了。

秋天，蔣碧薇和方令孺都加入教育部教科書編輯委員會，當時的教育部次長張道藩兼編委會主任。教科書編委會辦公設於兩路口附近的山坡上。她倆都在青年讀物組，青年讀物組組長為陳之邁。

正是教科書編委會的工作，促成了後來方令孺編寫的民眾讀物《王安石》的出版，這本小冊子由教育部民眾讀物編寫委員會於 1940 年在重慶出版。

大約在加入編委會這期間，方令孺從原來的兩路口住所搬到了兩路口附近的重慶村居住，她租住了一幢花園大洋房陽臺邊兩間極小的房間，書房就是臥室，女兒慶紋住另一間。

　　在重慶，方令孺參加了中華全國文藝界抗敵協會（簡稱「文協」）的活動。文協成立於 1938 年 3 月的武漢，不久遷到重慶，文協的會刊是《抗戰文藝》。

　　宗白華隨中央大學較早內遷重慶，他於 1938 年 6 月接手主編渝版《時事新報‧學燈》。10 月 9 日的渝版《時事新報‧學燈》第 19 期上，發表了方令孺〈信〉等文章，並且，宗白華習慣性地在文章後面寫上一段「編輯後語」。

　　差不多那個時候，教育部長陳立夫找過她，建議她寫一本書，提倡婦女回到廚房去。她拿不定主意，讓宗白華一起參謀參謀。

1939 年，43 歲

　　陳慶紋到重慶後，先在重慶的中學讀書，後來進入在樂山的武漢大學外文系。1939 年新年，武漢大學外文系演出莎士比亞名劇《皆大歡喜》，陳慶紋扮演女神，她那純正的發音、流暢的語言，讓人為之傾倒。陳慶紋進武大後擔任樂山中心縣委宣傳部長，武大女生黨支部書記。

　　1 月，一群在重慶的朋友發起每週一次的聚餐活動，地點是在蔣碧薇的家中，發起人分別為蔣碧薇、方令孺、宗白華、郭有守、章益、孫寒冰、陳可忠、端木愷、徐甫德、蔣復璁和顏實甫。

　　1 月 29 日，《時事新報‧學燈》（渝版）第 35 期再次發表方令孺〈信〉。

　　4 月，方令孺認識了她一生極為重要的朋友靳以，並且當時他倆很快就成為極熟的朋友。方令孺認識靳以不久，即送了自己的照片給靳以。

　　大約在 4 月，教科書編委會遷到了北碚，方令孺隨教科書編委會一起遷到了北碚，蔣碧薇則回到她在北碚對岸的黃桷樹舊居──王家大院，與但蔭孫夫婦為鄰。

　　教科書編委會遷到北碚時，教育部社會教育司戲劇組也遷到北碚，且併入教科書編委會，更名「劇本整理組」，組長趙太侔，組員中原就有趙清閣，這樣，方令孺與趙清閣也成了同事，並且開始了她們之間漫長的友誼。

　　趙清閣剛到北碚時，因肺病往北溫泉療養，她在那裏認識了沉櫻，後來在北碚，梁宗岱、沉櫻夫婦與趙清閣合租一個新樓，方令孺的住處就在馬路對面，她與梁宗岱又是復旦同事，這樣方令孺與沉櫻也成了朋友。

　　方令孺到北碚，住在辦公室三樓的一室，隔壁一室是梁實秋。梁實秋借了方令孺的一部英文小說翻譯，書名譯作《咆哮山莊》。

　　5月3日，重慶遭到了日機的轟炸。

　　5月4日，聽得重慶遭到轟炸的消息，方令孺乘船赴重慶探望朋友，在船上與梁實秋相遇，這天，重慶又遭遇大轟炸。

　　不久，梁實秋和朋友吳景超、龔業雅合買了一棟坐落在山坡上的新建的房子，以龔業雅的名字來命名，為「雅舍」。方令孺則戲稱自己的住處為「俗舍」。俗舍的對面是趙清閣的居處，雅舍也就在斜對面不遠的地方。那時，女兒慶紋和男友每週都來北碚看望自己的母親。

　　夏天，蔣碧薇、方令孺等人組成一個小小的旅行團前往縉雲山遊玩。一年之後，方令孺將她在縉雲山上的一張照片送給了靳以。

　　9月10日，中華全國文藝界抗敵協會北碚聯誼會成立大會舉行，方令孺與方白、王潔之、陳子展、蕭紅、靳以、魏猛克、胡風、馬宗融、老向等十七人一起參加了。會後，大家一起合影留念，拍攝地點在黃桷樹鎮的王家花園。

　　9月24日，《時事新報‧學燈》（渝版）第52期，又一次發表方令孺〈信〉。

　　這年，侄兒方璞德重新回到復旦就讀，並且擔任重慶北碚三峽實驗區中心縣委的常委、復旦大學地下黨的支部書記。

　　在復旦大學，除了靳以、孫寒冰等，方令孺又結識了一批朋友，如馬宗融、陳子展、洪深等，這些進步的民主教授團結在一起，領導了復旦大學校內的「抗戰文藝習作會」，同情、支持學校裏的民主鬥爭，成為復旦一股堅強的力量。

1940年，44歲

　　3月28日，竺可楨從重慶到北碚，正好陳源也在北碚，於是他們一起到教科書編委會，會晤方令孺和蔣碧薇。

　　3月29日，竺可楨與陳源等人一起又到教科書編委會，看過方令孺之後，一起到厚德福吃飯。這次是老向作東，除了他們之外，還有老向夫人阜東、趙太侔及其夫人俞珊、許心武等人。餐後，因為陳源要去復旦訪友，於是一

起到了對岸。先到東陽鎮參觀復旦農場及在建的宿舍，接著又到了黃桷鎮參觀教室等，還去了蔣碧薇的住處喝咖啡。傍晚時分，竺可楨、陳源、方令孺等人一起回到北碚。

5月27日，孫寒冰在大轟炸中犧牲。

10月11日，失去好友的方令孺，懷著悲憤的心情，一掃新月時期的婉約、朦朧，寫下長詩〈悼念寒冰〉

有一天，方令孺興致勃勃地邀請梁實秋和龔業雅等朋友到她那裏吃飯。

冬天，冰心來北碚，朋友們歡聚於雅舍，飯後，冰心在梁實秋的冊頁薄上題字。過一些日子，方令孺到雅舍，看到冰心的題詞，也提筆也寫下幾句話。

12月，新詩〈悼念寒冰〉載1940年12月9日香港《大公報‧文藝》副刊。

因為方璞德頻繁的活動，他的地下黨身份被暴露，這年，他復旦未讀完去了延安。離開北碚前，方令孺給他改名楊永直，要求他如青松翠柏，永遠挺直而立，不屈不撓。楊永直1960年代曾任中共上海市委宣傳部部長。

這年，方令孺編寫的讀物《王安石》由在重慶的教育部民眾讀物編寫委員會出版。

1941年，45歲

3月，陳慶紋從武漢大學轉到西南聯大外文系二年級借讀，成為吳宓的學生。吳宓非常喜歡她。這之後，吳宓與陳慶紋有了頻繁的交往。

散文〈憶江南〉發表在3月20日的《抗戰文藝》第7卷第2、3合刊上，這篇文章和發表在《學燈》上的一組〈信〉一起，成為方令孺重慶時期的代表作。〈憶江南〉又載1941年《文摘月報》第一卷第三期。

7月12日和14日，吳宓寫了對方令孺詩文的英文評論〈*An Appreciation of Mme 方令孺's Recent Writings*〉（《方令孺女士近作評贊》），後來這篇評論文章他讓慶紋轉給她的母親。

7月中旬，陳慶紋離開西南聯大。

秋，方令孺創作散文〈一九四一年的秋天〉。

這年，復旦大學已從私立學校改為公立學校，學校也已從黃桷樹鎮遷到不遠的的東陽鎮夏壩，規範擴大了好多。當時各大學普遍條件艱苦，但夜晚的嘉陵江景色特別迷人，於是有「夏壩是天堂」的說法。

1942 年，46 歲

4 月，陳慶紋生下女兒李後樹。

5 月，散文〈聽到孩子到臨的歡欣〉載《創作》月刊 1942 年第 4-5 期。

6 月，散文〈聽今年第一聲子規〉發表於 1942 年 5 月 4 日《時事新報‧學燈》（渝版）第 175 期，又載 1942 年《半月文萃》第二期。

散文〈病人〉載 1942 年 6 月 15 日《時事新報‧學燈》（渝版）第 181 期。

仲夏，老作家林語堂住在縉雲寺避暑、寫小說。有一天他請幾個文藝界朋友上山素餐，有老舍、趙清閣、方令孺、梁實秋等，還邀了縉雲寺住持法舫作陪。

11 月 2 日，中央文化運動委員會在重慶開第三屆全體委員大會，方令孺和蔣碧薇一起參加了。會上，她倆見到了久未謀面的老朋友、中央大學教授徐仲年。

12 月 14 日，吳宓在學校看到《創作月刊》四五合期上方令孺的文章〈聽到孩子到臨的歡欣〉，以蘭多之詩〈三朵玫瑰〉表達了他對方令孺一家三代玫瑰的喜愛之情。

1943 年，47 歲

6 月，趙清閣受聘中西書局，赴成都主編「中西文藝叢書」，方令孺的譯文集《鐘》成了「中西文藝叢書」的一種。「中西文藝叢書」共四冊，即田漢的京劇劇本《武松》、陳瘦竹翻譯蕭伯納的話劇劇本《康蒂姐》、方令孺的譯作《鐘》、田禽翻譯佛羅朗山的《給有志於文藝青年》等。

方令孺的譯文集《鐘》收入小說《投宿》（〔英〕史帝文生）、《勝利的戀歌》（〔俄〕屠格涅夫）、《鐘》（〔蘇〕高爾基）等三篇；獨幕劇《室內》（〔比

利時〕梅特林克）一篇；小說節譯《在一個遠遠的世界裏》（〔南非〕阿列夫・須萊納爾）一篇。

這年，張充和到了北碚。有一個晚上，趙清閣踏著月色去訪方令孺，兩人於月夜聽張充和彈琴。

1944 年，48 歲

一度離開復旦的靳以，1944 年 1 月重返復旦大學。方令孺在復旦上課的那些天，中午，她總在靳以家休息。在靳以家，有為方令孺準備的專座——竹躺椅，竹躺椅放在靳以的小書桌傍，方令孺一來，就往躺椅上坐下，與靳以聊天。

3 月，靳以女兒章潔思出生時，因醫院在北碚，是方令孺每天送飯到醫院的。安徽人叫外婆為「大大」，章潔思就以「大大」稱呼方令孺，親密之情如同一家人。

1945 年，49 歲

7 月，復旦大學發生「覆舟事件」（復旦校船超載在江中翻沉），方令孺支持學生活動。

12 月，因為靳以的介紹，方令孺的散文集《信》由文化生活出版社出版，列入巴金主編的「文學叢刊」第七輯，盧焚《馬蘭》、巴金《龍・虎・狗》、曹禺《北京人》、李健吾《咀華二集》等名作亦同收入該輯「文學叢刊」。文化生活出版社的「文學叢刊」十年間先後出版一百六十種，在中國現代文學史上佔有重要席位。

《信》全書共收有散文八篇，記有：〈信〉、〈你們都是傻子啊〉、〈琅玡山遊記〉、〈遊日雜記〉、〈南京的骨董迷〉、〈家〉、〈悼瑋德〉、〈憶江南〉。

抗戰勝利後，趙清閣經濟拮据，為出川擺地攤，方令孺知道後，給趙清閣寄去一萬元資助款。

大約這年底，方令孺也遷到夏壩。

1946 年，50 歲

3 月，復旦大學發生「谷風事件」（毆打進步學生和洪深教授），方令孺支持進步學生的抗議活動，以至引起國民黨當局特務的高度注意。

春天，在夏壩靳以家裏，方令孺認識了巴金。

7 月前，方令孺遷回上海，後來她在復旦的徐滙村 13 號定居下來。陳秀珍是在這個時期和方令孺生活在一起的，她既是保姆，也是方令孺生活上的夥伴。

7 月，聞一多在昆明被暗殺，得到這個消息，方令孺氣憤極了。

大約 8 月，方令孺給凌叔華女兒陳小瀅題詞留言。

秋，復旦大學北碚三千師生及檔案、圖書、設備，歷經艱難曲折，終於全部到達上海，10 月，北碚復旦大學與復旦大學戰時留守上海的補習部合併，在江灣原校開學。

10 月 8 日，方令孺到上海八仙橋青年會參加「上海大學民主教授聯誼會」（簡稱「大教聯」），大教聯由聖約翰大學教授沈體蘭、復旦大學教授張志讓等發起組織，參加成立大會的還有曹未風、洪深、陳子展、周谷城、馬宗融、靳以等。

1947 年，51 歲

元旦，方令孺等 37 位教授聯名發表〈正告美國政府意見書〉，抗議 1946 年 12 月 24 日美軍強姦北大女學生暴行。

3 月 8 日，方令孺和在滬大學教授共 66 人，在聯合發表的〈保障人權宣言〉上簽名，響應北平教授抗議國民黨當局非法逮捕進步人士的號召。

3 月 12 日，這天，方令孺和大女兒陳慶紋訪鄭振鐸，邀請他晚上六時一起晚餐。

5 月 25 日，方令孺在《大公報・星期文藝》上發表散文〈找房子〉。

7 月 2 日，方令孺也去過鄭振鐸家。

10 月 12 日，吳宓訪方令孺，談起舊時的友人。

這年，舒蕪來上海，賈植芳陪他到復旦見九姑，賈植芳自己則找冀汸等人一起談天。

1948 年，52 歲

5 月 16 日，周日，鳳子與來中國學漢語的美國人沙博理結婚，介紹人為譚寧邦，證婚人是鄭振鐸，好朋友方令孺、沉櫻、趙清閣等都在，婚宴設在美華酒店，二百多人出席。

5 月 21 日晚上六點多，鄭振鐸在家請客吃飯，客人有鳳子夫婦、巴金夫婦、靳以、方令孺、沉櫻、陽翰笙等，喝酒聊天，非常熱鬧，一直到十點才散去。

1949 年，53 歲

4 月 10 日，馬宗融病逝滬上，朋友們為他舉行了隆重的追悼會，並且在第二天就單行印發了〈募集馬宗融先生子女教育基金啟〉，方令孺等在啟事上簽名。

5 月 25 日，創作散文〈解放前後的一夕〉。

5 月 27 日，上海大部解放，復旦同學立即集合，配合人民解放軍，乘汽車進入復旦校園，復旦大學回到了人民的懷抱。

6 月 3 日，創作〈一封家書〉。

6、7 月間，楊永直回到上海，馬上去復旦大學看望他的九姑方令孺。

7 月，方令孺出席北京召開的第一次中華全國文學藝術工作者代表大會，學習〈延安文藝座談會上的講話〉。會後，他們參觀了鞍山、撫順、本溪的鋼鐵工廠和礦山。

翻譯作品〈愛〉〔法〕莫泊桑）載 1949 年《人世間》第三卷第一期。

1950 年，54 歲

4 月，方令孺到上海郊區參加土改，後來，又參觀了官廳水庫、佛子嶺水庫、梅山水庫。

8 月，方令孺被選為第一屆上海市民主婦女聯合會副主席。

12 月，散文〈我所見到的「美國生活方式」〉，發表於 1950 年 12 月 15 日的《人民日報》上。

12 月 30 日，發表演講〈母親的話〉。

這年，方令孺的養子剛滿 17 歲，報名參加幹校，響應祖國的號召。

1951 年，55 歲

1 月 1 日，創作散文〈熱愛祖國的人〉。

1 月 10 日，創作散文〈寄〉。

3 月 8 日，上海市各界婦女在市民主婦聯領導下，舉行反對美帝重新武裝日本集會，控訴日帝侵華罪行，全市婦女分區進行遊行示威，市民主婦聯主席章薀，副主席方令孺、何宇珍、胡子嬰為首的先導隊，參加中心區——嵩山區（今盧灣區）的隊伍，走在最前面。

6 月，散文〈討論《武訓傳》以後〉載《文藝新地》1951 年第 6 期。

7 月，方令孺參加老根據地訪問團華東分團工作，到山東沂蒙山區訪問。巴金是華東分團的副團長，同行中還有靳以。從這時起，巴金和靳以一樣，稱方令孺為「九姑」。

8 月底，華東分團又折回揚州，揚州市人民政府曾為訪問團舉行了一次晚會，揚州實驗劇團演出了《紅娘》。這次，他們還一起遊玩了瘦西湖。這次訪問，他們先後到過山東濰坊、沂水、莒縣以及蘇北的揚州和鹽城。

1952 年，56 歲

秋，方令孺參加第二屆赴朝慰問團華東分團工作。慰問團由陳同生率領，方令孺任副團長，靳以任秘書長，共有八十三名成員，另外還有一個三十二人的文工團。正式成員來自各行各業的知名人士和代表人物。回國後，到山東、江蘇、福建等省進行事蹟報告傳達。慰問團的工作直到 1953 年春天結束。

1953 年，57 歲

2 月，創作散文〈我們經過德意志民主共和國〉。

4 月，方令孺參加了第二次全國婦女代表大會。

5 月 31 日，創作散文〈像鮮花一樣的姊妹們──追記參加第二次全國婦女代表大會的幾點觀感〉。

6 月，方令孺代表中國婦女參加在哥本哈根的世界婦女代表大會，向全世界愛好和平的姐妹學習。5 月中旬，她們從北京坐火車出發，到滿洲裡改乘成蘇聯的火車，在當時的東德住了三四天，參觀了柏林。

據方令孺後來在給巴金蕭珊的信中說，這年夏天，她還去北戴河住了一個月。

9 月 16 日，散文〈我們經過德意志民主共和國〉發表於《世界知識》。

1954 年，58 歲

6 月 1 日，創作散文〈愛生命就愛孩子〉。

9 月，方令孺到北京參加第一屆全國人民代表大會，會前，周恩來總理還去方令孺房間看望了她。此後，方令孺連任第二屆、第三屆全國人大代表。

10 月 19 日，創作散文〈最歡樂的一天〉，記錄了 1954 年 9 月 15 日這一天早上在北京開會前的快樂心情。

1955 年，59 歲

1 月，方令孺被選為第二屆上海市民主婦女聯合會副主席。

8 月 1 日，方令孺參加全國文聯、全國作協主席團舉行的聯席會議。茅盾主持，周揚、劉白羽、老舍、巴金、王統照、宋雲彬等先後發言，最後郭沫若作總結性發言。會後陳望道、宋雲彬、方令孺、王統照一起吃晚飯。

在上海，方令孺等知識界代表還受到過毛澤東、陳毅的接見。

胡風事件發生時，侄女方徨作為新華社記者到杭州採訪，遇到作為人大代表的方令孺在杭州考察，說起胡風事件，方令孺要方徨少參與這方面的報導，認為政治太複雜。

1956 年，60 歲

2 月，新詩〈感激的話〉載 1956 年 2 月 5 日《解放日報》。

6 月 18 日，方令孺和郭紹虞等高級知識份子一起加入中國共主黨，這一年她 60 歲。

夏，方令孺到過一個美麗的海島避暑。

秋，方令孺到杭州考察，這一次她還去了紹興參觀魯迅故居。10 月，她寫下散文〈在山陰道上〉。

11 月，創作散文〈給尼羅河邊的姊妹們〉。

1957 年，61 歲

5 月，方令孺的教學受到了責疑。當時的系主任郭紹虞決定，暫停方令孺教授的課，由他自己開中國文學批評史課。

散文〈在山陰道上〉載 1957 年 5-6 月號（總第 91 號）《人民文學》。

10 月，散文〈馬麗亞〉載 1957 年 10 月 23 日《人民日報》。

10 月 30 日，上海市中蘇友好協會和《文匯報》聯合邀請各界知名人士參加「慶祝偉大的社會主義革命四十周年座談會」，參加座談會的有方令孺、白楊、李玉茹、陳望道、蘇步青、靳以等 12 人。

11 月 6 日，《文匯報》發表座談會發言，總題目為：〈十月革命使中國人民找到了徹底解放和繁榮富強的道路上海市中蘇友好協會和本報聯合邀請各界人士座談紀錄〉，方令孺的發言題為：〈兄弟般的深摯感情鼓勵我更好地工作〉。

11 月 25 日，黃昏，在上海，創作新詩〈它，就是和平──為了看見第一顆人造衛星運載火箭喜極而作〉。

反右運動期間，方令孺到北京參加會議，侄兒舒蕪成了右派分子，丁玲也成了被批判的對象。

在浙江，省文聯主席宋雲彬被罷職。

1958 年，62 歲

新詩〈它，就是和平──為了看見第一顆人造衛星運載火箭喜極而作〉載 1958 年《詩刊》第一期。

2 月，散文〈大躍進的時代〉載 1958 年 2 月 20 日《人民日報》。

4 月，創作新詩〈紹興有個陳寶珍〉。

4 月以後，方令孺被安排到杭州，接替宋雲彬出任浙江省文聯主席。她的住處在靈隱附近白樂橋 27 號的小院中，與方令孺住同一小院的，還有一起調來的谷斯範等人。

5 月，新詩〈紹興有個陳寶珍〉載 1958 年 5 月 4 日《浙江日報》。

6 月，新詩〈總路線是永遠不落的太陽〉載 1958 年 6 月 13 日《浙江日報》。

散文〈浙江省的幾首好民歌〉載 1958 年 6 月 30 日《文匯報》。

7 月，散文〈遙向阿拉伯人民致敬〉載 1958 年 7 月 20 日《浙江日報》。

8 月，散文〈從勞動和鬥爭中產生民歌〉載 1958 年 8 月 3 日《浙江日報》。

散文〈朵朵紅花照人心〉載 2008 年 8 月 9 日《浙江日報》。

新詩〈早稻豐收震人心〉載 1958 年 8 月 20 日《浙江日報》。

散文〈向伊拉克人民致敬英勇的阿拉伯人民是永遠不會屈服的〉載《東海》1958 年第 8 期。

9 月，新詩〈讀報有感〉三首（分別為〈讀 8 月 12 日人民日報「陽泉大戰」〉、〈美國將在聯大玩鬼把戲〉、〈英國刺刀擋不住人民義憤〉），載《東海》1958 年第 9 期。

新詩〈百煉成鋼〉三首（分別為〈這裏可有鐵〉、〈煉鋼煉鐵也有你〉、〈我們要百煉成鋼〉），載 1958 年 9 月 28 日《浙江日報》。

10 月，新詩〈憤怒〉載 1958 年 10 月 6 日《浙江日報》。

12 月，新詩〈歡迎金日成首相〉載 1958 年 12 月 3 日《浙江日報》。

在此前後，任中蘇友好協會副會長。

1959 年，63 歲

1 月，新詩〈歡呼〉載 1959 年 1 月 3 日《浙江日報》。

散文〈最新最美的詩篇〉載 1959 年《求是》第一期。

散文〈我們支持正義的鬥爭〉載 1959 年 1 月 28 日《浙江日報》。

春天，靳以從北京回來，寄給方令孺幾張毛主席的照片。

6 月，上海的一批作家，巴金、蕭珊、柯靈、唐弢、辛笛、魏金枝、羅洪、何公超等，前往新安江水電站訪問，去的時候，在路過杭州時停留了兩天，蕭珊和羅洪跑到白樂橋看望方令孺。

7 月 15 日，方令孺收到巴金寄給她的高爾基《回憶錄選》和《巴金選集》

初到杭州，方令孺因為心情抑鬱，這年她生病住進了浙江醫院。

夏，上莫干山避暑。

8 月，創作新詩〈給杭嘉湖夏令營少先隊員們〉。

10 月，散文〈當好大躍進的歌手〉載 1959 年 10 月 1 日《浙江日報》。

11 月，好朋友靳以逝世。11 月 15 日，懷著沉痛的心情，她寫下〈青春常在——悼靳以〉一文。

12 月，散文〈青春常在——悼靳以〉載 1959 年 12 月《上海文學》。

1960 年，64 歲

1 月，新詩〈莫干山抒情散曲〉兩首（分別為〈觀日出有感〉、〈獵戶星〉），載 1960 年 1 月《上海文學》。

2 月，散文〈最深厚的友誼〉載 1960 年 2 月 14 日《浙江日報》。

3 月，散文〈最新最美的詩篇〉作為 1960 年 3 月東海文藝出版社出版的《浙江大躍進民歌選》序文。

4 月 11 日，應安徽省長邀請，方令孺動身去了安徽，她也想借旅行看她的病。

大約這時起，方令孺又重頭開始畫國畫。

5 月中下旬，方令孺到上海看病，醫生說她患的是憂鬱症和幼稚病，也就是精神分裂的初期。

6 月，新詩〈鳳凰在烈火中誕生〉載 1960 年 6 月 25 日《浙江日報》。

7 月初，方令孺往莫干山避暑，她在山上大約住了四個月。這四個月裏，她看書、做手工、散步、學畫山水，留戀著莫干山的清麗。

7 月上旬，她收到巴金給她的寄到杭州文聯的書《讚歌集》書從杭州轉到莫干山。

7 月中旬，北京召開第三次文代會，方令孺因為身體不好請假，她在山上天天看報讀文件，關注著文代會的情況。

方令孺在莫干山的日子，她在白樂橋房子，有人借住在裏面。在莫干山的方令孺給巴金女兒李小林結書包。

10 月，國慶日那天，方令孺給章潔思寫信問寒問暖。

11 月的時候，方令孺才從莫干山回杭州，她一回到杭州，就住進了浙江醫院。她在浙江醫院一住就是幾個月。

12 月的一天，言行來看她，行前，方令孺將她結好的書包交言行帶到上海轉給蕭珊。

1961 年，65 歲

有一天羅蓀來了，他們玩了一天，走了很多路，還上了六和塔。

4 月，章潔思到杭州小住十天

峻青也到了杭州，並且告訴方令孺，不久巴金也要來杭州。

到了 5 月份，方令孺還在浙江醫院，有一天，她房裏的「仙人捶」開花了，方令孺四點半起來寫生。

6 月 17 日，端午節，巴金和任幹在杭州，他倆到方令孺家過節。

1961 年的春天，方令孺在杭州的憂鬱心緒開始有所改變。

大約這年，周總理和陳毅一起來到杭州，住在杭州飯店，請政協的高級知識份子了馬一浮、邵裴子、方令孺等人座談和吃便飯。

夏天，方令孺和很多朋友一起在黃山避暑，他們中有巴金、任幹、杜宣、秦怡等，後來蕭珊帶著小林和小棠也來了。巴金夫婦、杜宣、任幹等住在紫雲樓，方令孺住在黃山賓館。

在黃山的日子裏，方令孺又重新恢復了對舊體詩的熱情，寫了〈獅子林看日出〉、〈初見〉、〈登觀瀑樓望天都峰〉、〈文殊院觀落日〉、〈贈秦怡〉等舊體詩。

10 月，舊體詩〈黃山雜詠〉四首（分別為〈初見〉、〈登觀瀑樓望天都峰〉、〈文殊院觀落日〉、〈贈秦怡〉），載 1961 年 10 月《上海文學》。

舊體詩〈訪石門水庫〉載《東海》1961 年第 10 期。

11 底，方令孺才從黃山回到杭州的家裏。回到杭州後，秦怡又來看過她。

12 月，舊體詩〈獅子林觀日出〉載 1961 年《詩刊》第 6 期。

方令孺終於快樂起來了，讀書彈月琴，看戲看電影，身體也好了，心情也愉快了。

1962 年，66 歲

1 月 14 日，巴金、方令孺等五六個人到達廣州，16 日到海南島，坐一部旅行車在全島繞了一周，之後去了湛江。1 月 31 日這天，蕭珊帶了孩子也到了廣州。

2 月 1 日，巴金、方令孺等回到廣州，2 月 3 日，茅盾、夏衍、杜宣到廣州。2 月 4 日是除夕，下午他們去逛花市。除夕夜，巴金全家和方令孺到冰心房間和冰心、葉君健、杜宣三位談到十二點。之後，巴金全家和方令孺同去從化住了兩天，泡溫泉。

2 月，創作舊體詩〈海南吟草〉二首（分別為〈過「海角天涯」〉、〈遠望八所〉），創作詞〈除夕在廣州觀花——試調寄〈南鄉子〉〉。

3 月，到北京，與巴金等一起參加全國人大二屆三次會議。

夏，方令孺還去了黃山避暑，還是住在黃山賓館三樓一年前曾經住過的那間房間。在黃山，她見到了菡子，另外嚴鳳英也來黃山演戲。

秋，復旦大學蘇步青教授講學於浙江大學後，特往白樂橋訪問方令孺，並作〈訪友〉詩，方令孺則寫〈燈火〉和〈採茶〉，這三首舊體詩以〈詠白樂橋〉為名，同時發表於 1962 年 10 月 21 日的《浙江日報》上。

11 月 29 日，巴金和蕭珊到杭州。第二天，方令孺陪他們一起到九溪十八澗、虎跑玩，還一起去東坡戲院看了梅葆玖演的《鳳還巢》。第三天，他們又同去西冷印社、靈隱，然後到白樂橋方令孺家吃晚飯，隔壁的谷斯範也來一起聊天。再一天，方令孺陪巴金他們乘船游三潭印月，下午時分送巴金、蕭珊到車站回上海。

12 月，新詩〈要有堅強不屈的骨氣〉載《東海》1962 年第 12 期。

1963 年，67 歲

1 月，創作新詩〈李雙雙頌〉。

3 月 30 日，方令孺出發往北京，參加文聯第三次全委會第二次擴大會議。

4月，在北京，除了開會，也常常和朋友見面吃飯等，這些人中有曹禺、羅蓀、老舍、陽翰笙、李健吾、周而復、沙汀、唐弢、張鴻等。

5月初，方令孺先到上海，在上海停了一程，接著巴金、蕭珊、沙汀、劉白羽、蕭蕪等一起前往杭州。接下來的幾天，又是各處遊玩，龍井、九溪十八澗、嶽墳、三潭印月、靈隱、虎跑、花港觀魚等。

9月，方令孺收到巴金寄來的書《傾訴不盡的感情》。

秋，卞之琳在杭州玩了兩天，她和陳學昭一起作陪。這天正是舊曆八月十八觀潮的日子，他們上得一個城隍山（吳山）來，看一線潮水。

10月，方令孺和巴金相約一起去廣西，巴金計畫經杭州赴衡陽轉南寧，他們的車到杭州後方令孺上車。當車到株洲的時候，周而復來電話要巴金即刻回上海再轉北京，參加中國作家訪日代表團。臨別之際，為怕一個人路上寂寞，巴金送給方令孺一隻小小的半導體收音機。

方令孺的行程大致是：南寧──柳州──桂林──陽朔──長沙──武漢──北京。在桂林她碰到沈從文、李霽野等人，這樣方令孺就和他們一起到長沙，再同到武漢，又一起到北京。

這次在北京，《光明日報》的黎丁來看過方令孺，方令孺跟他說起硯臺山的詩，黎丁還陪方令孺和馮沅君到過國子監舊書庫。後來，黎丁寫下關於方令孺硯臺山的文字，發表在1964年7月7日的臺灣《聯合報》，引起在臺灣的梁實秋的關注。

這次方令孺從北京回家後沒回白樂橋的家，而是住在杭州保俶路70號的女兒肖文家。

1964年，68歲

1月，方令孺和陳山、唐向青等到上海參加華東話劇會演觀摩。除了會演觀摩，又是朋友相會一場。羅蓀、杜宣、鳳子、秦怡、陶蕭瓊、張映、張穎、徐平羽等。巴金還托辛笛買了美多牌八管收音機送給方令孺，這樣方令孺在上海又過了十八天快樂的生活。

1月，創作新詩〈巴拿馬英雄兒女在前進〉。

　　4月9日，巴金、蕭珊、杜宣、羅蓀、姜彬、蘆芒等六人抵杭，先在杭州住了兩天。

　　4月11日，方令孺和外甥女虞芝佩及浙江省文聯張賢采，隨巴金等上海作家訪問團一起前往新安江參觀。早上八點一刻出發。出發的時候下起了大雨，到桐廬時雨停了，在那裏吃了中飯。下午三點到達新安江招待所。

　　12日，小雨還在下。他們到大壩水庫碼頭，乘船去淳安，那裏的書記、縣長接待了他們，並介紹了情況，然後游了一程。13日、14日繼續。15日八點多返杭，路過桐廬的桐君山時，上山觀賞富春江風光。回到杭州，巴金他們還住在杭州飯店。16日下午，巴金等一行才返回上海。

　　這一次在一起，巴金鼓勵方令孺寫寫她的過去，方令孺似乎也有了這樣的決心。

　　4月，白楊來杭州，方令孺請白楊在靈隱天外天吃小籠包餃，還吃一大盤新鮮油爆蝦，又到白樂橋家裏喝好茶。

　　5月27日，方令孺等到嘉興一帶，先到平湖，看社會主義教育展覽，參觀莫氏莊園，再到嘉興游南湖，還上了一大代表開會的畫舫。同行者不少，文聯四人、杭大教授四人、美術學院一人。

　　夏天，方令孺上了莫干山，她住在莫干山療養院八十九號。

　　8月10號，杭州開了個萬人大會，支持越南，反對美帝，方令孺也下山參加了，會後還參加遊行示威。

　　12月上旬，方令孺因為身體欠佳住進了浙江醫院，那些天天氣好，她常從醫院出來到植物園散步。

　　12月16日，方令孺出發經上海往北京。

1965年，69歲

　　1月初，方令孺在北京參加第三屆全國人代會第一次會議，當然又是一場朋友間的歡聚。

　　春天，方令孺又感覺身體很不好，她又住進了浙江醫院，檢查肝功能、心電圖都是好的，就是人缺少精神，睡眠不好，心裏難過。

巴金、蕭珊來杭州，遊玩的差不多是幾個經常去的地方，花港觀魚、平湖秋月、靈隱等，第三天去了植物園等。

4月下旬，丁西林夫婦來杭州休養，幾乎天天來看方令孺，但方令孺的身體還不是很好，她沒有陪丁西林夫婦遊玩。身體好一點的時候，她去買了兩株月季，一黃一紅，是蕭珊想要的兩種，她託丁西林夫人帶給蕭珊。

陳慶紋身體不好，出現冠狀動脈硬化現象，到上海中山醫院治療。

初夏，趙清閣在肝病後到杭州，幾十年的老友相見，她們漫無邊際地閒談。

12月，新詩〈讀《王傑日記》有感〉載1965年12月12日《浙江日報》。

1966年，70歲

春節，為了慶祝七十大壽，方令孺來到上海，朋友們為她祝壽。1月19日，陳秀珍陪伴方令孺來到上海，這天正是農曆十二月廿八，她的生日，也是除夕前的一天。侄兒楊永直還有秘書、養女陳慶曼、巴金夫婦等都來北火車站接方令孺。晚上，親友們歡聚在一起，巴金夫婦、陳同生夫婦、杜宣夫婦、羅蓀夫婦、楊永直夫婦，大家同慶九姑生日。巴金夫婦和羅蓀夫婦請吃飯，飯後又到方令孺房間坐了一會，十點多才散去。

1月20日是除夕，巴金夫婦、羅蓀、杜宣送方令孺到陶肅瓊家，雖然靳以不在了，方令孺還常常去他家坐上很久。

有一天，方令孺去見趙清閣。方令孺很喜歡趙清閣剛畫好的《雪霽圖》，趙清閣答應送她作為七十壽誕的賀禮。方令孺還見到趙清閣為她畫的冊頁小品《九姑讀書圖》。

這次在上海，方令孺住了將近二十天，這段日子方令孺做的最多的事是訪友。朋友中，柯靈夫婦、朱雯夫婦等也都訪過了。有一天還去閔行參觀萬噸水壓機操作，另一天遊南翔古漪園。

上海的作家開始學習姚文元的〈評新編歷史劇《海瑞罷官》〉，巴金每個週六下午都要去文藝會堂參加學習會，方令孺也主動要求參加學習會。

2月7日，方令孺告別上海的親友，回到杭州。

4月中旬，方令孺又到北京開會，從北京回杭州路過上海，仍在上海住了三四天。巴金又在北站送別方令孺，誰也不會想到，這是最後的送別，風雨就在眼前，他們已無緣再相見。

巴金作為中國代表團副團長參加亞非作家「湖上大聯歡」，從北京到武漢再到杭州，分三路參觀的亞非作家在杭州會合。6月26日，巴金到杭州，沒有再見到方令孺。

「文革」開始。

巴金的女兒參加「串連」經過杭州，特去看望她的大大方令孺，方令孺熱情接待，並且借零用錢給她。

「文革」中，方令孺被誣為「周揚文藝黑線的骨幹分子」、「反革命修正分子」，被抄家、遊鬥，接受勞動改造、罰掃地，進「牛棚」，後轉往浙江省文化系統「鬥批改幹校」。她在白樂橋的住房也只剩下兩間。

在此種環境下，方令孺仍珍藏一張與劉少奇、朱德的合影照片。面對時局，她又寫一首打油詩：「一窩二窩三四窩，五窩六窩七八窩，食盡人間多少粟，鳳凰何少爾何多。」借此諷喻時事。

1969 年，73 歲

冬天，裘樟松被借調到省鬥批改幹校工作。在幹校，方令孺初識裘樟松等文學後輩青年，他們之間結下了深厚的友誼，進而成了忘年交。

在幹校，比方令孺小一點的是許欽文。方令孺和許欽文都年逾古稀，是幹校年齡最大的兩個人，但他們都不服老，大家見他倆這樣，就幽默地稱他們為「小方」、「小許」。方令孺對「小方」這個稱呼很喜歡，覺得自己又年輕了許多。以後他給裘樟松寫信，落款常常自署「小方」，有時寫成「曉方」，有時乾脆就一個「曉」字。

1970 年，74 歲

元旦，方令孺和裘樟松合寫慶祝元旦的新詩，發表在幹校的刊物上。

幾個月之後，裴樟松奉命回原單位工作，方令孺給他寫信，邀請他來她家玩。從此裴樟松成了方令孺家的常客，直到方令孺逝世前的六年中的假日，裴樟松幾乎都在方令孺家中度過。

1971 年，75 歲

方令孺退休之後，以幫助文學青年為己任，為他們制定了詳細的學習計畫，還送給裴樟松一部朱東潤主編的《中國歷代文學作品選》作為學習課本，又送給他一部范文瀾主編的《中國通史》和翦伯贊的《中國史綱要》，囑他認真閱讀。方令孺還介紹裴樟松認識詞學家夏承燾。

1972 年，76 歲

中秋節，方令孺與裴樟松等三人相約到「平湖秋月」賞月，當夜有雨，但三人都未爽約。方令孺還攜浙東名釀一瓶，南海佳味一盒，以助雅興。酒過數巡，方令孺教起了詩。

一次曹禺的小女兒萬歡來杭州，裴樟松陪她遊玩了杭州，還陪她去紹興遊玩。萬歡回去之後，曹禺寫來信並表示感謝。

一個秋日，方令孺到于冠西家作客，按事前的約定專門來聽音樂的。于冠西早年是方徨在《大眾日報》的同事，後來又成為方徨在山東大學進修時的老師，他和方令孺的認識可能與方徨有關。

11 月，方令孺上北京看望長女李伯悌一家，這次住的時間很長，一直到第二年春末李伯悌出國訪問，這才回來。

1973 年，77 歲

2 月，與方令孺相交幾十多年的好友，丁西林夫人李逸去世，方令孺深感悲痛，在與裴樟松的信流露出這種感情。

5 月，趙清閣到杭州訪老友，因為方令孺在北京，她們沒有見到。

夏，小妹方令完來看方令孺。

8月下旬，陳秀珍不慎跌傷，回南京靜養，由附近村裏的王阿姨來替工。

1974年，78歲

這年起，方令孺患了嚴重了白內障，給愛好讀書的她帶來極大的不便，這是她晚年最苦惱的事，她不得不請人讀書讀報。有一天，一位老人為她朗誦了唐詩，她即成詩一首送給他。

巴金的女婿祝鴻生到杭州工作，去白樂橋看望方令孺。

1975年，79歲

5月，北京大學宗白華教授來杭看望他的九姨方令孺。在杭期間，宗白華還拜訪了夏承燾。

巴金的女兒李小林也來到杭州工作，她和丈夫祝鴻生一起前往白樂橋塊寓所看望方令孺。

1976年，80歲

1月，周總理逝世，方令孺特別難過。裘樟松填詞《滿江紅》一闋，當方令孺讀到「縱然是，早春新綠，倏為秋色」時，老淚縱橫，泣不成聲。

方令孺因患感冒引起肺炎住院，當時的醫生把她當肝癌來查，結果錯過治療時機，引發綜合症。9月30日，方令孺因病逝世，終年八十歲。

1980年5月，洪範書店（臺北）出版李又寧、秦賢次編《方令孺散文集》，列入洪範文學叢書。此集收方令孺散文十篇，譯文一篇，附錄收入方令孺新詩四首。附方令孺手跡（1940年題贈梁實秋），並有梁實秋的《方令孺其人》、李又寧的〈前言〉、秦賢次的〈編後記〉。

1981年4月，巴金由上海抵北京參加茅盾追悼會，在會上遇見丁玲，丁玲對巴金說：「我忘記不了一個人：方令孺。她在我困難的時候，主動地來找我，表示願意幫忙。我當時不敢相信她，她來過幾次，還說：「我實在同情你們，尊敬你們……」她真是個好人。」

　　1982 年，上海文藝出版社出版《方令孺散文選集》，收散文二十二篇，並附錄詩歌十八首，其中新詩十二首，舊體詩詞六首。附作者像、作者手跡（訪石門水庫）並有巴金〈懷念方令孺大姐〉（代序）、羅蓀〈序〉及〈編後記〉。

　　1992 年 1 月，百花文藝出版社出版《方令孺散文選集》，共收散文二十篇。有龍淵、高松年寫的〈序言〉。

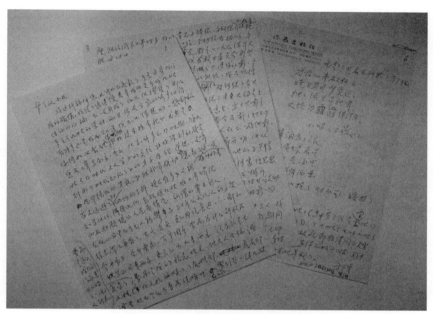

方令孺姪女方徨與本書作者商定年譜之親筆信函

史地傳記類　PC0156

曾經新月映詩壇
——方令孺傳

作　　者／夢之儀
主　　編／蔡登山
責任編輯／鄭伊庭
圖文排版／陳宛鈴
封面設計／王嵩賀

發 行 人／宋政坤
法律顧問／毛國樑　律師
印製出版／秀威資訊科技股份有限公司
　　　　　114 台北市內湖區瑞光路 76 巷 65 號 1 樓
　　　　　電話：+886-2-2796-3638　傳真：+886-2-2796-1377
　　　　　http://www.showwe.com.tw
劃撥帳號／19563868　戶名：秀威資訊科技股份有限公司
　　　　　讀者服務信箱：service@showwe.com.tw
展售門市／國家書店（松江門市）
　　　　　104 台北市中山區松江路 209 號 1 樓
　　　　　電話：+886-2-2518-0207　傳真：+886-2-2518-0778
網路訂購／秀威網路書店：http://www.bodbooks.com.tw
　　　　　國家網路書店：http://www.govbooks.com.tw
圖書經銷／紅螞蟻圖書有限公司
　　　　　114 台北市內湖區舊宗路二段 121 巷 28、32 號 4 樓
　　　　　電話：+886-2-2795-3656　傳真：+886-2-2795-4100

2011 年 8 月 BOD 一版
定價：320 元

國家圖書館出版品預行編目

曾經新月映詩壇：方令孺傳 / 夢之儀著. -- 一版.
　-- 臺北市：秀威資訊科技, 2011.08
　　面；　公分. -- (史地傳記類；PC0156)
BOD 版
ISBN 978-986-221-773-3(平裝)

1. 方令孺　2. 傳記

782.887　　　　　　　　　　　　　　100010256

讀者回函卡

感謝您購買本書,為提升服務品質,請填妥以下資料,將讀者回函卡直接寄回或傳真本公司,收到您的寶貴意見後,我們會收藏記錄及檢討,謝謝!
如您需要了解本公司最新出版書目、購書優惠或企劃活動,歡迎您上網查詢或下載相關資料:http:// www.showwe.com.tw

您購買的書名:_____

出生日期:_____年_____月_____日

學歷:□高中 (含) 以下　　□大專　　□研究所 (含) 以上

職業:□製造業　□金融業　□資訊業　□軍警　□傳播業　□自由業
　　　□服務業　□公務員　□教職　　□學生　□家管　□其它_____

購書地點:□網路書店　□實體書店　□書展　□郵購　□贈閱　□其他

您從何得知本書的消息?

　　□網路書店　□實體書店　□網路搜尋　□電子報　□書訊　□雜誌

　　□傳播媒體　□親友推薦　□網站推薦　□部落格　□其他_____

您對本書的評價:(請填代號　1.非常滿意　2.滿意　3.尚可　4.再改進)

　　封面設計____　版面編排____　內容____　文/譯筆____　價格____

讀完書後您覺得:

　　□很有收穫　□有收穫　□收穫不多　□沒收穫

對我們的建議:_____

_____

_____

_____

11466
台北市內湖區瑞光路 76 巷 65 號 1 樓

秀威資訊科技股份有限公司　　　收

BOD 數位出版事業部

‥‥‥‥‥‥‥‥‥‥‥‥‥‥‥‥‥‥‥‥‥‥‥‥‥‥‥‥‥‥‥

（請沿線對折寄回，謝謝！）

姓　　名：＿＿＿＿＿＿＿＿＿　年齡：＿＿＿＿　性別：□女　□男

郵遞區號：□□□□□

地　　址：＿＿＿＿＿＿＿＿＿＿＿＿＿＿＿＿＿＿＿＿＿＿

聯絡電話：(日) ＿＿＿＿＿＿＿＿＿　(夜) ＿＿＿＿＿＿＿＿＿

E-mail：＿＿＿＿＿＿＿＿＿＿＿＿＿＿＿＿＿＿＿＿＿＿＿